臨場感あふれる解説で、楽しみながら歴史を"体感"できる

世界史劇場
イスラーム三國志

河合塾講師 **神野正史**【著】

はじめに

　本書は、拙著『世界史劇場 イスラーム世界の起源』（ベレ出版／以下『前巻』）の続刊として生まれました。
　幸いにして『前巻』は、各方面から絶賛され、そうした声が耳に届くことは、筆者としても無上の歓びでしたが、同時に、読者からの"不満（？）"の声も寄せられました。
　「え？ これで終わり？ つづきは!? つづきが読みたい!!　続刊希望!」
　そうした要望に押されて生まれたのが本書です。
　したがいまして、『前巻』にて詳説されていることに関しては、重複することになりますので、本書では深く触れておりません。
　本書をお手にした諸氏が、まだ『前巻』をお読みでないならば、これに目を通された上で本書を開かれる方が、より深い理解を得ることができることと思います。
　閑話休題。
　イスラームの歴史を紐解きますと、ひじょうに興味深いことに気づきます。
　開祖ムハンマドがこの世に生まれ落ちたのが6世紀。
　それから現在に至るまで、イスラーム世界は、不思議なくらい300年ごとに大きな時代のうねりを経てきているということ。

- 第1期　イスラーム創成期（ 6 〜 9 世紀の約300年間）
—— イスラームが生まれてから、成長と拡大の一途をつづけていく時代。
- 第2期　イスラーム分裂期（ 9 〜12世紀の約300年間）
—— 第1期であまりにも大きくなりすぎた巨体を、自ら支えきれなくなり、分裂・解体していく時代。
- 第3期　イスラーム揺籃期（12〜15世紀の約300年間）
—— 依然として分裂時代がつづくも、次代の発展の基礎が整う揺籃時代。
- 第4期　イスラーム絶頂期（15〜18世紀の約300年間）
—— イスラーム世界に「三大帝国」が現出し、ヨーロッパを戦々恐々とさせた、イスラーム"最後"の繁栄時代。

- 第5期　イスラーム衰退期（18〜21世紀？）
── 前代とは打って変わって、白人列強に浸食され、すべての利権を骨の髄までしゃぶり尽くされて、衰亡していく時代。

　歴史学の真髄は、「故きを温ねて新しきを知る」こと。
　この「過去の法則」を未来に当てはめるなら、まさに21世紀は、イスラームにとって（ひいては世界にとって）、「新時代（第6期の300年間）への過渡期」ということになります。
　「時代の過渡期」には、それまでの常識が急速に通用しなくなり、驚きの事件・出来事がつぎつぎと起きるものです。
　まさに21世紀最初の年（2001年）に起きた「9・11」は、その"象徴"であり、「新時代」の幕開けを告げる"鯨波の第一声"なのかもしれません。
　つぎの「300年」は、どういう歴史をたどるのか。
　我々は、それを固唾を呑んで見守っていかなければなりません。
　さて。
　『前巻』では、「第1〜2期」に焦点を当てましたが、本書では「第3〜4期」を中心に取りあげ、最後の「第5期」は、（読者のご要望があれば）今後の続刊にて解説していくことになります。
　イスラームは、日本人には馴染みのない、理解しにくいものなので、とかく敬遠されがちですが、イスラームを知ることは、私たち自身を知ることであり、未来を知ることでもあるのです。
　本書が、その礎石となってくれるなら、こんなにうれしいことはありません。

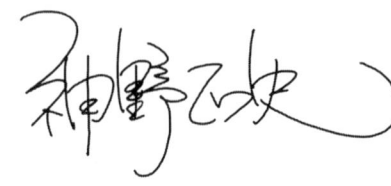

２０１４年３月

本書の読み方

　本書は、初学者の方にも、たのしく歴史に慣れ親しんでもらえるよう、従来の歴史教養書にはない工夫が随所に凝らされています。

　そのため、読み方にもちょっとしたコツがあります。

　まず、各単元の扉絵を開きますと、その単元で扱う範囲の「パネル（下図参照）」が見開き表示されています。

　本書はすべて、このパネルに沿って解説されますので、つねにこのパネルを参照しながら本文を読み進めていくようにしてください。

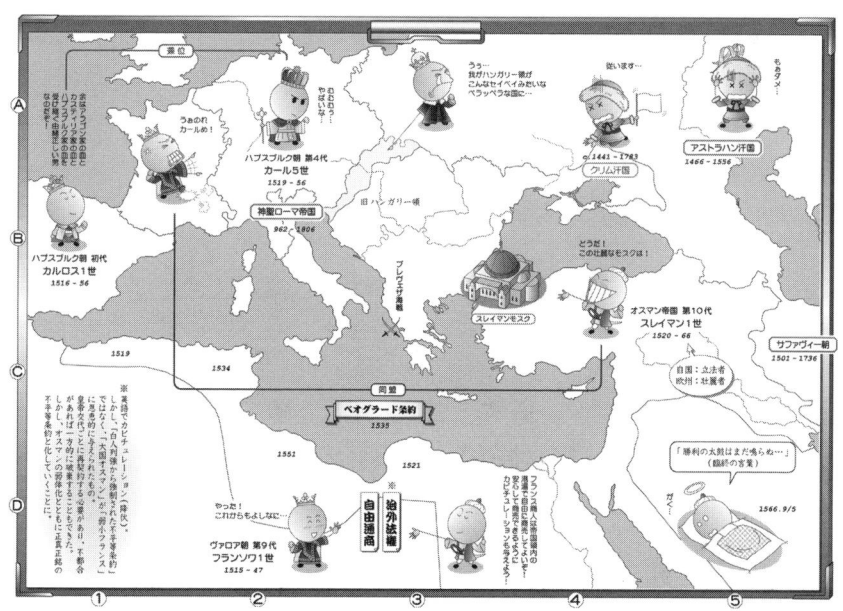

　そうしていただくことによって、いままでワケがわからなかった歴史が、頭の中でアニメーションのようにスラスラと展開するようになります。

　ぜひ、この読み方をお守りくださいますよう、よろしくお願いします。

　また、その一助となりますよう、本文中には、その随所に (A-2) などの「パネル位置情報」を表示しておきました。

　これは、「パネルの枠左の英字と枠下の数字の交差するところを参照のこと」

という意味で、たとえば (A-2) と書いてあったら、「A段第2列のあたり」すなわち、前ページパネルでは「カール5世」のあたりをご覧ください。

なお、本パネルの中の「人物キャラ」は、てるてる坊主みたいなので、便宜上「てるてる君」と呼んでいますが、このてるてる君の中には、その下に「肩書・氏名・年号」が書いてあるものがあります。

この「年号」について、注意点が2つほど。

まず、この年号はすべて「グレゴリウス暦」で統一されています。

したがいまして、イスラームを解説したパネルであっても「ヒジュラ暦」ではありませんし、日本の歴史が描かれたパネルであっても「旧暦」ではありません。

ムガール帝国 第3代
ジャラール=ウッディーン=ムハンマド
アクバル（偉大）
1556 - 1605

また、この「年号」は、そのすぐ上の「肩書」であった期間を表しています。

したがいまして、同じ人物でも肩書が違えば「年号」も変わってきますのでご注意ください。

たとえば、同じ「アクバル」という人物でも、その肩書が、

「ムガール帝国 皇太子」のときは、彼が皇太子であった期間（1542-56）が、

「ムガール帝国 第3代」のときは、その皇帝としての在位期間（1556-1605）が記されています。

なお、地図上に書かれた年号（前ページパネルのC-1「1519」など）は、その国がその土地を手に入れた年を表しています。

また、本文下段には「註欄」を設けました。

この「註」は、本文だけではカバーしきれない、でも、歴史理解のためには、どうしても割愛したくない、たいへん重要な知識をしたためてありますので、歴史をより深く理解していただくために、本文だけでなく「註」の説明文の方にも目を通していただくことをお勧めいたします。

それでは、「まるで劇を観覧しているかの如く、スラスラ歴史が頭に入ってくる！」と各方面から絶賛の「世界史劇場」をご堪能ください。

CONTENTS

はじめに　3
本書の読み方　5

第1章　オスマン帝国の勃興

第1幕　"引き返すべからず"運命の西進
家祖エルトゥールル　11

第2幕　アナトリアの戦国時代
初代オスマン1世　21

第3幕　君府を目指して
第2代オルハン1世の外征　29

第4幕　人種差別なきシステム
第2代オルハン1世の内政　35

第5幕　絶頂の最中の不意討ち
第3代ムラート1世の外征　43

第6幕　"世界帝国"に生まれ変わるために
第3代ムラート1世の内政　53

第7幕　戦争孤児たちへの英才教育
イェニチェリ軍団の創設　61

第2章　オスマン帝国の隆盛

第1幕　電光石火の兄弟殺し
雷帝登場　67

第2幕　全ヨーロッパでオスマンを叩け！
ニコポリス十字軍の集結　73

第3幕	無策の正面突撃	
	ニコポリスの戦	79

第4幕	東方からの使者曰く…	
	雷帝の慢心	89

第5幕	天下分け目の「関ヶ原」	
	アンカラの戦	97

第6幕	新たなるバトルロイヤル	
	オスマン帝国の崩壊	111

第7幕	繁栄への礎は築かれた	
	オスマン帝国の再建	117

第8幕	驚愕の越丘作戦	
	コンスタンティノープル落城	125

第3章　サファヴィー朝・ムガール帝国の勃興

第1幕	幼き教主の建国	
	サファヴィー朝の成立	141

第2幕	「救世主軍」の不敗神話	
	サファヴィー朝のイラン統一	155

第3幕	大砲とともに突き進め！	
	ムガール帝国の成立	167

第4章　イスラーム三國志（興隆期）

第1幕	大宰相家を族滅せよ！	
	オスマン帝国の完全復活	181

第2幕	挫折なき帝の最期	
	オスマン帝国 vs サファヴィー朝	191

第3幕	**屈辱と怒りの憤死**	
	オスマン帝国 vs マムルーク朝	203

第4幕	**「押さば退け、退かば押せ！」**	
	スレイマン大帝　イラク戦線	215

第5幕	**冬将軍、襲来！**	
	スレイマン大帝　ヨーロッパ戦線	225

第6幕	**そしてひとりの亡命者が現る**	
	サファヴィー朝の試練	235

第7幕	**父帝の歩んだ苦難をふたたび**	
	ムガール帝国の滅亡と再興	245

第5章　イスラーム三國志（絶頂期）

第1幕	**海賊に委ねられた艦隊を前に**	
	スレイマン大帝　地中海戦線	255

第2幕	**「勝利の太鼓はまだ鳴らぬ…」**	
	ヨーロッパ国際関係に組み込まれていくオスマン	267

第3幕	**「イスファハーンは世界の半分」**	
	サファヴィー朝　絶頂期	277

第4幕	**奇蹟の一矢**	
	アクバル大帝の登場	285

第5幕	**大帝の治世は「戦場」にあり**	
	ムガール帝国　絶頂期	297

第6幕	**「災い転じて福と成す」**	
	ムガール帝国の国家体制	303

　　　　附録　イスラーム王朝年表　　　　　　　316

Column コラム

エルトゥールル号事件	20
オスマン1世の正夢	28
「オスマン帝国」の名称	42
ヴィドヴダン	52
ピンチはチャンス！	88
死中に活	110
ウルバン巨砲	139
君府陥落の直接的原因	140
チムールの呪い	147
サファヴィー朝と徳川家	154
シャイバニー朝とは	160
押してもダメなら…	166
バーブルの変心	180
先君の家臣団	190
スルタンカリフ制	213
権力と権威	214
聖イシュトヴァーンの王冠	234
理性と感情	244
フマーユーンは無能か？	254
ヨハネ騎士団	261
ガレー船とガレオン船	266
治外法権と領事裁判権	276
能ある鷹は爪を隠す	302

第1章 オスマン帝国の勃興

第1幕
"引き返すべからず" 運命の西進
家祖エルトゥールル

六百年という永きにわたって君臨しつづけ、アジア大陸・ヨーロッパ大陸・アフリカ大陸の三大陸を股にかけて繁栄を謳歌したオスマン帝国。しかし、その大帝国も、初めはアナトリア半島の片隅に生まれた小さな辺境の一領主にすぎなかった。千里の道も一歩から。本幕では、オスマン帝国誕生秘話について解説する。

いったんアナトリアに疎開しよう！

オスマン1世 祖父
スレイマン＝シャー

〈家祖エルトゥールル〉

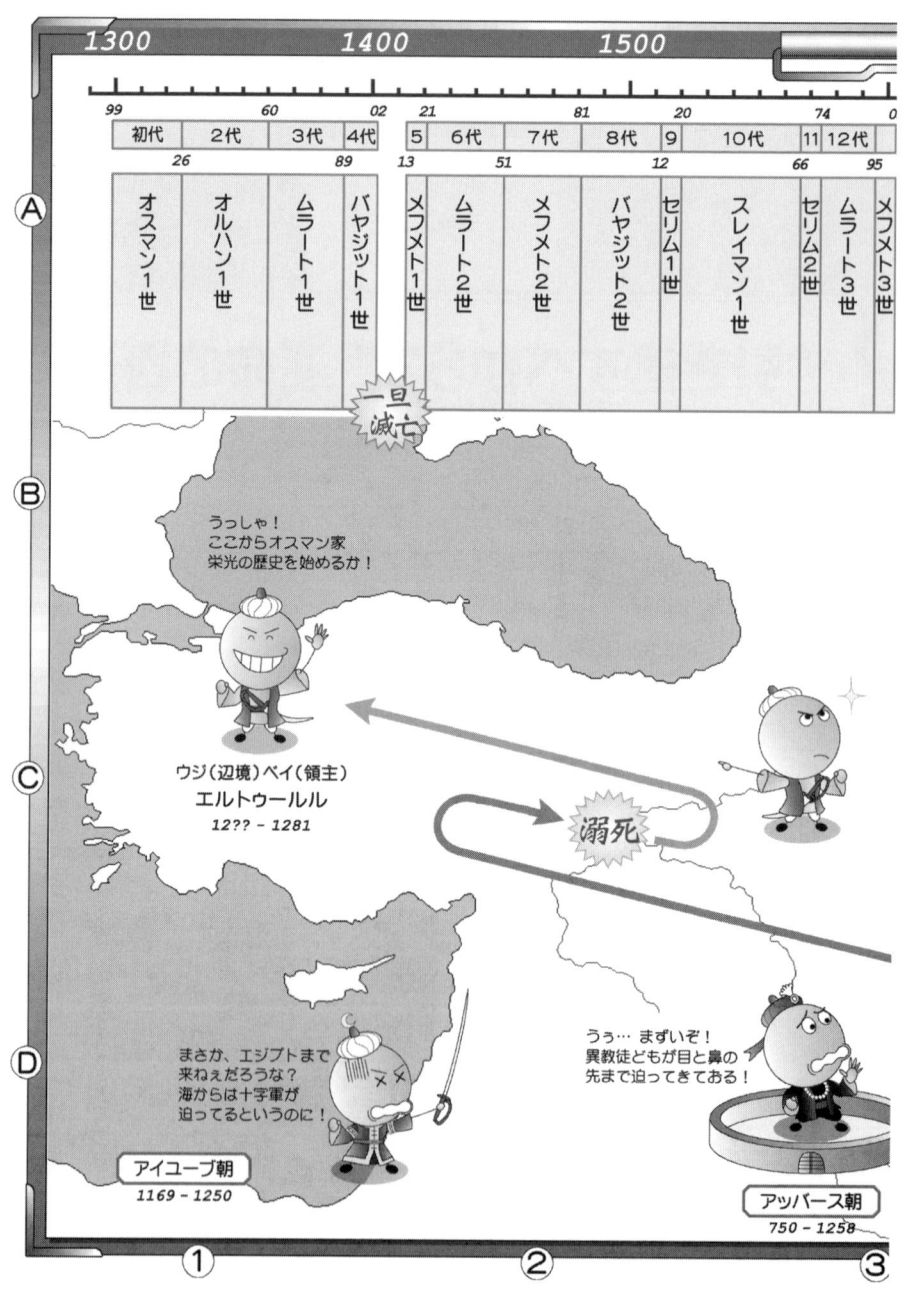

ムハンマドがイスラームを開教したのが7世紀初頭。
以来、イスラーム文化圏は、あれよあれよという間に、アジア大陸、アフリカ大陸に拡がっていきました。

ムハンマド亡きあと、約200年間は、イスラーム世界は「ひとつ」でありつづけました。

しかし、9世紀に入ると、膨(ふく)らみきった風船がはじけるように、イスラーム世界は分裂しはじめ、多くの地方政権に細分化していくことになります。(*01)

しかし。

「そもそも天下の大勢は、分かれること久しければ必ず合(ごう)し、合(ごう)すること久しければ、必ず分かれる(*02)」もの。

イスラーム世界もまた、その例外にあらず、永い分裂の時代から、ふたたび統一を指向していくことになります。

そうした歴史のうねりの中で、ファーティマ朝やセルジューク朝が「再統

1300				1400				1500				1600
99		60	02	21		81		20		74	03	
初代	2代	3代	4代	5	6代	7代	8代	9	10代	11	12代	14
	26		89	13		51		12		66	95	17
オスマン1世	オルハン1世	ムラート1世	バヤジット1世	メフメト1世	ムラート2世	メフメト2世	バヤジット2世	セリム1世	スレイマン1世	セリム2世	ムラート3世	メフメト3世	アーフメット1世 ムスタファ1世

一旦滅亡

(*01) このあたりの詳細を知りたい方は、拙著『世界史劇場 イスラーム世界の起源』(ベレ出版) を参照のこと。

(*02) 羅貫中の『三国志演義』における冒頭の言葉。
「国家というものは、統一された状態が永くつづけば、かならず解体するものだし、バラバラに分裂した状態が永くつづけば、自然と統一に向かうものだ」という意味。

14

一」を目指して努力したものの、まだ時期尚早であったか、いずれも短期間のうちに分解していくことになりました。

しかし、15～16世紀にかけて、いよいよ統一化を指向し、イスラーム世界は、オスマン帝国(＊03)・サファヴィー朝・ムガール帝国の三大帝国が鼎立する時代へと向かっていきます。

中国史における『三國志』を彷彿とさせるような。

本書では、まさにこの時代のイスラーム世界を見ていくことにいたします。

まずはその筆頭、オスマン帝国から。

「オスマン帝国」といえば、学生時代「世界史」が苦手だった方すら聞き覚えがあるのではないでしょうか。

それほどに大国であり、歴史も長く、世界史に果たした役割は甚大で、何より日本との関わりも深い国なのですが、にもかかわらず、日本人は、その歴史にあまり詳しくないというのは、たいへん残念なことです。

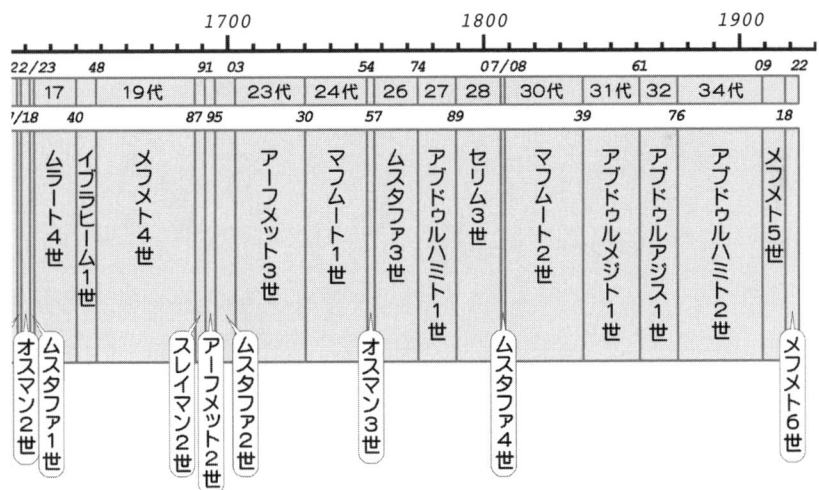

(＊03) 筆者の学生時代では、「オスマントルコ」「トルコ帝国」「オスマン朝トルコ帝国」などと呼ばれていましたが、「この王朝を表すのにふさわしい名ではない」ということで、最近では、「オスマン帝国」とか「オスマン朝」と呼ばれるようになっています。このことに関して、詳しくは、本章 第4幕コラム「「オスマン帝国」の名称」にて後述いたします。

オスマン帝国は、13世紀の末（1299年ごろ）に生まれ、その後、あれよあれよというううちに周辺諸国を併呑し、アジア大陸・ヨーロッパ大陸・アフリカ大陸の三大陸を股にかけた大帝国にまで成長した国です。

　人類史上、「大国」はいくつも現れましたが、大国というのは、たいてい自身の巨大な図体を自分で支えられなくなり、自らの寿命を縮めてしまうことが多いもの。(＊04)

　しかし、オスマン帝国は違います。

　オスマンは、20世紀前半（1922年）まで、なんと600年以上にわたってその命脈を保ったのです。(＊05)

　1299年といったら、日本ではまだ鎌倉幕府のころです。

　鎌倉幕府 ～ 室町幕府 ～ 戦国時代 ～ 江戸幕府から明治維新を経て、大正年間に至るまで、その間、日本はどれほどの激動の歴史を歩んだかしれませんが、アナトリア半島（C-1/2）を中心とした一帯は、ず～っとオスマン帝国です。

　その間、日本のような小さな国でさえ、さまざまな歴史ドラマが生まれたのですから、オスマン帝国ほどの大帝国において、どれほどのドラマティックな歴史展開があったのかは言うまでもありません。

　ちなみに、600年にわたるオスマンの歴史は、大きく3つの時代に区分することができます。

うう…モンゴルはおそろしい！

オグズ族 カユ氏 オスマン家

(＊04) ローマ帝国しかり、ウマイヤ朝、アッバース朝しかり、モンゴル帝国しかり、唐、明、清帝国しかり。たいていは自らの「巨体」を自分で支えられなくなり、それが衰退・混乱の原因になっています。ものごとすべて「適度」というものがあり、なんでも「大きければよい」というものではありません。

(＊05) 国家の平均寿命は、だいたい200年。500年以上つづく王朝はたいへん珍しい。

- 建国からスレイマン大帝　　までの約250年間が「拡大期」
- セリム2世からメフメト4世までの約100年間が「安定期」(＊06)
- 以後、滅亡　　　　　　　までの約250年間が「衰亡期」

本書では、「拡大期」「安定期」におけるオスマン帝国の歴史を紐解いていくことにいたします。(＊07)

さて。

これほどの永きにわたり、これほど巨大な帝国を繁栄させ、これほど人類の歴史に甚大な影響を与えつづけたオスマン帝国は、そもそもどのようにして生まれたのでしょうか。

　じつは、事の発端は、モンゴル帝国時代にまで遡ります。
　オスマン家を輩出したトルコ人というのは、もともと中央アジアに現れた民族でしたが、そこから拡がっていき、13世紀初頭のころまでに、オスマン家はカスピ海（B/C-4）の東岸あたりに住むようになっていました。
　当時、このあたりを支配していたのはコラズム朝と言い、国王アラーウッディーン＝ムハンマド（第7代）の下、絶頂期にありました。
　セルジューク朝が解体していく中から現れるや、向かうところ敵なし、その旧領のほとんどを併呑し、セルジューク朝を再現する勢いだった国です。
　しかし、その前に立ちはだかったのが、モンゴル帝国。

(＊06) 参考書の中には、「セリム2世（レパント海戦）以降、衰亡の一途をたどった」としているものもありますが、これは誤りです。オスマンは、セリム2世以降も100年以上にわたって、政治・経済・軍事・領土、いずれもビクともしていません。
　　　むしろ、領土などは安定的に拡大しているほどです。

(＊07) それ以降の歴史については、また別の機会にて。

モンゴル帝国軍の津波のごとき侵攻の前に、コラズム朝はアッという間に崩壊、国王は亡命先で失意のうちに死去、跡を継いだ国王の息子ジャラール＝アッディーン（D-5）は、這々の体で逃げまわり、インダス川を渡ってインドに亡命するのが精一杯でした。(＊08)
　この収拾つかない混乱の中で、ついにオスマン家はこの地を棄て、西に移住することを決意します。

オスマン1世　祖父
スレイマン＝シャー

　そのころのオスマン家の家長がスレイマン＝シャー（C/D-4）。
　オスマン帝国初代皇帝の祖父に当たるお方です。
　ところが、西へ西へ西へと向かい、やっとアナトリア半島に入ったころ、突如としてスレイマン＝シャーは翻意し、「やっぱり帰る！」と言いはじめます。
　何が彼にそう決断させたのかは伝わっていません。
　望郷の念に駆られたのでしょうか。
　そこで、一族郎党、踵を返して戻ることになりましたが、その矢先、ユーフラテス川を渡河中、彼は溺死してしまいます。（C-2）

（＊08）彼を追撃するモンゴル軍は、ついにインダス川を背にした断崖に彼を追い詰めました。
　　　　すると、ジャラール＝アッディーンは馬ごと崖の下へダイブして川に飛び込みます。
　　　　驚いたモンゴル軍が崖を覗き込むと、彼はまだ生きて泳いでいるではありませんか。
　　　　「おい！　ヤツはまだ生きてるぞ！　追え！」　しかし、チンギス汗がそれを制止します。
　　　　「よい。行かせよ。この崖を飛び込むのは相当の覚悟がいる。敵ながらあっぱれじゃ！」

第1幕　家祖エルトゥールル

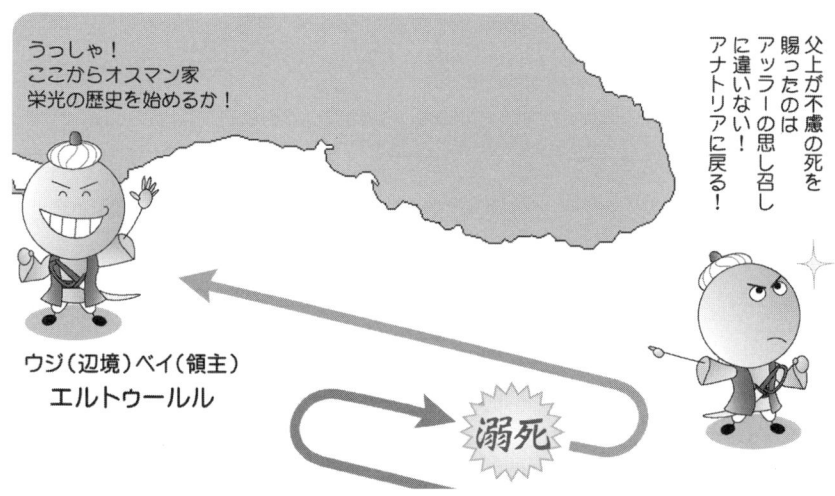

　そこで、跡を継いだのが、息子のエルトゥールル（C-1，C-3）[*09]。
　彼(エルトゥールル)は考えます。
「父上(スレイマン)は、引き返そうとした途端に不幸に遭った！
　これは"引き返してはならない"という神(アッラー)の思(おぼ)し召(め)しに違いない！」[*10]
　こうしてオスマン家は、ふたたびUターンして西進することになります。
　もし彼(エルトゥールル)が、ここで「神(アッラー)の御心(み)」ではなく、「父上の遺志」を尊重し、そのまま帰郷していたら、オスマン帝国はこの世に存在せず、そうなれば、人類の歴史全体がまったく違ったものとなっていたに相違ありません。
　ここでたまたま（？）スレイマン＝シャーが事故死したことは、人類の歴史をも変えることになったのです。
　こうして彼らは、アナトリア半島東部（C-1）に落ち着くことになりました。

(＊09) あの有名な1890年の「エルトゥールル号遭難事件」で沈没したオスマン帝国のフリゲート艦「エルトゥールル」は、彼の名から取られたものです。
　　　詳しくは、本幕コラムを参照のこと。

(＊10) 日本でも、何か事を起こそうと思った途端「不運」に見舞われると、「ケチがついた」といってその行動をやめることがあります。

19

Column　エルトゥールル号事件

　19世紀の末、オスマン帝国は、親善使節団を日本に派遣したことがありましたが、そのときのフリゲート艦が「エルトゥールル号」です。
　しかし、帰国の際、折り悪く台風シーズンと重なってしまいます。
　日本政府は台風をやり過ごすよう勧めましたが、オスマン帝（アブドゥルハミト2）の意向もあり、出航を強行してしまったことが、悲劇を招くことになります。
　日本の懸念（けねん）は的中、1890年9月15日、横浜を出航したエルトゥールル号は、翌日には、紀伊沖にて遭難し、沈没してしまいます。
　なんとか岸まで泳ぎ着いた数名の乗組員が灯台守（もり）に助けを求めると、日本人は、嵐の中、村人総出で救助と介抱（ぶ）を行い、自分たちの食い扶持すらままならない貧困にあったにもかかわらず、遭難者たちに惜しみなく食料を供出（お）し、献身的に生存者の救護に当たりました。
　この出来事が、現在のトルコ人の親日感情の起点となります。
　日露戦争では、日本の勝利を我がことのように歓（よろこ）び、第一次世界大戦で敵国同士となってもなお、友好感情は損なわれませんでした。
　しかし、この事件については、助けた側の日本ではあまり語り継がれることなく、やがて忘れ去られていきました。
　ところが、それから100年ちかく後（のち）の1985年。
　時のイラク大統領Ｓ.フセイン（サダム）が「48時間」という期限を切って「イラン上空無差別撃墜宣言」を行いました。
　これにより、在イラン邦人215名が命の危機に陥（おちい）ってしまいます。
　このとき、日本政府は、ただ狼狽（ろうばい）するのみでなんら対処できず、その無能ぶりを露呈する中、トルコ政府が立ち上がり、救援機を出し、自国民を後回しにしてまで日本人を救出することに尽力してくれます。
　日本では、感謝の気持ちとともに、疑問も湧いてきます。
　――なぜあなたがたはこんなにも日本人に親切にしてくれるのですか？
　「なぜ？　我々はただ、エルトゥールル号の恩返しをしただけです」
　我々ももう少し彼らのことを学ばなければなりません。

第1章 オスマン帝国の勃興

第2幕

アナトリアの戦国時代

初代オスマン1世

混乱を逃れ、長い旅の果てにルーム＝セルジューク朝の辺境の地に落ちついたオスマン家。しかし、その地もオスマン家の安住の地とはならなかった。そこは、いわば「戦国時代」。王朝は衰え、地方政権は跋扈し、国は乱れに乱れていた。だが、もはや逃げようとは思わぬ！むしろこの地で一旗揚げてやろうではないか！

ぬかせ～っ！
ルームセルジューク朝の次の覇者は俺だ～っ！

〈初代オスマン1世〉

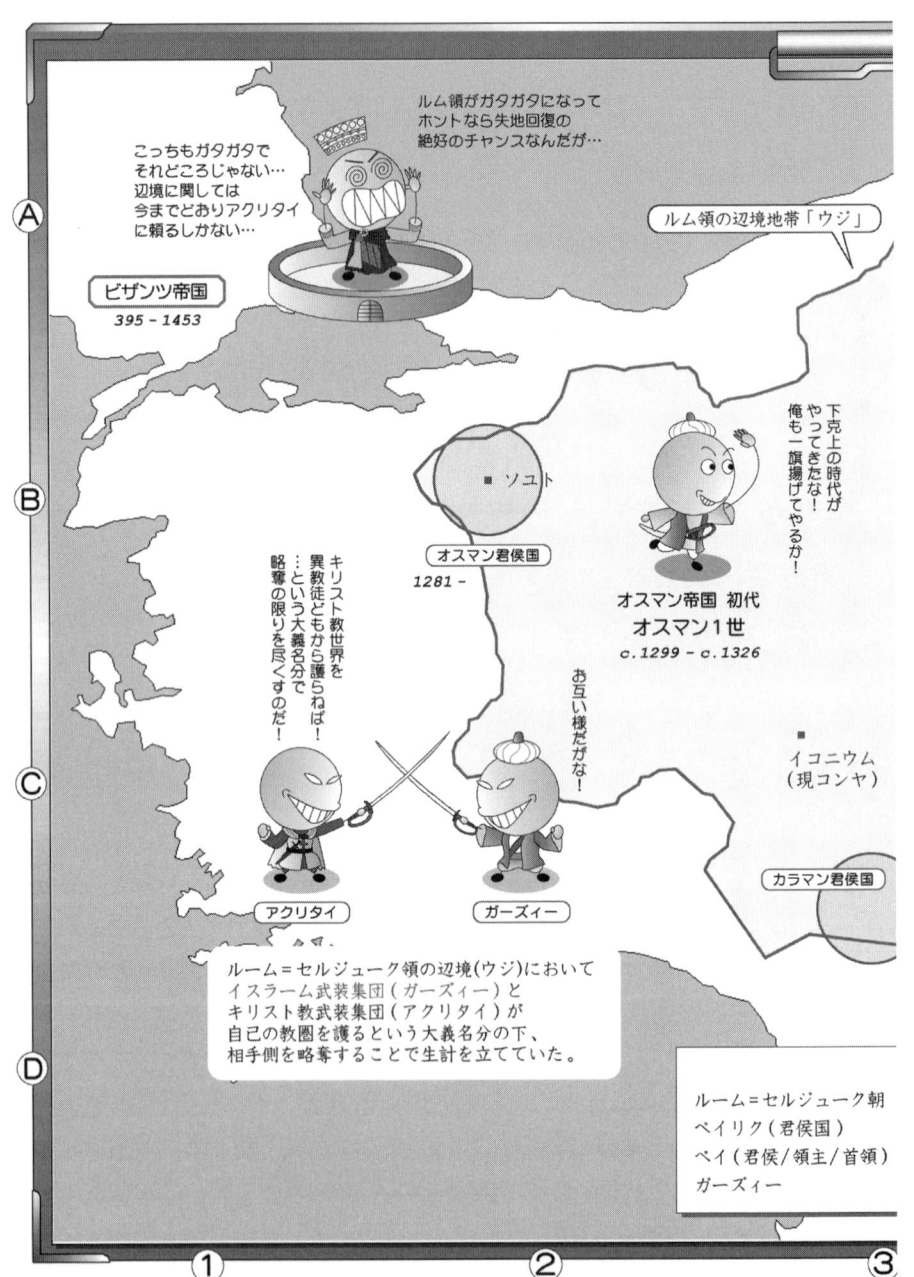

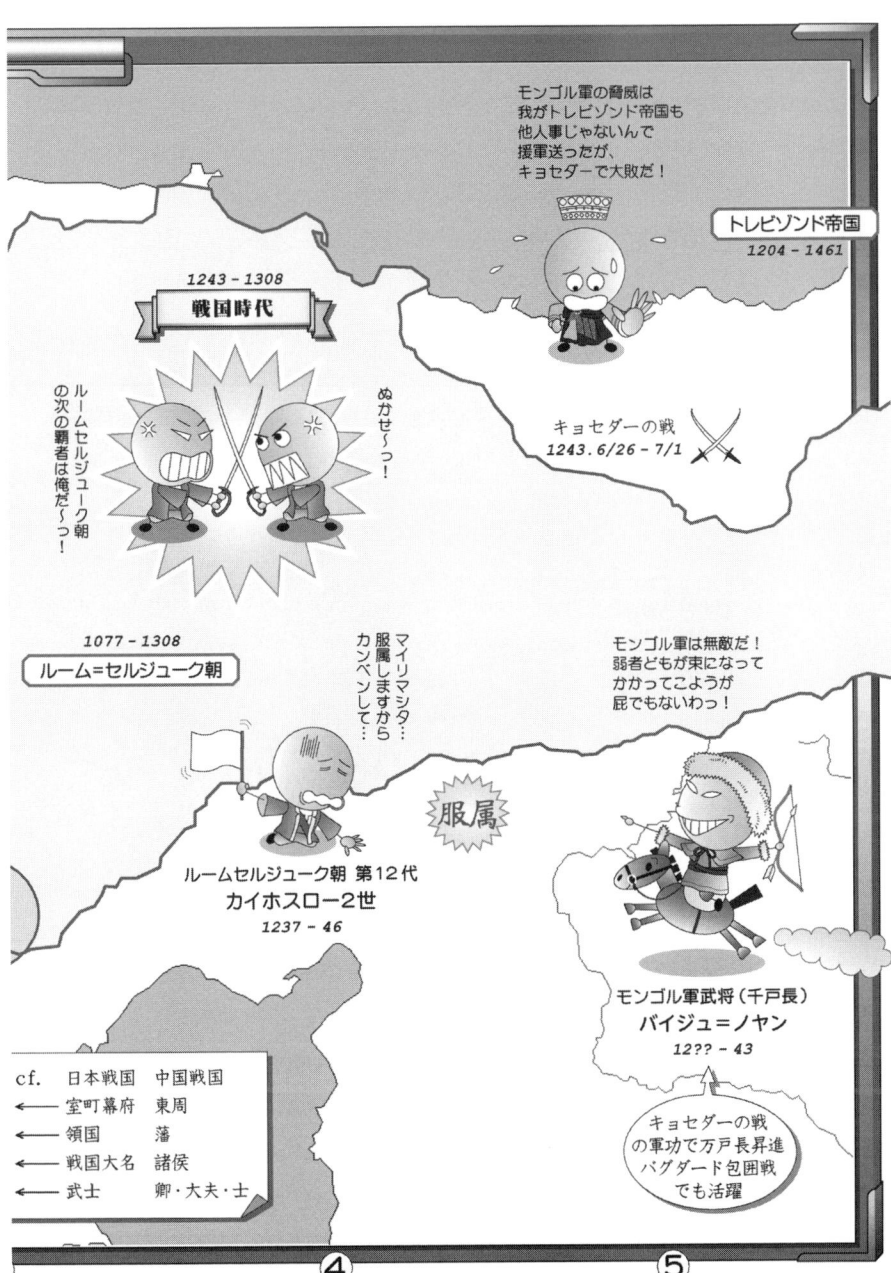

オ スマン家がたどりついたアナトリア半島を支配していたのは、当時、ルーム＝セルジューク朝（B/C-3/4）でした。

セルジューク朝の絶頂期を現出した王 マリク＝シャー（スルタン）が亡くなったあと、相次ぐ帝位継承争いから、王朝はたちまち解体していきましたが、その中から生まれた地方政権のうちのひとつです。

イラン　　地方：ケルマン＝セルジューク朝（第2代王（スルタン）の兄 が独立）
イラク　　地方：イラク　＝セルジューク朝（第7代王（スルタン）の子 が独立）
シリア　　地方：シリア　＝セルジューク朝（第3代王（スルタン）の弟 が独立）
アナトリア地方：ルーム　＝セルジューク朝（ 初 代王（スルタン）の従甥が独立）

しかし、この王朝も建国から160年、すでに衰退期に入っていました。

そんな中、前幕で絶頂のコラズム帝国をいとも簡単に滅ぼし、何も無き野を往くが如く西進してきたモンゴル軍が押し寄せてきます。

モンゴル軍を率いるは、猛将バイジュ＝ノヤン千戸長（＊01）。

モンゴル軍は無敵だ！
弱者どもが束になって
かかってこようが
屁でもないわっ！

モンゴル軍武将（千戸長）
バイジュ＝ノヤン

焦ったのは、ルーム＝セルジューク朝（第12代カイホスロー2世）（C-4）だけではありません。

（＊01）モンゴル軍は、上から順に、万戸長・千戸長・百戸長・十戸長という階級がありました。これをあえて現代の軍部階級のイメージで喩えるとするなら、大将・大佐・大尉・曹長といった感じになるでしょうか。
　　　バイジュ＝ノヤンは、このときの戦功により、万戸長に昇進しています。

その隣にあったトレビゾンド帝国（A-5）^(＊02)をも狼狽させます。

「まずいぞ、まずいぞ！　これは他人事ではない！
このままルームが亡ぼされるということになれば、明日は我が身だ！」
　こうして、共通の強大な敵を前にして、ルーム＝セルジューク朝とトレビゾンド帝国は、同盟を結んでモンゴルとの決戦に備えました。
　しかし、1243年^(＊03)、「キョセダーの戦」（B-5）で、勝負はアッという間にモンゴル大勝のうちに決着。
　ルーム＝セルジューク朝はモンゴルに臣従、王朝の権威は地に落ち、以後、さながら戦国時代（A/B-4）の様相を呈するようになります。
　これを日本（戦国時代）や中国（東周時代）で譬えますと、以下のようになります。（D-3）

- ルーム＝セルジューク朝　←　室町幕府　：　東周
- ベイリク（君侯国）　　　←　領国　　　：　藩
- ベイ　（君侯／領主）　　←　大名　　　：　諸侯
- ガーズィー　　　　　　　←　武士　　　：　卿・大夫・士

(＊02) ビザンツ帝国（A-1）の王族が建国した亡命政権。本家（ビザンツ帝国）が亡んだあとも存続しましたが、のちにオスマン帝国に亡ぼされることになります。

(＊03) この年は、モンゴル帝国の大汗オゴタイが急死（1241年）したあと、グユクとバトゥの対立の中、汗位が空位となっていた混迷時代で、キプチャク汗国（バトゥ・ウルス）が本国から自立した年でもあり、モンゴル帝国にとって、大変重要な意味を持つ年でもありました。

室町幕府（ルーム＝セルジューク朝）の権威が衰えるとともに、領国（ベイリク）が自立化し、大名（ベイ）たちが武士（ガーズィー）たちを駆使して勢力争いのために勝手に戦をはじめ、次なる天下統一を目指す。

こうして較べてみることで、時代が違い、民族・文化が違い、場所が違っても、やってることはまったく同じだということがわかります。

こうした「戦国の世」のような乱戦において、つぎの統一政権を担う者は、不思議と「辺境の地」から現れることが多い。(＊04)

オスマン家も、もともとは吹けば飛ぶような辺境の弱小君侯国のひとつにすぎませんでしたが、オスマン1世（B-2/3）のころ、急速に力をつけてきます。

日本の戦国の世にあって、弱小勢力からのし上がってきた織田信長を彷彿とさせます。

たくさんの君侯国の中から、やがてカラマン（C/D-3）とオスマン（B-2）が有力になってきますが、どちらも辺境から力をつけてきた君侯国です。

(＊04) 中国の戦国時代において、「戦国の七雄」を勝ち抜いたのは、西の辺境にあった「秦」でしたし、イギリス版戦国時代ともいうべき「七王国」を勝ち抜いたのも、西の辺境「ウェセックス」。ドイツ版戦国時代ともいうべき統一戦を勝ち抜いたのも、東の辺境「プロシア」、イタリア版戦国時代も西の辺境「サルディニア」。そうした中で、我が日本の戦国時代を制した天下人は、3人とも現在の愛知県から現れましたので、ちょっと例外的存在です。

さて。

そんな中にあって、お隣ビザンツ帝国（A-1）は、どうだったでしょうか。

ほんの200年前まで、アナトリア半島はビザンツ帝国領でした。

ならば、ルーム＝セルジューク朝の混迷はビザンツ帝国にとって、これを奪還する千載一遇のチャンスとなるはずです。

ところが、ビザンツ帝国もまた、ルーム＝セルジューク朝に負けず劣らず政治・社会・経済がガタガタ。

とても、アナトリアに遠征軍を繰り出す余裕などありません。

せいぜい、アクリタイ（C-1）(*05)とガーズィーを噛み合わせて(*06)、せめてこれ以上、自国領が減らないようにする程度でした。

このような情勢の中、どのようにしてオスマンは力をつけていくのか。

それは、次幕にて。

(*05) キリスト教圏における戦士階級。
　　　イスラーム圏でいえば「ガーズィー」、日本でいえば「武士」に相当します。

(*06) このころの「ウジ（辺境）」におけるアクリタイとガーズィーは、お互いに「自己の強権を護るため！」という大義名分で剣を取って戦っていましたが、実際には、双方、敵方に対する掠奪行為でしかありませんでした。

Column　オスマン1世の正夢

　どの国でも、その「初代」は美化され、なにかと「伝説」を持っているものです。
　オスマン帝国の初代・オスマン1世もまた、その手の「伝説」を持っています。
　オスマンは若いころ、長老の娘（マルカトゥン）に恋をしましたが、相手は深窓のご令嬢、家柄の違いのため、長老に相手にされないことが予想されました。
　まるで「ロミオとジュリエット」。
　恋煩い(わずら)に悩んでいたそんなとき、彼は奇妙な夢を見ます。
　長老の胸から「月」が飛び出てきたかと思うと、それがそのまま自分の胸の中に入ってきます。
　すると今度は、その胸から、無数の「星」が飛び出し、さらには、みるみる「大樹」が伸び、星々は満天の空に拡がり、大樹の根は、北はドナウ川、南はナイル川、東はティグリス川まで張りつめ、その葉はコンスタンティノープルを指し示す。
　——という、なんとも奇っ怪な夢。
　ワケがわからず狼狽(ろうばい)した彼は、「夢占い」ができる長老に相談しにいくと、長老は驚いて言いました。
「夢の中の"月"とは我が娘、マルカトゥンの象徴であろう。
　つまり、娘が我が下(もと)を離れ、おぬしの下に嫁(とつ)げば、それによって運が開(ひら)け、やがてはコンスタンティノープルをも陥とし、そこを拠点に、三大陸を股にかけた大帝国を築き上げるであろう、という神(アッラー)のお告げに違いない！　よろしい！　我が娘をおぬしにやろう！」
　こうして、オスマンは見事、最愛の女性マルカトゥンを妻とします。
　オスマン帝国の国旗も、現在のトルコ共和国の国旗も、「赤地に白抜きの月と星」ですが、一説には、このときのオスマン1世の伝承に由来するといわれています。

第1章 オスマン帝国の勃興

第3幕

君府を目指して
第2代 オルハン1世の外征

初代オスマン1世は、ルーム＝セルジューク朝から独立を果たしたあと、ブルサ攻略中に陣没。その跡を継いだのが息子のオルハン1世。彼は、父の遺志を継ぎ、コンスタンティノープルを目指してつぎつぎと都市を陥落させ、ついに、ボスフォラス海峡をはさんで、コンスタンティノープルの目前にまで肉薄する。

パレオロゴス朝 第5代
ヨハネス6世 カンタクゼノス

〈第2代 オルハン1世の外征〉

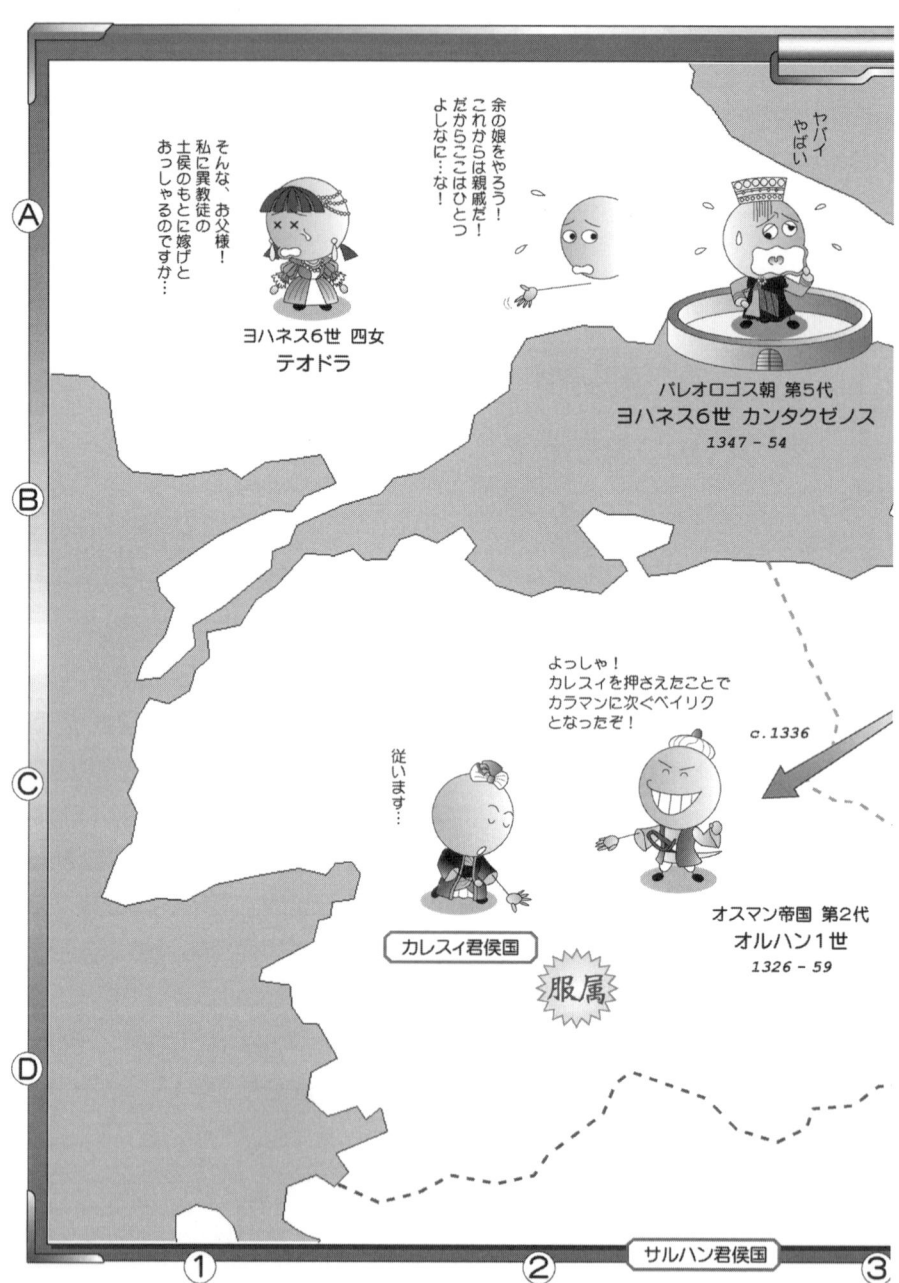

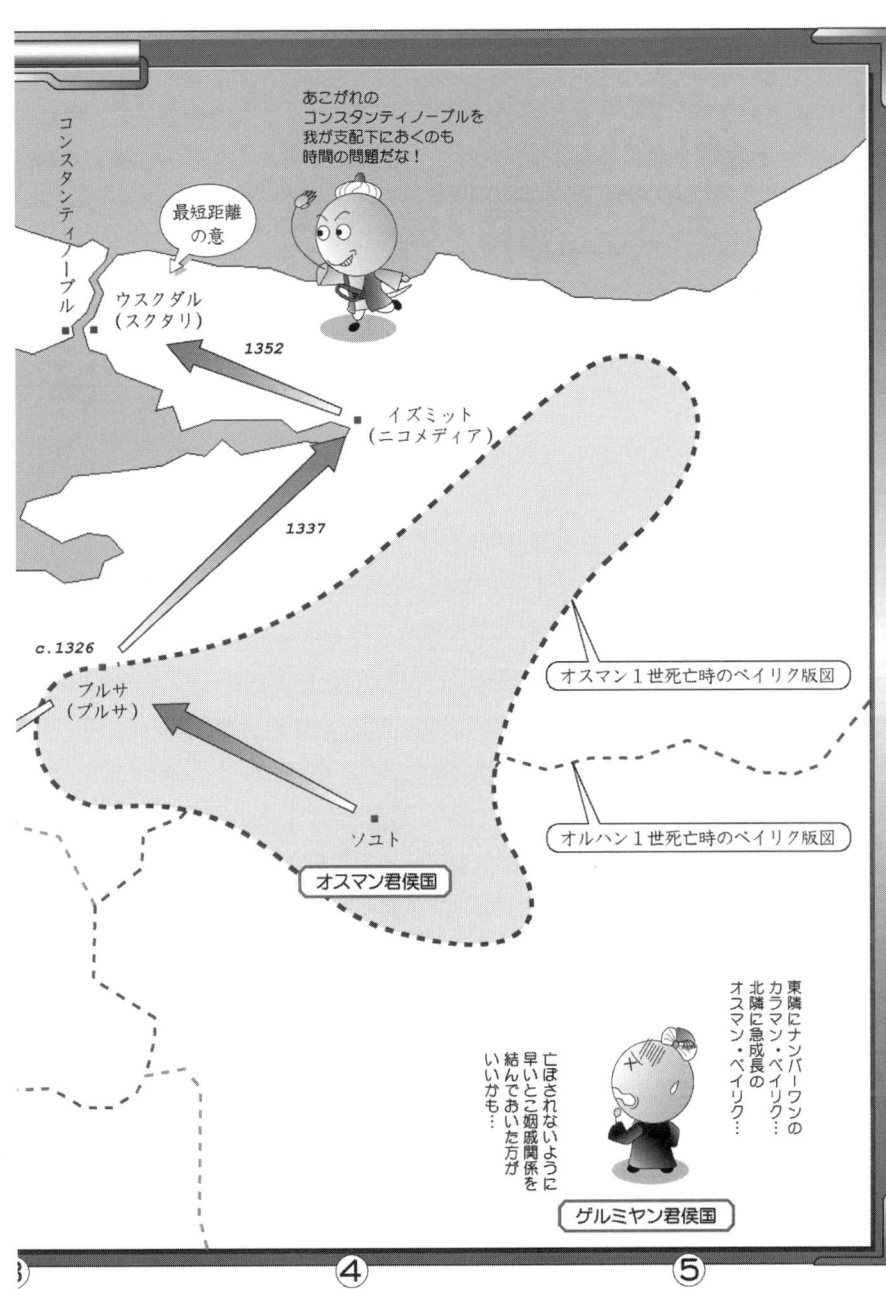

オスマン1世が、ルーム＝セルジューク朝から独立したころ（1299年）は、ソユト（C-4）という辺境の村とその周辺を押さえているだけでした。

しかし、支配力の弱まったビザンツ帝国の辺境をつぎつぎと併呑していき、彼の晩年には、夢にまで見たブルサ（C-3）(＊01)まで肉薄します。

ここが手に入れば、オスマンにとって初の「都市」であり、ここに首都を設定すれば、いよいよ「国家」らしくもなってくるでしょう。

また、「コンスタンティノープル（A/B-3）にオスマン旗を掲げる！」という"夢"を正夢にするためにも重要な意味を持つ拠点です。

しかし、まさにブルサ攻略の陣中に彼は没してしまいます。

享年68歳。

彼の意志を受け継いだのは、最愛の妻マルカトゥン(＊02)との間に生まれた息子、オルハン。

彼は、ブルサ攻略に成功するや、ただちに首都をここに遷します。

さらに、つぎの10年かけて、西のカレスィ君侯国（C-2）を支配下に置き、翌年には、ニコメディア（B-4）(＊03)を陥とします。

(＊01) ギリシア語では「プルサ（Prusa）」と呼ばれていた都市で、「ブルサ（Bursa）」はそのトルコ語表記。シルクロードの西端の都市として繁栄していました。

(＊02) マルカトゥンについては、前幕のコラム「オスマン1世の正夢」を参照のこと。

(＊03) 古代ローマ帝国ディオクレティアヌス帝の時代、帝都にもなったことがある重要拠点。オスマン占領後、トルコ語で「イズミット」と改名されています。

これにより、オスマンはアナトリア半島の北西部（B/C-2/3/4/5）をすべて押さえ、数ある君侯国(ベイリク)の中でも「カラマン君侯国(ベイリク)」に次ぐNo.2の実力を誇るようになります。(＊04)

　ここまで来たら、コンスタンティノープルまで目と鼻の先。

　イズミット（B-4）から距離にしてわずか90km。

　しかし、その「わずか90km」を埋めるのに、15年という歳月を要してしまいます。

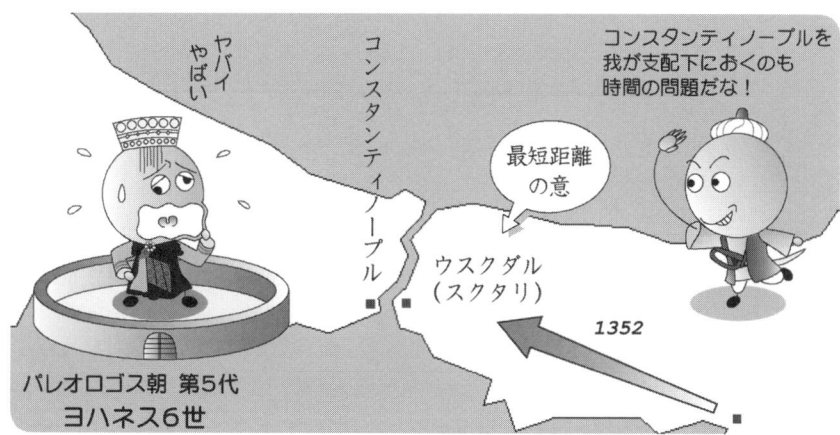

　オスマンの目は一貫して「君府(コンスタンティノープル)」を向いていましたが、つねに背後のトルコ系君侯国(ベイリク)から突(つ)かれていたため、その国力を「君府(コンスタンティノープル)」にのみ集中させることができなかった事情があったからです。

　一方、ビザンツもビザンツで、帝位継承問題が起きており(＊05)、対外戦争どころではない「お家の事情」を抱えていました。

(＊04) 日本で譬えれば、最初に抜きんでてきた今川氏が「カラマン君侯国」で、弱小から今川を倒して天下人に名乗り出た織田氏が「オスマン君侯国」といったところでしょうか。

(＊05) アンドロニコス3世の没したとき（1341年）、その子ヨハネス5世はまだ9歳だったことから、執政権を巡って政治が乱れ、その岳父（皇后の父）が皇帝ヨハネス6世を自称し、内乱状態となっていました。

こうしたお互いの利害が一致して、オスマンとビザンツは同盟関係にあった時期もあり、それに伴い、ヨハネス６世の娘テオドラがオルハン１世に降嫁されています。（＊06）

ヨハネス6世　四女
テオドラ

　とはいえ。
　苦労はさせられたものの、オスマンはなんとかスクタリ（A/B-3/4）まで達しました。
　ここからは、ボスフォラス海峡をはさんで、君府（コンスタンティノープル）は肉眼でハッキリと見えます。
　その名もスクタリ改め、「ウスクダル」（＊07）とします。
　しかし、物事いいことばかりではありません。
　オルハン１世は、国内に重大な問題を抱えていました。
　それでは次幕では、オルハン１世の時代における国内問題について見ていくことにいたしましょう。

（＊06）君主国家と君主国家が「同盟」を結ぶ場合、ほとんど「政略結婚」が伴います。
（＊07）トルコ語で「（君府まで）最短距離」という意味です。コンスタンティノープルを征服する橋頭堡とする気マンマンであることが、その名前から窺えます。
　　　　1860年、沿海州を手に入れたロシアが、その最南端の港市に「ウラジヴォストーク（東の国を征服せよ！）」と名づけ、日本を亡ぼす意欲を込めた出来事を思い起こさせます。

第1章 オスマン帝国の勃興

第4幕

人種差別なきシステム
第2代 オルハン1世の内政

ついこの間まで「数ある弱小地方政権のひとつ」にすぎなかった国をオルハン1世は急速に拡大させた。しかし、組織というものは「急激な拡大」に耐えられない。急成長した企業がアッという間に倒産することが多いのはそれゆえ。したがって、オルハン1世は、対外戦争だけでなく、国内改革にも尽力せねばならなかった。

我が国も
そろそろ常備軍
を作らねば
なるまいが…

君侯ベイ

〈第2代 オルハン1世の内政〉

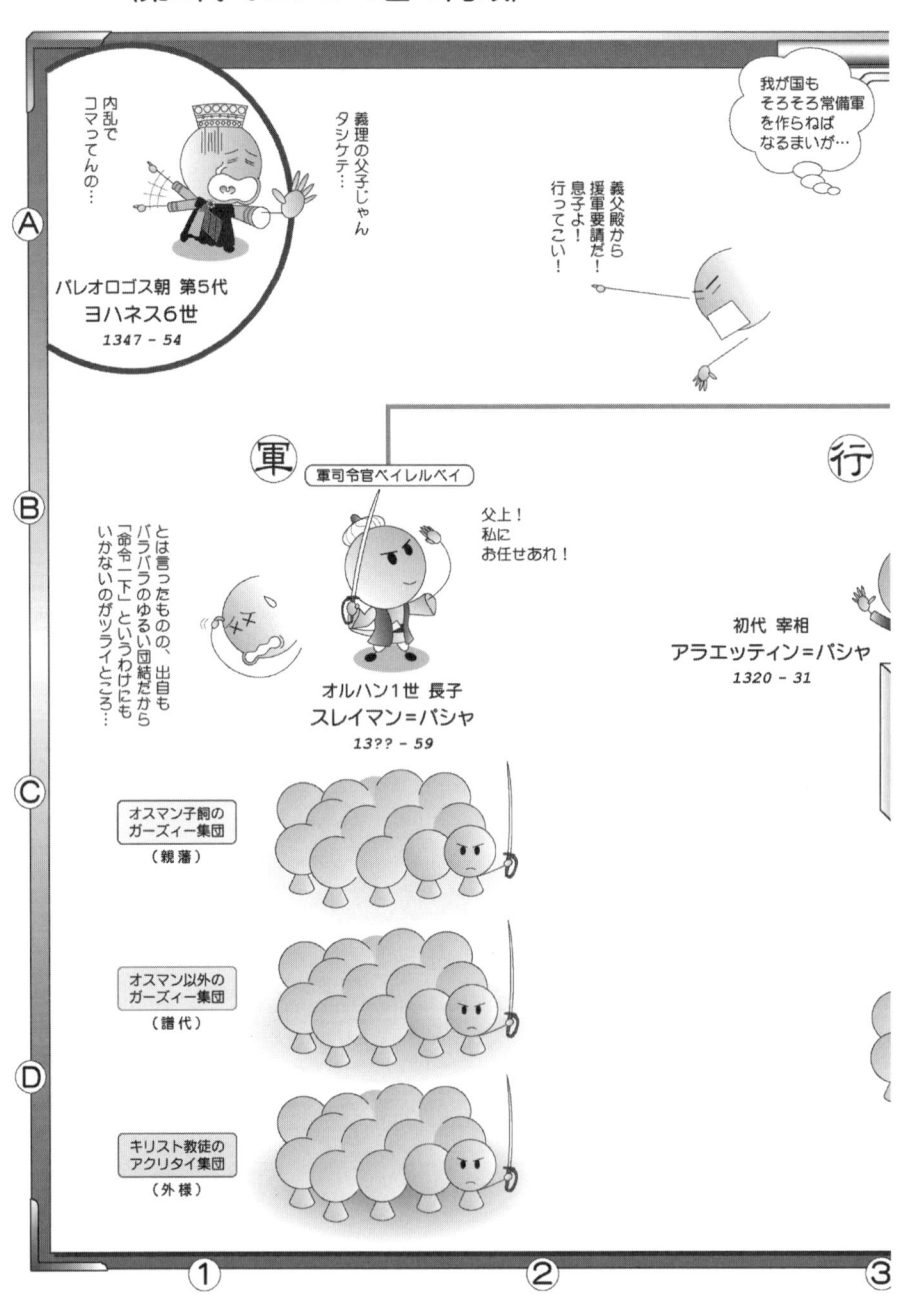

A

パレオロゴス朝 第5代
ヨハネス6世
1347 - 54

内乱でコマってんの…

義理の父子じゃんタシケテ…

我が国もそろそろ常備軍を作らねばなるまいが…

義父殿から援軍要請だ！息子よ！行ってこい！

軍

軍司令官ベイレルベイ

父上！私にお任せあれ！

B

とは言ったものの、出自もバラバラのゆるい団結だから「命令一下」というわけにもいかないのがツラいところ…

オルハン1世 長子
スレイマン＝パシャ
13?? - 59

行

初代 宰相
アラエッティン＝パシャ
1320 - 31

C

オスマン子飼いのガーズィー集団
（親藩）

オスマン以外のガーズィー集団
（譜代）

D

キリスト教徒のアクリタイ集団
（外様）

① ② ③

第4幕　第2代オルハン1世の内政

14世紀中葉

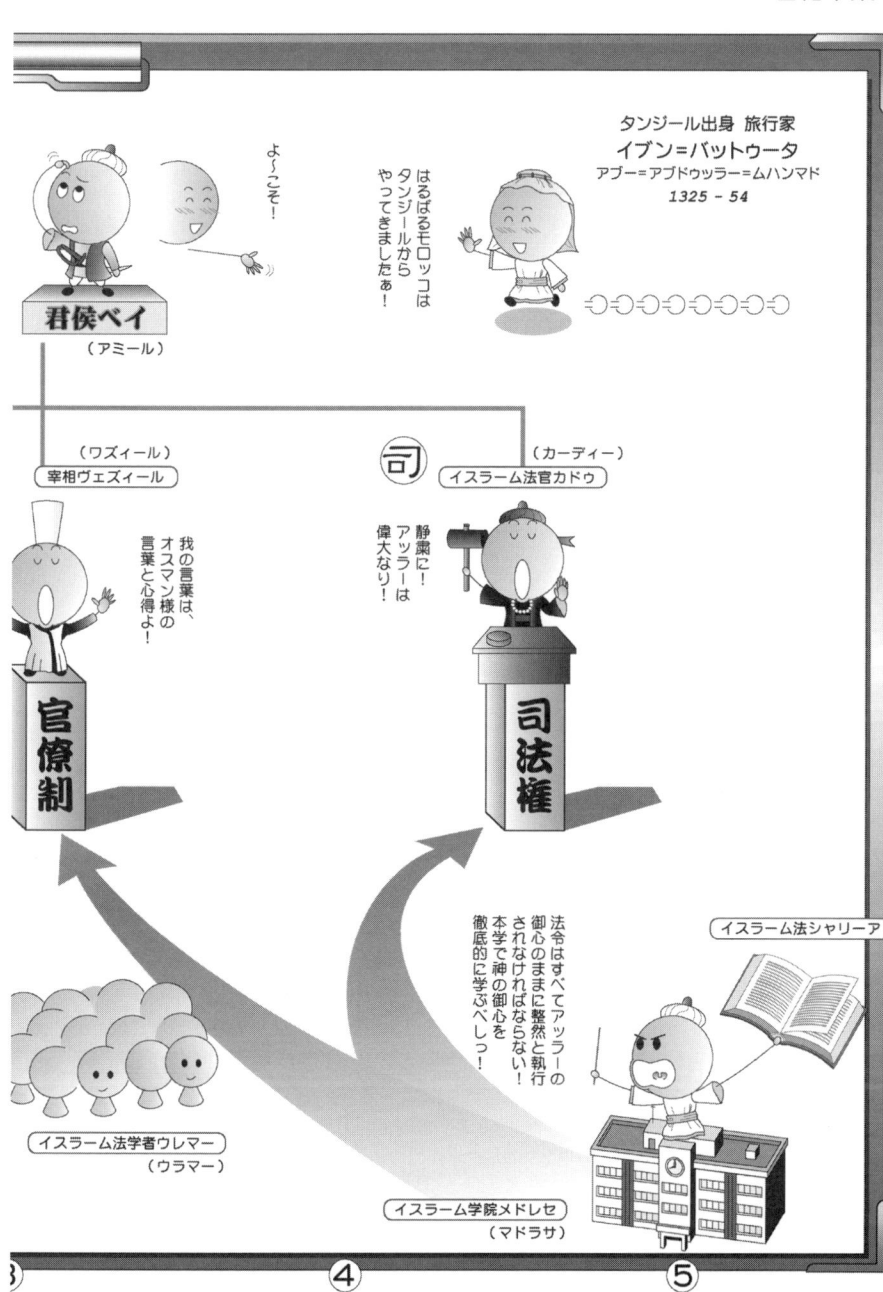

タンジール出身 旅行家
イブン＝バットゥータ
アブー＝アブドゥッラー＝ムハンマド
1325－54

はるばるモロッコはタンジールからやってきましたぁ！

よ～こそ！

君侯ベイ
（アミール）

（ワズィール）
宰相ヴェズィール

（カーディー）
イスラーム法官カドゥ

我の言葉は、オスマン様の言葉と心得よ！

官僚制

静粛に！アッラーは偉大なり！

司法権

イスラーム法シャリーア

法令はすべてアッラーの御心のままに整然と執行されなければならない！本学で神の御心を徹底的に学ぶべしっ！

イスラーム法学者ウレマー
（ウラマー）

イスラーム学院メドレセ
（マドラサ）

④　⑤

第1章 オスマン帝国の勃興
第2章 オスマン帝国の隆盛
第3章 サファヴィー朝・ムガール帝国の勃興
第4章 イスラーム三國志（興隆期）
第5章 イスラーム三國志（絶頂期）

37

オルハン１世は、一代で領土を広大なものとしました。ついこの間まで、ソユトという寒村だけを支配する辺境領主(ウジベイ)だったことを考えると、「勢い」というのはおそろしいものです。

しかし、喜んでばかりもいられません。

> 我が国も
> そろそろ常備軍
> を作らねば
> なるまいが…

君侯ベイ

「小さな辺境の村(ウジ)」を支配する統治システムと、「いくつもの都市と広大な領土」を支配する統治システムが同じであるはずがないからです。

組織の規模が変われば、その運営システムも規模に見合ったものに改編しなければなりませんが、これにはたいへんな困難を伴います。[*01]

オルハン１世は、拡大戦争にばかり力を注ぐわけにもいかず、どうしても内政改革に着手しなければなりませんでした。

まず、君侯(ベイ)の下には、「軍事」(B-1/2)・「行政」(B-3)・「司法」(B-4/5)の３機関[*02]が設置されます。

(＊01) 小さなベンチャー企業が、世の時流に乗って急成長することはよくあることですが、そのままアッという間に倒産していく企業も多いのは、そこに原因が求められることが多いのです。

(＊02) 現代日本で「三権」といえば「立法」「行政」「司法」ですが、当時は「軍事」が重要です。

その軍事長官は「軍司令官(ベイレルベイ)」、行政長官は「宰相(ヴェズィール)」、司法長官は「法官(カドゥ)」と呼ばれました。[*03]

ところで、軍を統率する軍司令官(ベイレルベイ)が反旗を翻(ひるがえ)すことは、そのまま国家存亡に直結します。

したがって、その地位に就く者は、「絶対に裏切らない、もっとも信用のある者」でなければなりません。

そこで、軍司令官(ベイレルベイ)には、帝(オルハン)の嫡男(ちゃくなん)であるスレイマン[*04]が任命されました。

軍司令官ベイレルベイ

父上！
私に
お任せあれ！

オルハン1世 長子
スレイマン＝パシャ

しかし、宰相(ヴェズィール)や法官(カドゥ)は外部から優秀な人材を登用することにします。

一族の者で要職を占めれば、たしかに「信用度」は上がりますが、「無能」が跋扈(ばっこ)し、組織は時を経ずして崩壊してしまうからです。

国家でも企業でも、組織の大小に関わらず、その運営がうまくいくのもいかないのも、まさに「人材」にかかっています。

(*03)「ヴェズィール」はアラビア語の「ワズィール」、「カドゥ」はアラビア語の「カーディー」に相当するトルコ語表記です。

(*04)彼は、才能にあふれ、父帝からも愛され、「第3代皇帝」を嘱望されていましたが、鷹狩りの際に落馬し、若くして急死してしまいました。

そこで、まず、「学校」(メドレセ)(D-5)^(＊05)（日本でいえば、大学に相当する組織）を運営し、そこで優秀な人材を官僚や法官として登用します。

ここで注目すべきは、白人社会と違って「人種差別」というのがまったく行われていないことです。^(＊06)

優秀な人材なら、トルコ人である必要はまったくありません。

こういうところに、オスマン帝国が大帝国として600年にわたってつづいた秘訣が隠されているのかもしれません。

ところで、軍司令官(ベイレルベイ)麾下の軍部はどのような構成になっていたのでしょうか。

じつは、大きく以下の3つの集団に分けることができます。

① オスマン子飼のガーズィー集団（C-1/2）

古くからオスマン家に仕えていた武士(ガーズィー)のため、忠誠心はピカイチです。

宰相ヴェズィール（ワズィール）
我の言葉は、オスマン様の言葉と心得よ！
官僚制

イスラーム法官カドゥ
静粛に！アッラーは偉大なり！
司法権

(＊05)「メドレセ」はアラビア語の「マドラサ（学校）」に相当するトルコ語表記です。
9世紀に生まれ、10世紀に普及し、「国家主導の教育機関」として11世紀になって初めて設置されたのが、あの「ニザーミーヤ学院」です。メドレセでは、おもに「神学」と「法学」を学ばせ、メドレセ出身の法学者のことを「ウレマー（D-3/4）」と言います。

(＊06) 詳しくは、本幕コラム「オスマン帝国の名称」を参照のこと。

② オスマン以外のガーズィー集団（D-1/2）

これに対し、同じ武士でも、もともとオスマン以外の君侯国(ベイリク)に仕えていたものの、現在はオスマン軍に組み込まれた者たちもいます。

同じトルコ系、同じムスリムとはいえ、彼らの中には、オスマンに不満を抱く者も少なからずおり、忠誠心が高いとは言えません。

③ キリスト教徒のアクリタイ集団（D-1/2）

もともとビザンツ帝国に仕えていたキリスト教徒武士でありながら、オスマン軍に組み込まれた者たちもいます。

彼らは、民族も宗教も違いますので、今は従っていても、いつ反旗を翻(ひるがえ)すか、わかったものではありません。

このように、オスマン軍は、出自も民族も立場もバラバラの、ゆるい団結の組織でしたから、これにはさらなる改革が必要となります。(＊07)

オスマン子飼いの
ガーズィー集団
（親藩）

オスマン以外の
ガーズィー集団
（譜代）

キリスト教徒の
アクリタイ集団
（外様）

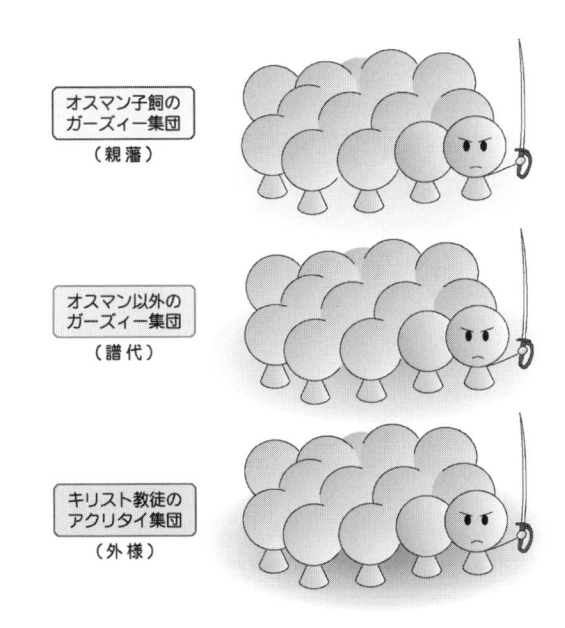

(＊07) 日本の江戸幕府で譬えるなら、「オスマン子飼いのガーズィー」が親藩、「オスマン以外のガーズィー」が譜代、「アクリタイ」が外様、と置き替えると理解しやすいでしょう。

Column 「オスマン帝国」の名称

　筆者の学生時代は、「オスマン朝トルコ帝国」とか「オスマントルコ」とか呼ばれていたこの国も、最近では「オスマン帝国」「オスマン朝」と呼ばれ、「トルコ」という言葉を使わなくなっています。
「オスマン朝トルコ帝国」と表記すれば、「オスマン家を帝室とし、トルコ人を支配階級とする帝国」という意味合いになりますが、これではこの国の本質を見失ってしまうことになるからです。
　じつはこの国は、帝室こそたしかに「トルコ人のオスマン家」ですが、その運営母体はトルコ人ではありません。
　このあとで詳しくご説明いたしますが、この国では、トルコ人だろうが、モンゴル人だろうが、果ては白人であろうが、キリスト教徒の子弟であろうが、奴隷であろうが、まったく問題にされず、優秀でありさえすれば、大宰相や州知事になることすらできます。
　　　　　ヴェズィラザム　ベイレルベイ
「ひとつの支配民族が国家の要職を独占し、異民族を支配する」ということがまったく行われておらず、国の中に住む者は誰でも能力に応じて要職に就くことができたのです。
　こういう点が、文明創成以来、本能的に「肌の色で人間を差別する」という性質を持つことが多い白人とは、根底から違う点です。
　そもそも、日本で「オスマン朝トルコ帝国」などと呼ばれるようになったのは、イギリス人が彼らを「Ottoman Turks」と呼んでいたからにすぎません。
「オスマン家が帝室ならば、トルコ人を支配者階級として、帝国内の異民族に対して搾取の限りを尽くしているに違いない」という白人的価値観に基づく"思い込み"から生まれた、間違った呼び方だったのです。
　彼らが初めて接したインディアンの酋長を「専制君主」と思い込んだのと同じです。
　オスマン自身、自らを「トルコ帝国」と認識したことも、自称したこと
　　　　　　　　　　　　　　　　　　すうこう
ともなく、「オスマン家による崇高なる国家」と自称していました。

第1章 オスマン帝国の勃興

第5幕

絶頂の最中の不意討ち
第3代 ムラート1世の外征

オルハン1世の制度改革が成功したため、オスマン帝国は一皮むけ、さらなるステップアップが可能となる。第3代ムラート1世の御世になると、いよいよバルカン半島へと本格侵攻をはじめ、ビザンツ帝国とマリッツァ河畔のアドリアノープルにて雌雄を決することになる。大敗を喫したビザンツ帝国は、もはや風前の灯火に…。

うう…
東からも西からも
オスマンの領域が…
もはや風前の灯火…

パレオロゴス朝 第8代
ヨハネス5世（重祚）

〈第3代 ムラート1世の外征〉

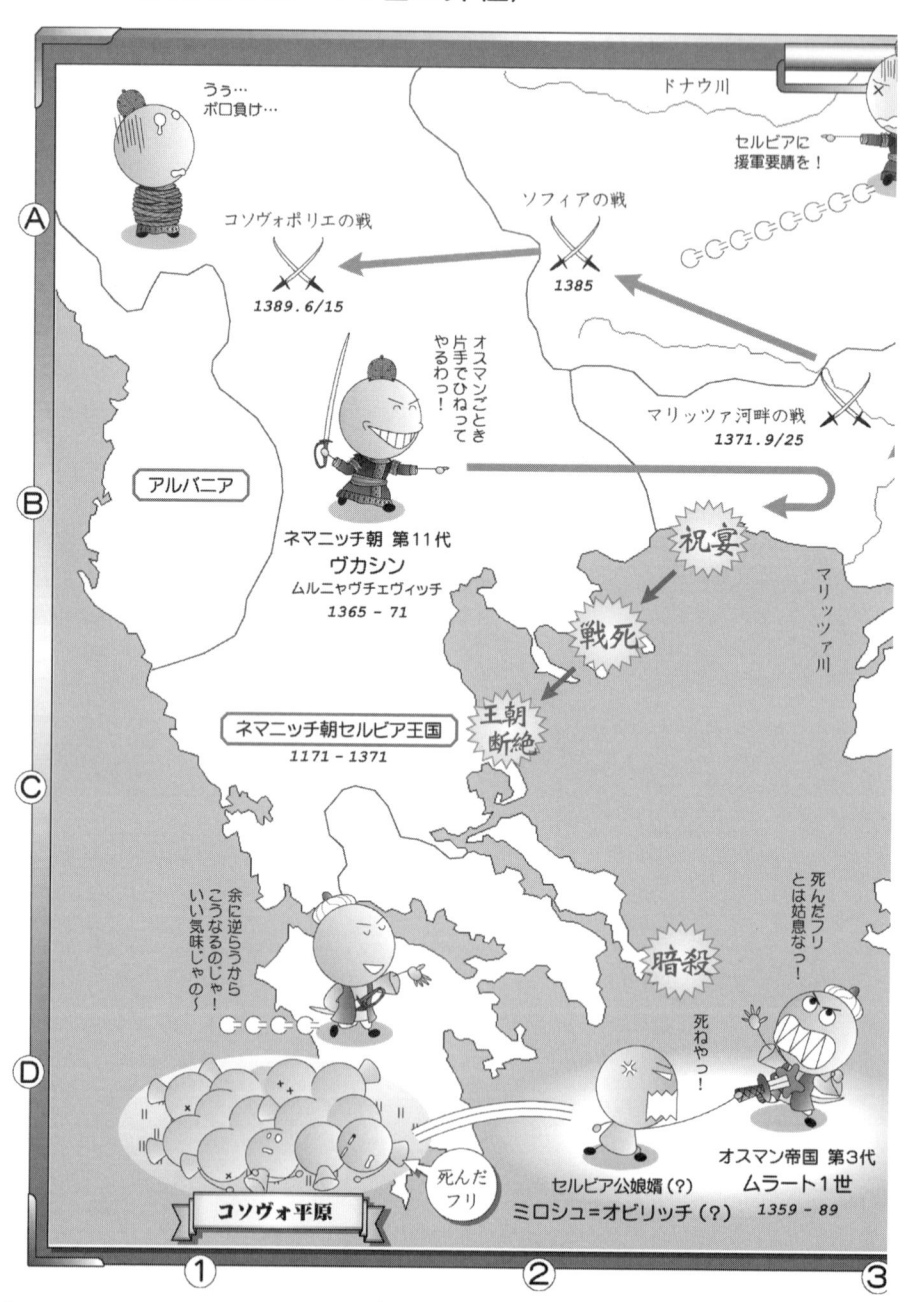

うぅ…
ボロ負け…

ドナウ川

セルビアに
援軍要請を！

コソヴォポリエの戦
1389.6/15

ソフィアの戦
1385

オスマンごとき
片手でひねって
やるわっ！

マリッツァ河畔の戦
1371.9/25

アルバニア

ネマニッチ朝 第11代
ヴカシン
ムルニャヴチェヴィッチ
1365 - 71

マリッツァ川

祝宴

戦死

王朝
断絶

ネマニッチ朝セルビア王国
1171 - 1371

余に逆らうから
こうなるのじゃ！
いい気味じゃの〜

死んだフリ
とは姑息なっ！

暗殺

死ねやっ！

コソヴォ平原

死んだ
フリ

セルビア公娘婿（？）
ミロシュ=オビリッチ（？）

オスマン帝国 第3代
ムラート1世
1359 - 89

44

第5幕 第3代ムラート1世の外征

14世紀後葉

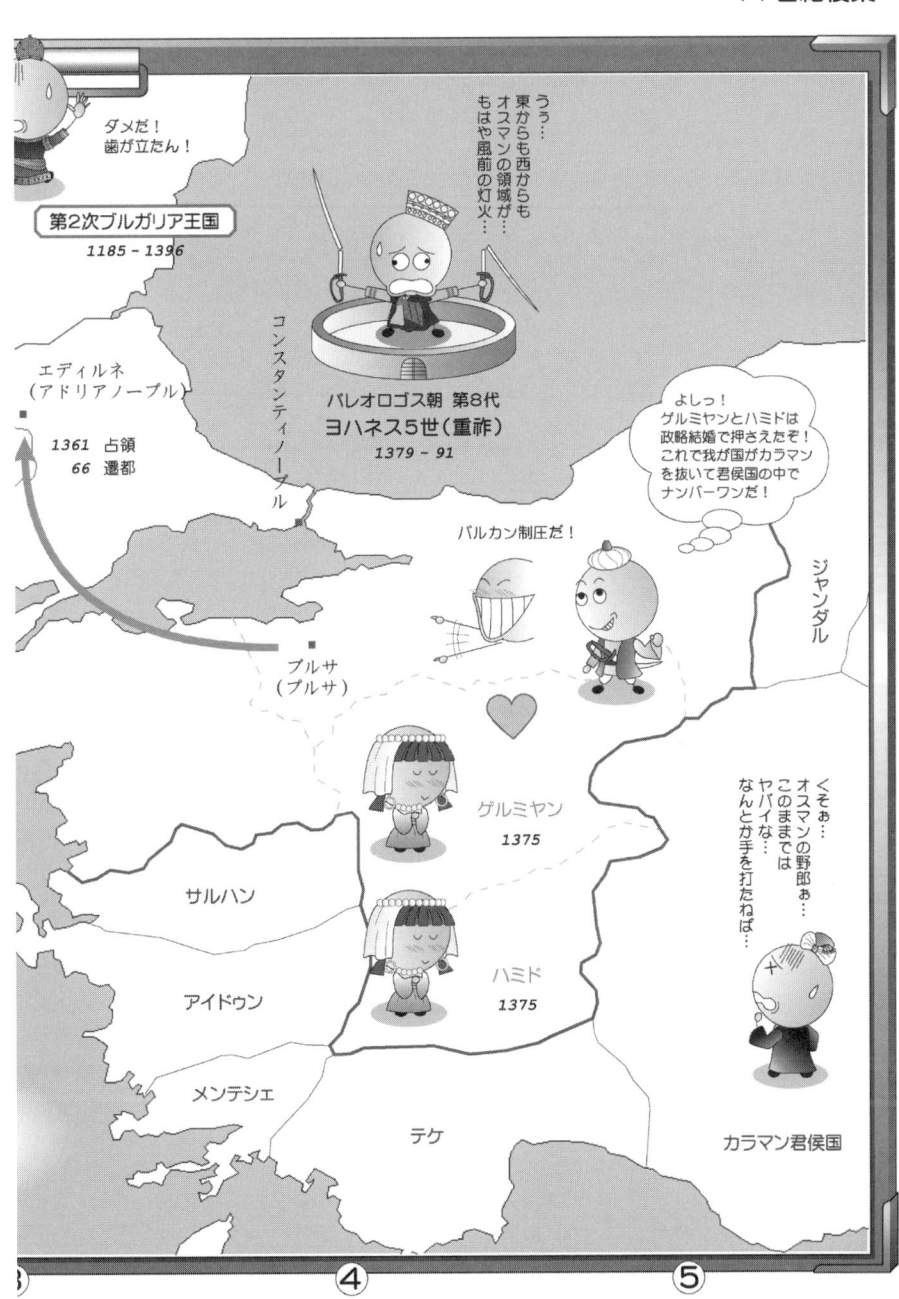

ダメだ！
歯が立たん！

第2次ブルガリア王国
1185 - 1396

うぅ…
東からも西からも
オスマンの領域が…
もはや風前の灯火…

コンスタンティノープル

パレオロゴス朝 第8代
ヨハネス5世（重祚）
1379 - 91

エディルネ
（アドリアノープル）
1361 占領
66 遷都

よしっ！
ゲルミヤンとハミドは
政略結婚で押さえたぞ！
これで我が国がカラマン
を抜いて君侯国の中で
ナンバーワンだ！

バルカン制圧だ！

ブルサ
（プルサ）

ジャンダル

ゲルミヤン
1375

ハミド
1375

サルハン

アイドゥン

くそぁ…
オスマンの野郎ぉ…
このままでは
ヤバイな…
なんとか手を打たねば…

メンテシェ

テケ

カラマン君侯国

オルハン１世による制度改革の成功は、オスマン帝国のさらなる飛躍を可能とします。

　とはいえ、オルハン１世は、時のビザンツ皇帝とは姻戚関係(*01)になってしまっていたため、婚姻後は、あまり積極的な行動には出ませんでした。

　しかし、息子のムラート１世(*02)の御世となったとき、ふたたび両国の関係は悪化します。

　アナトリア半島では、ゲルミヤン、ハミド両君侯国（C/D-4/5）を政略結婚によって併呑し、その一方で、バルカン半島に侵攻を始めます。

バルカン制圧だ！

よしっ！
ゲルミヤンとハミドは政略結婚で押さえたぞ！
これで我が国がカラマンを抜いて君侯国の中でナンバーワンだ！

オスマン帝国 第3代
ムラート１世

　これに対して、ビザンツ帝国はいいところなく連戦連敗。

　オスマン帝国は、コンスタンティノープル（B-4）とその周辺を除く、すべてのビザンツ領を占領することに成功し、もはやビザンツ帝国は、「都市国家」レベルにまで転落してしまいます。

(*01) 前々幕でも触れましたように、オルハン１世の妃（テオドラ）はビザンツ皇帝（ヨハネス６世）の娘（四女）でした。

(*02) 彼の生母はヨハネス６世の娘（テオドラ）ではなく、一介のアクリタイの娘（ホロフィラ）。ビザンツ帝室との血縁が切れたため、これで気兼ねなくビザンツ侵攻に乗り出すことができるようになります。

「東地中海を"我らが海"としていた世界帝国・ビザンツ」も今は昔。
「点」のような小国と成り下がり、風前の灯火。

しかし。
「腐っても鯛」。
「痩せても枯れてもビザンツ帝国」。

ビザンツ帝国は、以後100年にわたって、その命脈を保つのですから、その「底力」には感服します。

閑話休題。

バルカン半島を手に入れたオスマン帝国は、ただちに、その支配拠点として最高の立地にあったアドリアノープル（A/B-3）（＊03）に遷都し、その名も「エディルネ」と改めます。

しかし、オスマン帝国が、ビザンツの旧領のほとんどを領有した事実は、2つの国を戦々恐々とさせました。

オスマン帝国の北に国境を接することになったブルガリア王国（A-3）と、
オスマン帝国の西に国境を接することになったセルビア王国（B/C-1/2）。
「ビザンツのこと、他人事に非ず！　明日は我が身！」
「やられる前にやれ！」

そんな中、不用心にも、ムラート1世は主力軍を率いてブルサ（B/C-4）に戻っていきます。

うう…東からも西からもオスマンの領域が…もはや風前の灯火…

パレオロゴス朝　第8代
ヨハネス5世（重祚）

（＊03）そもそも、五賢帝時代のハドリアヌス帝が、バルカン支配の拠点として建設した町でしたので、「バルカン半島支配に最高の立地」なのは当然でした。
　　　ローマ帝国時代は、ラテン語で「ハドリアノポリス（ハドリアヌス帝の町）」と呼ばれていましたが、ビザンツ帝国下においてギリシア語に転じて、「アドリアノープル」と呼ばれるようになっていました。

アナトリアで起こっていた叛乱を鎮圧するためだったとはいえ、主力軍のほとんどを連れていったことは、オスマンに襲いかかる機会を虎視眈々と狙っていたセルビアに、千載一遇のチャンスを与えることになりました。
「ここで立たずして、いつ立つのだ!?」
　1371年、このスキを突くようにして、セルビア軍が5万もの大軍を率いてエディルネに進軍してきます。

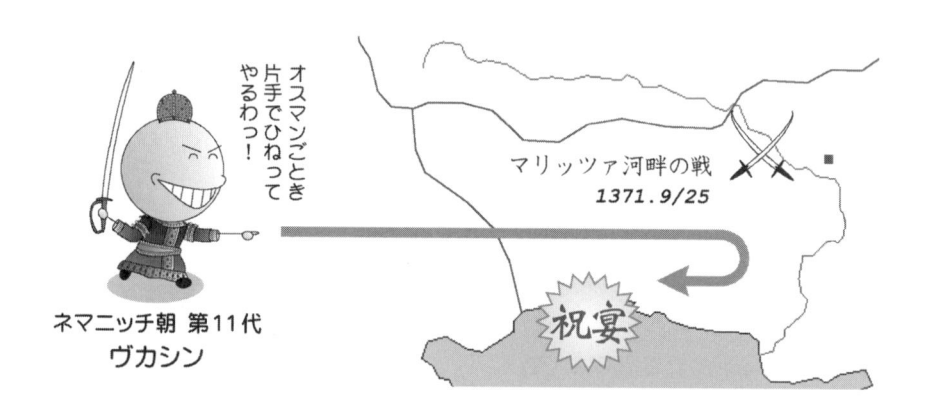

マリッツァ河畔の戦
1371.9/25

祝宴

オスマンごとき片手でひねってやるわっ！

ネマニッチ朝 第11代
ヴカシン

　不意を突かれたオスマンは、危機的な状況に陥ります。
　ムラート1世の主力軍が留守の今、オスマンの首都(アドリアノープル)防備兵力はごくわずか(一説には800兵)(＊04)だったからです。
「50,000 vs 800」(＊05)。
　桁(ケタ)が2つも違います。

(＊04) じつのところ、このときのオスマン防備兵の数はよくわかっていないのですが、15世紀のギリシア人ビザンツ史家のL.ハルココンディリスによると、800兵だったといいます。
(＊05) このときのセルビア軍の規模も、じつは正確にはよくわかっておらず、説によって「2万〜7万」とかなり幅があります。とはいえ、少なめの「2万」で計算しても、オスマン軍とは「25倍」もの絶対的兵力差がありました。

オスマン軍が首都(アドリアノーブル)を守り通すのは、絶望的に不可能な数字でした。
ところが。
　この「50,000 vs 800」という"圧倒的楽勝ムード"の中で、セルビア軍は、軍規が緩(ゆる)み、総攻撃を前にして「祝宴」を挙げています。
　総攻撃を前にして！？
　もはや信じがたいほどのバカまるだし！
　呑(の)めや唄(うた)えやで、ベロンベロンに酔っぱらったところをオスマン軍に夜襲され、国王ヴカシン以下、指導部にいたるまで多数の戦死者を出し、潰滅(かいめつ)してしまいます。(マリッツァ河畔(がはん)の戦)(＊06)
　つぎに、ブルガリアが挑戦してきましたが、戻ってきたムラート1世率いるオスマン軍の敵ではなく、1385年、ソフィア(A-2)にてこれをあっさり撃退。

ソフィアの戦
1385

セルビアに
援軍要請を！

ダメだ！
歯が立たん！

第2次ブルガリア王国

　翌年、ムラート1世は、息を吹き返しつつあったセルビア(＊07)に臣従を迫るも、セルビア(ラザル1世)はこれを拒否してきたため、1389年、コソヴォポ

(＊06) 戦争の勝敗を分ける大きな要因のひとつが「軍規の緩み」。
　　　桶狭間での今川義元も、大軍を擁しながら、これにより織田信長にやられています。

(＊07) マリッツァ河畔の戦で、セルビア国王は戦死し、王朝は断絶、そのまま王国は滅亡してしまいましたが、その後の群雄割拠の中で最右翼だったのが、セルビア公ラザル1世で、彼の下、再統一に向かいつつありました。

リエの戦（A-1）でこれを撃破します。
　これにより、オスマン帝国は、ブルガリア領・セルビア領の大部分をも併呑し、さらに大幅に領土を拡大し、まさに「向かうところ敵なし」。
　ところが。
　絶頂の最中、足をすくわれるということはよくあることです。
「勝って兜の緒を締めよ」
　コソヴォポリエの戦のあと、ムラート1世が戦場視察をしていたときのこと。
「ふん！　余に逆らうからこうなるのじゃ。愚か者どもめが！」
　彼が、るいるいと横たわるセルビア兵の死体の前を歩いていたところ、その中に、ひとり「死んだフリ」をしていたセルビア兵がおり（D-2）、おもむろに立ち上がったかと思うと、ムラート1世に飛びかかっていきます。
「天誅っ！！」
　哀れ、ムラート1世は、これによりあっけなく落命してしまいます。

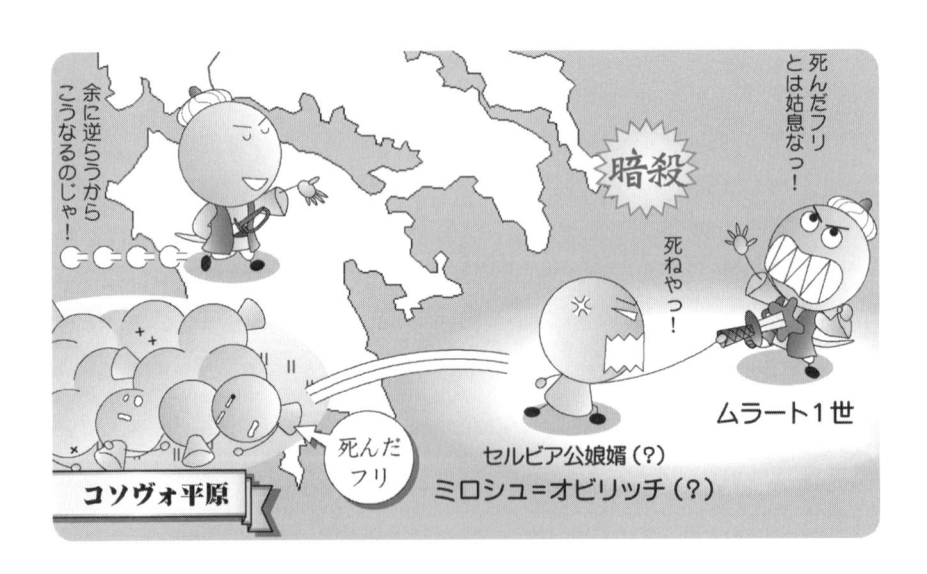

　絶頂の最中、まさにこれから！　というとき、しかも戦で敗れたわけでもなんでもない、単に「不意討ち」でしたから、ムラート1世もさぞや無念だったで

しょう。

　人間、一瞬の油断が、人生をも左右する大失態（場合によっては死）につながることは、巷間よくあることです。

　我々は、このような歴史の出来事から、教訓を得ることができます。

　しかし。

　これまでいいところなく敗退しつづけていたセルビア側からすれば、これはもうなんとも胸のすく思い。

　そこで、

- この"死んだフリ兵"は「英雄」[*08]
- この地は、セルビア人にとって「聖地」
- この日は、「国恥記念日」

…とされ、そのことが21世紀の現在に至るまで、重大な影響を歴史に与えることになりますので、その重要性は特筆すべきものがあります。

　さて。

　こうしてムラート1世は無念の死を遂げましたが、彼の御世において、オスマン帝国領は一気に3倍に膨れあがりました。

　しかも、今回は、バルカン半島に領土を拡大した結果、帝国領の半分は「キリスト教文化圏」となりましたから、これまでのような「イスラーム文化圏専用」の統治システムでは、うまく機能しなくなるのは当然です。

　そこで、再度「制度改革」が必要になります。

　次幕では、ムラート1世の制度改革について見ていくことにいたします。

(*08) この人物は、セルビア公（ラザル1世）の娘婿ミロシュ＝オビリッチだといわれています。これにより彼は、「英雄」化されますが、「英雄」ともあろう者が「死んだフリ」では、いかにもカッコ悪い。そこで、セルビアでは、「投降したと見せかけてムラート1世に接近し、その謁見の場で刺し違えた」という設定になっています。しかし、帝が投降兵と謁見するのに、厳重な身体検査をさせないわけがなく、この設定にはかなり無理があります。

Column ヴィドヴダン

　1389年6月15日。
　本文でも触れましたように、「コソヴォポリエの戦」が行われたこの日は、「国恥記念日(ヴィドヴダン)」として、600年以上経った現在に至るまで、その怨みを忘れまいと、語り継がれることになります。
　かたや、「まともな戦争行為」と呼べる代物ではない、それこそ永遠に呪われるべき無差別大量虐殺兵器・原爆を2つも落とされながら、その悲劇の涙も乾かぬうちにすっかり忘れて、「アメリカ大好き！」などと言っているどこぞの民族とは大違いです。
　「コソヴォポリエの戦」から500年以上も経った1914年のこと。
　当時は、もはやオスマン帝国はバルカン半島からほとんど駆逐されており、セルビアの「新たなる敵」は、オーストリア帝国でした。
　そんなとき、敵国オーストリアの皇位継承者夫婦が、サライェヴォまでノコノコと「軍事視察」にやってくることになったのです。
　しかも、夫婦の「結婚記念日(6月28日)」のイベントとして物見遊山で！
　その日は、オーストリアにとってはたしかに「6月28日」でしたが、セルビアにとっては、よりにもよって「6月15日(ヴィドヴダン)」でした。
　(当時、カトリック教圏(オーストリア)ではグレゴリウス暦、ギリシア正教圏(セルビア)ではユリウス暦が採用されていたため、暦の差が13日ほど発生していました)
　オーストリア側がこの日を選んだのは、「たまたま結婚記念日だったから」であって、悪意があったわけではありませんでしたが、結果的に、セルビアの逆鱗に触れることになります。
　「皇位継承者夫婦がやってくる日は、525年前、我々が侵略者(オスマン)に一矢報いた日だ！
　今回も、やつらに我らの"一矢"を見せつけてやろうではないか！」
　こうして、サライェヴォ事件が勃発、悲惨な第一次世界大戦へと発展していくことになったのです。

第1章 オスマン帝国の勃興

第6幕

"世界帝国"に生まれ変わるために
第3代 ムラート1世の内政

第3代ムラート1世の御世、たった一代で帝国領はさらに大幅に拡大し、バルカン半島の「キリスト教圏」をも呑み込む形となった。こうなると、従来までの「対イスラーム専用の統治システム」ではうまく機能しなくなるのは自明。オルハン1世につづき、もう一度、大規模な制度改革の必要性に迫られることになる。

我が国もデカくなった！今までのような部族国家に毛の生えたような単純なシステムでは運営できん！

オスマン帝国 第3代
ムラート1世

君侯ベイ

〈第3代 ムラート1世の内政〉

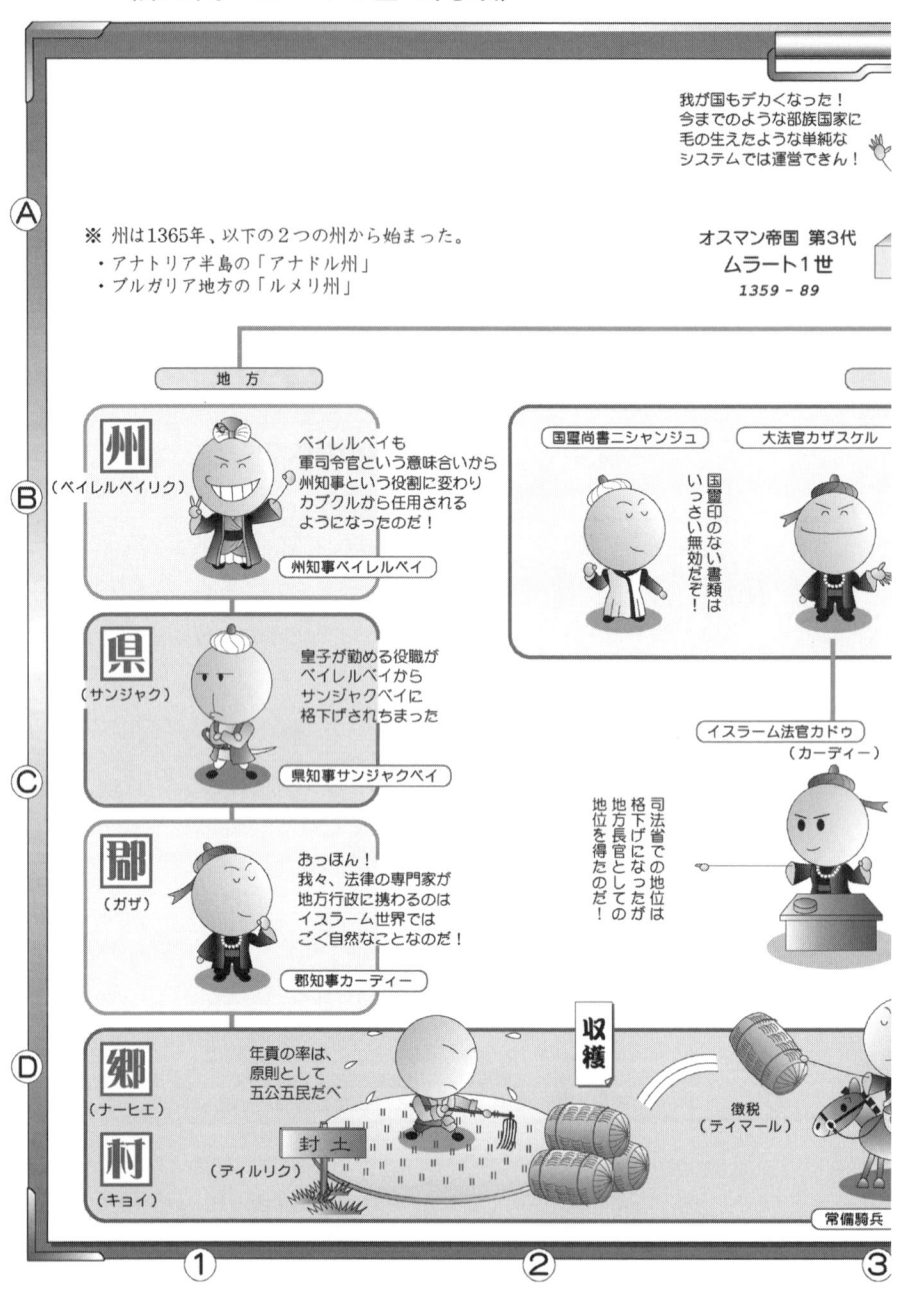

我が国もデカくなった！今までのような部族国家に毛の生えたような単純なシステムでは運営できん！

オスマン帝国 第3代
ムラート1世
1359－89

※ 州は1365年、以下の2つの州から始まった。
・アナトリア半島の「アナドル州」
・ブルガリア地方の「ルメリ州」

地方

州（ベイレルベイリク）
ベイレルベイも軍司令官という意味合いから州知事という役割に変わりカプクルから任用されるようになったのだ！
（州知事ベイレルベイ）

県（サンジャク）
皇子が勤める役職がベイレルベイからサンジャクベイに格下げされちまった
（県知事サンジャクベイ）

郡（ガザ）
おっぽん！我々、法律の専門家が地方行政に携わるのはイスラーム世界ではごく自然なことなのだ！
（郡知事カーディー）

郷（ナーヒエ）
村（キョイ）
年貢の率は、原則として五公五民だべ

封土（ティルリク）

収穫

徴税（ティマール）

常備騎兵

国璽尚書ニシャンジュ
国璽印のない書類はいっさい無効だぞ！

大法官カザスケル

イスラーム法官カドゥ
（カーディー）

司法省での地位は格下げになったが地方長官としての地位を得たのだ！

A B C D

① ② ③

54

第6幕　第3代ムラート1世の内政

14世紀後葉

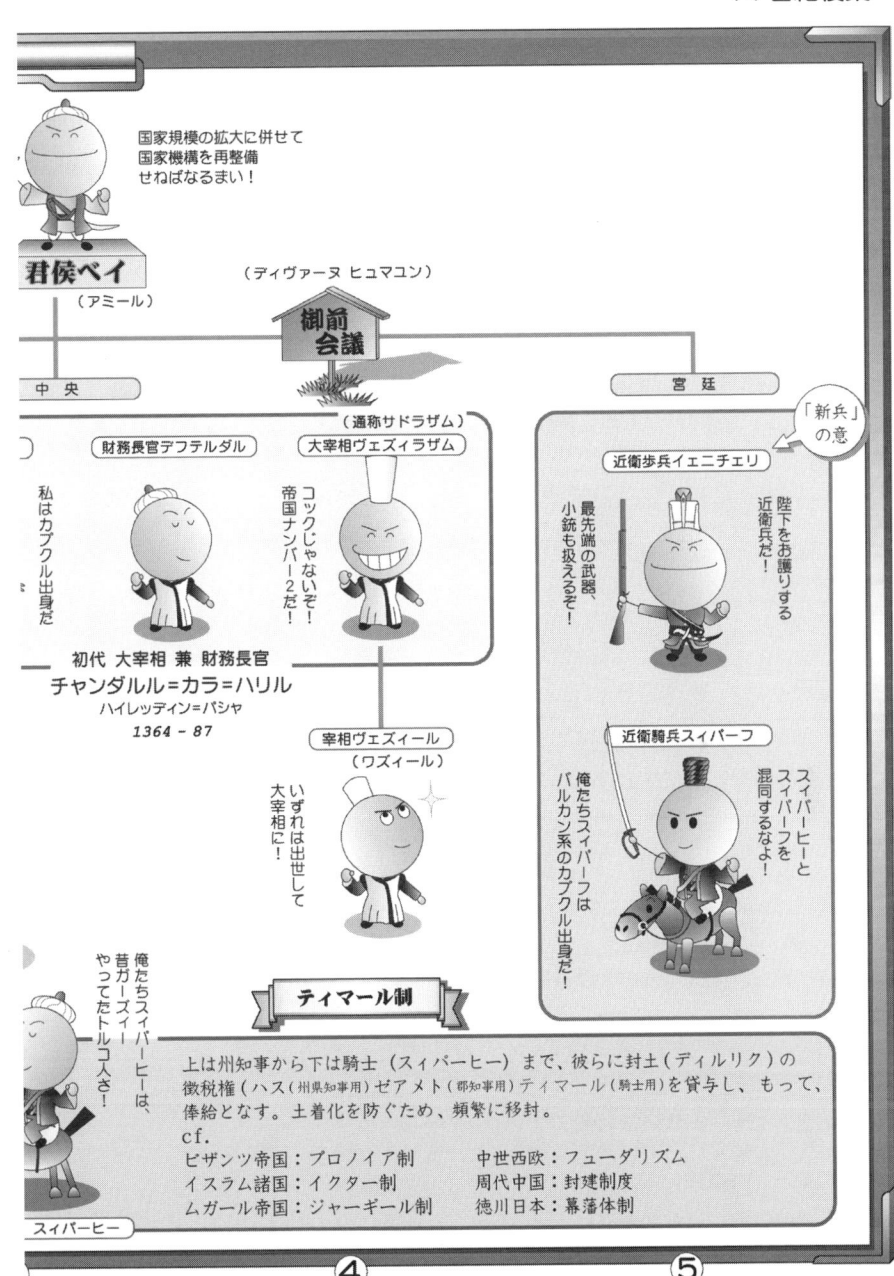

「国家規模の拡大に併せて国家機構を再整備せねばなるまい！」

君侯ベイ（アミール）

御前会議（ディヴァーヌ＝ヒュマユン）

中央　　宮廷

財務長官デフテルダル
「私はカプクル出身だ」

大宰相ヴェズィラザム（通称サドラザム）
「コックじゃないぞ！帝国ナンバー2だ！」

初代 大宰相 兼 財務長官
チャンダルル＝カラ＝ハリル
ハイレッディン＝パシャ
1364 - 87

宰相ヴェズィール（ワズィール）
「いずれは出世して大宰相に！」

近衛歩兵イェニチェリ　←「新兵」の意
「陛下をお護りする近衛兵だ！最先端の武器、小銃も扱えるぞ！」

近衛騎兵スィパーフ
「スィパーヒーとスィパーフを混同するなよ！俺たちスィパーフはバルカン系のカプクル出身だ！」

ティマール制

上は州知事から下は騎士（スィパーヒー）まで、彼らに封土（ディルリク）の徴税権〔ハス（州県知事用）ゼアメト（郡知事用）ティマール（騎士用）〕を貸与し、もって俸給となす。土着化を防ぐため、頻繁に移封。

cf.
ビザンツ帝国：プロノイア制　　中世西欧：フューダリズム
イスラム諸国：イクター制　　　周代中国：封建制度
ムガール帝国：ジャーギール制　徳川日本：幕藩体制

スィパーヒー
「俺たちスィパーヒーは、昔ガーズィーやってたトルコ人さ！」

④　⑤

55

オスマン１世が建国したときには、吹けば飛ぶような小さな辺境領主(ウジベイ)のひとつにすぎなかったオスマン帝国(＊01)でしたが、第２代オルハン１世の御世(みよ)には、辺境領主(ウジベイ)No.2までのし上がりました。

　あまりの急成長に統治システムが対応できなくなり、オルハンは制度改革を余儀なくされたことはすでにご説明いたしました。

　しかし、オルハンが改革したこの新制度(システム)は、すぐに対応できなくなります。

　つぎのムラート１世の代には、バルカン半島まで呑(の)み込む強国へと発展したからです。

　アナトリア半島はイスラーム教圏、バルカン半島はキリスト教圏。

　この両地域を手に入れたことで、これまでのような、

「同じアジア人(＊02)、同じ宗教(イスラーム)、同じ価値観を持つ人々からなる地方国家」

…から、

「民族も、宗教も、価値観も、何もかも違う人々を包括した世界帝国」

…へと生まれ変わる必要に迫られたのです。

　そこでます、「帝国」を２つの地域、すなわちイスラーム教圏とキリスト教圏に分け、そこに「　州　」(ベイレルベイリク)を設置します。

「州」（ベイレルベイリク）

ベイレルベイも軍司令官という意味合いから州知事という役割に変わりカプクルから任用されるようになったのだ！

州知事ベイレルベイ

(＊01) 正確を期した表現をすれば、このときはまだ「君侯国」ですが。
　　　しかしながら、どこまでが「君侯国」で、どこからを「帝国」と見做すかは、たいへんデリケートな問題を孕んでいるため、慣習的に、建国当初から「帝国」と呼びます。

(＊02) 当時のアナトリア半島には、ラテン系・ギリシア系（白人）も住んでいましたが、多くはトルコ系・モンゴル系（アジア人）でした。現在ではそれらの混血民族となっています。

イスラーム教圏のアナトリア半島には「アナドル州」、キリスト教圏のバルカン半島には「ルメリ州」。(＊03)

1365年、アドリアノープルに遷都する前の年のことです。(A-1)

この州知事のことを「ベイレルベイ」と言います。(B-1)

オルハンの時代の統治システムでは「軍司令官」だった役職です。

その国の成長期に「軍人」の地位にあった者が、各地域に駐屯していき、安定期に入ると、軍人としての職名はそのままに、「官僚化」するということは、どこの国にもよくあることです。(＊04)

そして、州の下には「県(サンジャク)」、県の下には「郡(ガザ)」、郡の下には「郷(ナーヒエ)」「村(キョイ)」という行政区を設置し(＊05)、それぞれ、県知事のことを「サンジャクベイ」、郡知事のことを「カーディー」と呼びます。(C/D-1)

そして、その地方支配者を「常備騎兵(スィパーヒー)」(D-3)と言います。

ひと昔前まで「ガーズィー(武士)」だった連中です。

そして、その統治システムは「ティマール制」と呼ばれ、日本の幕藩体制にも似たシステムが採用されます。

県(サンジャク)
皇子が勤める役職がベイレルベイからサンジャクベイに格下げされちまった
県知事サンジャクベイ

郡(ガザ)
おっほん！
我々、法律の専門家が地方行政に携わるのはイスラーム世界ではごく自然なことなのだ！
郡知事カーディー

(＊03)「アナドル」は「アナトリア地方」、「ルメリ」は「ローマ人の住む地域」という意味です。今後、州の数はどんどん増えていきますが、まずは、この２州から始まりました。

(＊04) 日本でも、戦国時代、各地に武士たちが割拠しました。やがて戦乱が収まると、彼らは「刀」を「ソロバン」に持ち替え、官僚化していきますが、肩書は「武士」のままです。

(＊05) 日本でいえば、都道府県の下に「市区」、その下に「町村」が置かれるような感じです。

すなわち。
上は「州知事(ベイレルベイ)」から、下は「常備騎兵(スィパーヒー)」に至るまで、封土が与えられ、その徴税権(*06)をもって俸給とするシステムです。(D-3)
さらに、その土着化を防ぐために、頻繁に移封(いほう)が行われました。

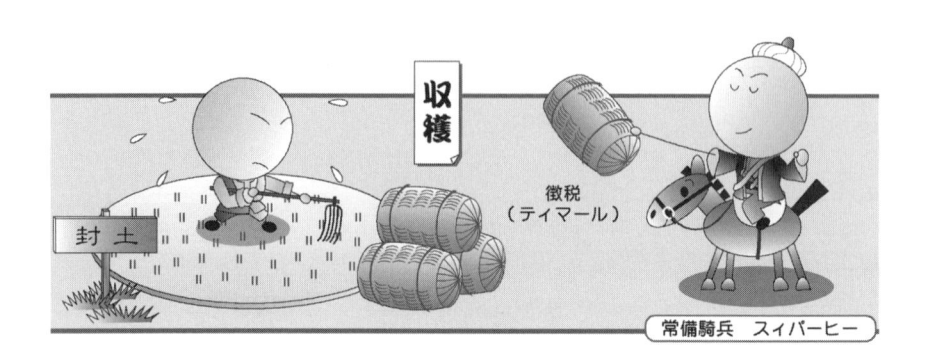

収穫
封土
徴税（ティマール）
常備騎兵　スィパーヒー

これに似たシステムは、世界の至るところで実施されています。(D-4)
- イギリス　　　…　フューダリズム
- ドイツ　　　　…　レーエン制
- ビザンツ帝国　…　プロノイア制
- ブワイフ朝　　…　イクター制
- チムール帝国　…　ソユールガール制
- サファヴィー朝 …　トゥユール制
- ムガール帝国　…　ジャーギール制
- 中国　　　　　…　封建制
- 日本　　　　　…　幕藩体制

オスマン帝国の「ティマール制」は、これらの中でもとくに、「イクター制」とよく似ているので、「イクター制のオスマン版」と考えてもらってもよいくらいです。(*07)

(*06) 州知事と県知事に与えられる徴税権は「ハス」、郡知事に与えられる徴税権は「ゼアメト」、常備騎兵に与えられる徴税権は「ティマール」と区別され呼ばれていました。
「ティマール制」という名は、ここから来ています。

(*07) イクター制については、拙著『世界史劇場 イスラーム世界の起源』(ベレ出版)で詳説しておりますので、詳しくはそちらを参照ください。

第6幕　第3代ムラート1世の内政

それではつぎに、中央政府を見ていきましょう。

中央政府は「四人体制」で運営されるようになっていました。

そのひとり目が「大宰相(ヴェズィラザム)」(B-4)(＊08)。

オルハン体制では、行政長官として「宰相(ヴェズィール)」がひとり置かれているだけでしたが、帝国の規模が大きくなるうちに、ひとりでは処理しきれなくなり、それにしたがって宰相(ヴェズィール)の人数が増えていきました。

そうなると、今度は、彼らを統括する役職が必要になってきます。

それが「大宰相(ヴェズィラザム)」で、従来の宰相(ヴェズィール)(C-4)は、大臣クラスに格下げされます。

2人目が「財務長官(デフテルダル)」(B-3/4)。

初めは、大宰相(ヴェズィラザム)が財務も担当していましたが、帝国の巨大化とともに処理しきれなくなり、専門職としてこの役職が新設されました。(＊09)

そして、3人目が「大法官(カザスケル)」(B-3)。

〔財務長官デフテルダル〕　〔大宰相ヴェズィラザム〕

コックじゃないぞ！帝国ナンバー2だ！

御前会議

法官(カドゥ)(C-3)も、宰相(ヴェズィール)と同じ理屈で数が増えたために、彼らを統括する新しい官職として新設されました。

(＊08)「サドラザム」とも言います。

(＊09) 財務長官が新設された直後は、大宰相チャンダルル＝カラ＝ハリル＝ハイレッディン＝パシャが兼任していましたが、まもなく完全に専門化されます。

従来の法官(カドゥ)は、地方の郡知事(カーディー)に格下げされていきます。

そして、最後の４人目が「国璽尚書(ニシャンジュ)」(B-2)。

当時、すべての決定には、皇帝が承認した証(あかし)として「玉璽(はんこ)」が必要でした。

しかし、実際には膨大な書類にすべて目を通して、いちいち玉璽(はんこ)を押す作業を皇帝が直接するのはとてもたいへんです。

そこで、皇帝に代わって書類に目を通し、要点だけを皇帝に伝え、玉璽(はんこ)を押す専門職が必要になります。

それが「国璽尚書(ニシャンジュ)」です。

会社でいえば「社長秘書」みたいなもので、彼が玉璽(はんこ)を押してくれなければ、すべての書類は「ただの紙切れ」にすぎませんから、かなりの権力者となります。

こうして、この四巨頭、「大宰相(ヴェズィラザム)」「財務長官(デフテルダル)」「大法官(カザスケル)」「国璽尚書(ニシャンジュ)」らが皇帝陛下の前で「御前会議(ディヴァーヌ ヒュマユン)」(A/B-4)を開き、閣議決定がなされます。

さて、もうひとつが、宮廷直属の近衛兵(C-5)ですが、これについては、次幕にて、詳しくご説明することにいたします。

【国璽尚書ニシャンジュ】
国璽印のない書類はいっさい無効だぞ！

【大法官カザスケル】
私はカブクル出身だ

御前会議

第1章 オスマン帝国の勃興

第7幕

戦争孤児たちへの英才教育
イェニチェリ軍団の創設

ムラート1世の行った改革で、もっとも重要なもの、それが軍事改革である。オルハン1世以来の軍部はガーズィーとアクリタイのゆるい団結にすぎなかった。それは、どんどん巨大化していく帝国を支えるには、あまりにも心許ない。命令一下、帝への絶対的な忠誠心で一糸乱れず動く、命知らずの軍隊が必須であった。

近衛歩兵イェニチェリ

近衛騎兵スィパーフ

〈イェニチェリ軍団の創設〉

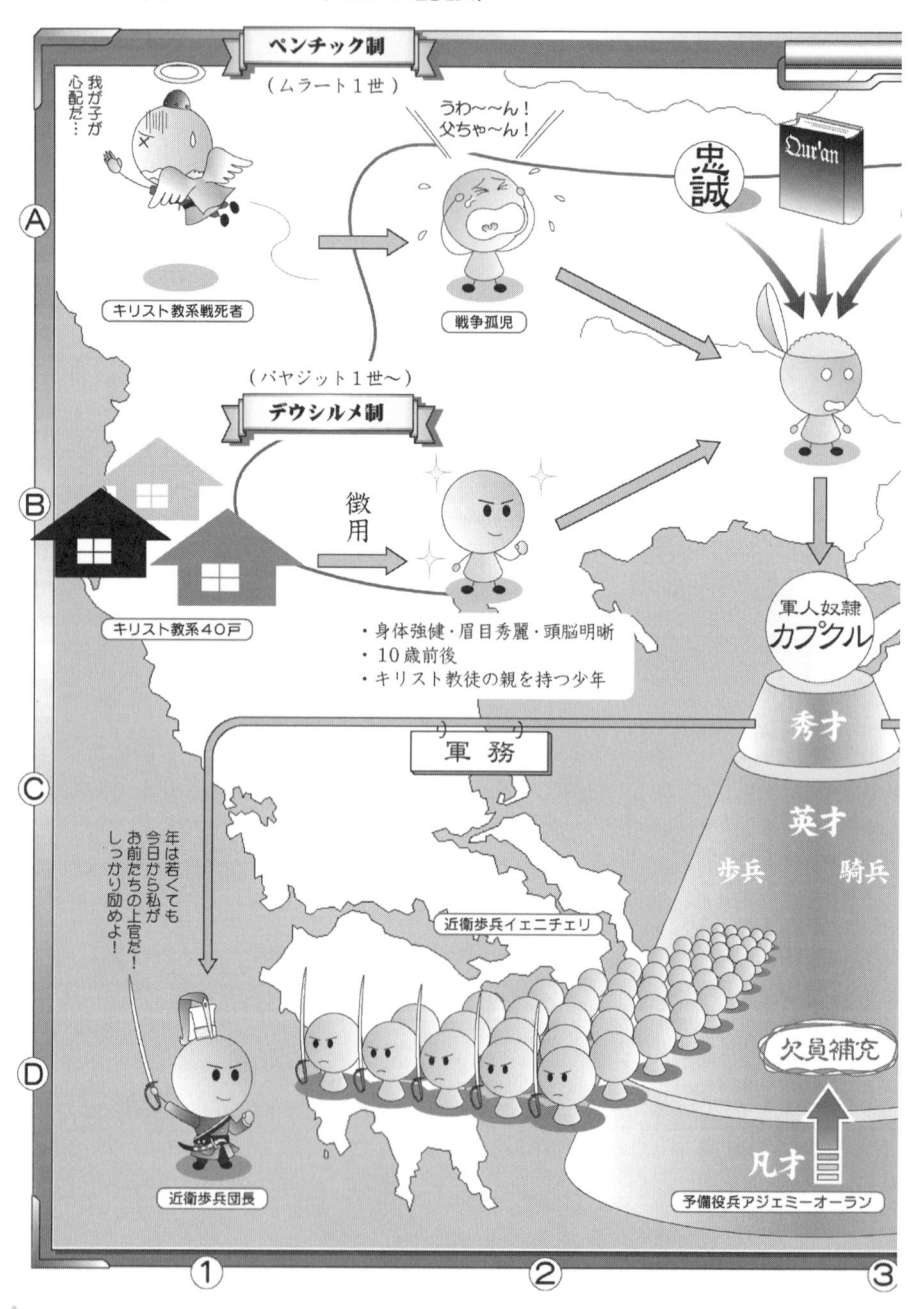

ペンチック制
（ムラート1世）

我が子が心配だ...

うわ～～ん！父ちゃ～ん！

忠誠

Qur'an

キリスト教系戦死者

戦争孤児

（バヤジット1世～）
デウシルメ制

徴用

キリスト教系40戸

- 身体強健・眉目秀麗・頭脳明晰
- 10歳前後
- キリスト教徒の親を持つ少年

軍人奴隷 **カプクル**

秀才

英才

歩兵　騎兵

軍務

近衛歩兵イェニチェリ

年は若くても今日から私がお前たちの上官だ！しっかり励めよ！

近衛歩兵団長

欠員補充

凡才

予備役兵アジェミーオーラン

Ⓐ Ⓑ Ⓒ Ⓓ

① ② ③

14世紀後葉

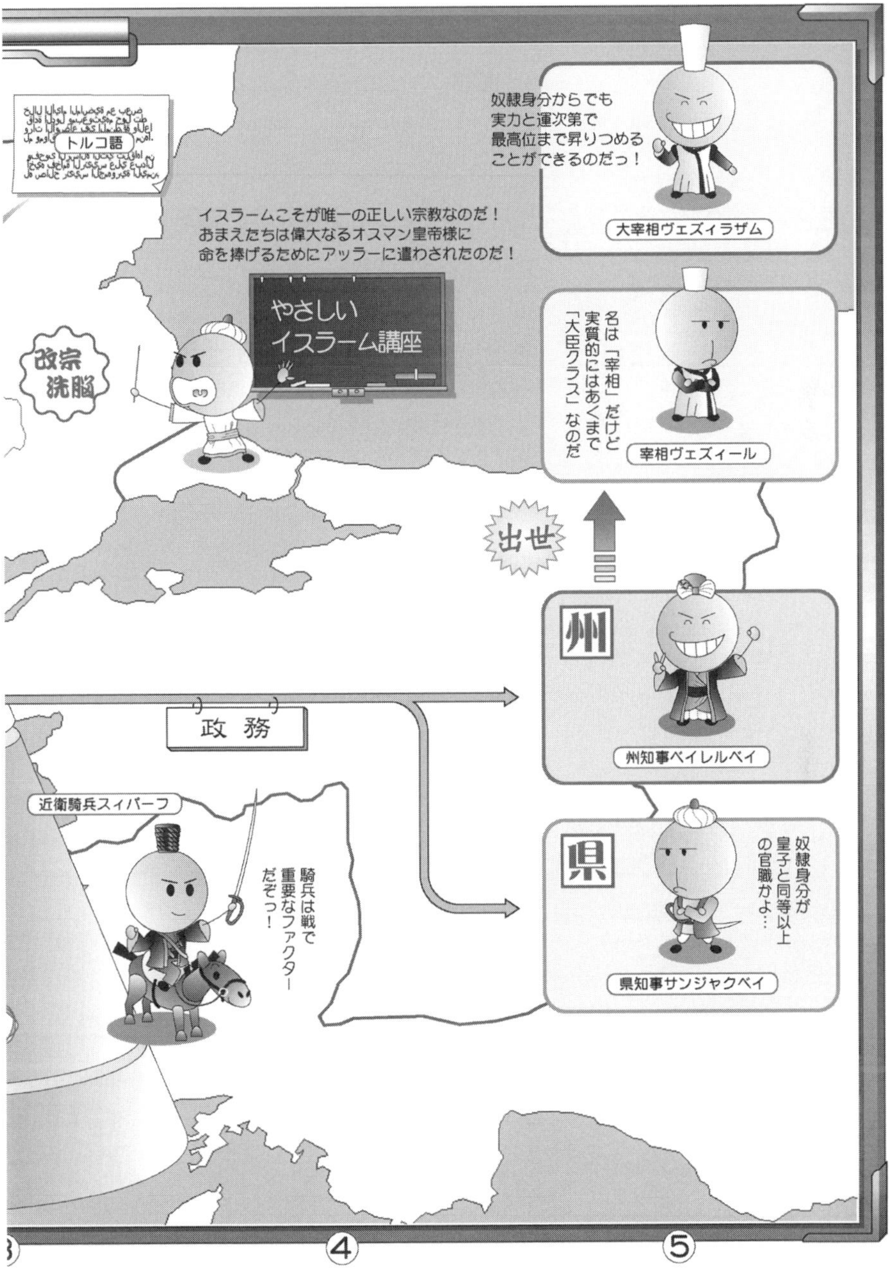
トルコ語
イスラームこそが唯一の正しい宗教なのだ！
おまえたちは偉大なるオスマン皇帝様に
命を捧げるためにアッラーに遣わされたのだ！
やさしい
イスラーム講座
改宗
洗脳
奴隷身分からでも
実力と運次第で
最高位まで昇りつめる
ことができるのだっ！
大宰相ヴェズィラザム
名は「宰相」だけど
実質的にはあくまで
「大臣クラス」なのだ
宰相ヴェズィール
出世
州
州知事ベイレルベイ
政　務
近衛騎兵スィパーフ
騎兵は戦で
重要なファクター
だぞっ！
県
奴隷身分が
皇子と同等以上
の官職かよ…
県知事サンジャクベイ
③
④
⑤

オルハン１世の時代の行政改革は、軍事面において問題を残していたことはすでに触れました。

　そのころのオスマン軍は、ガーズィーやアクリタイたちによるゆるい団結にすぎず、お世辞にも「高い忠誠心」を持っているとは言えなかったからです。

　しかし、オスマンが辺境の君侯国(ウジベイリク)であったころは、それでもたいした問題にもなりませんでした。

　まわりの国も似たようなものでしたし、小さな組織なら、すみずみまで目が行き届いたからです。

　しかし、領土が巨大化するにつれ、そうもいかなくなります。

　こうして、ムラート１世のころには、「君侯国(ベイリク)」時代の遺制を引きずった旧(ふる)い軍事システムではなく、「帝国」に相応(ふさわ)しい、新しい軍事システムの創設が急務となってきます。

　帝(みかど)への絶対的な忠誠心で、命令一下、いつでもどこでも一糸乱れずに動く、命知らずの「皇帝直属の常備軍」の創設が。

　そこで、ムラート１世が目を付けたのが「戦争孤児」。

　このころ、バルカン半島でキリスト教徒との戦争が繰り返されたことによって、キリスト教徒の戦争孤児が大量に発生していました。（A-1/2）

　そこで、彼ら戦争孤児を引き取り、帝国の未来を担う「新兵(イェニチェリ)」(＊01)として育成することにします。(＊02)

「育成」といえば聞こえはいいですが、やってることは「洗脳」。

　まず、連れてきた戦争孤児たちを「ムスリム」に改宗させ、クルアーン講義を行い、トルコ語やトルコの習慣を教え、「皇帝への絶対忠誠こそがお前たちの存在意義である！」と徹底的に叩き込みます。（A/B-3/4）

（＊01）トルコ語で「イェニ」が「新しい」、「チェリ」が「兵隊」という意味なので、「イェニチェリ」を直訳すると、「新兵」という意味になります。

（＊02）この徴兵方式を「ペンチック制」（A-1/2）と言います。

第7幕　イェニチェリ軍団の創設

　まだ年端もいかない子供が、親を失い、失意のドン底にある中、わけがわからないうちに帝都(アドリアノーブル)に連れてこられ、時にやさしく、時に厳しく育てられれば、完璧に「洗脳」されてしまいます。
　こうして、オスマン帝に絶対忠誠を誓う直属常備軍「カプクル」(＊03)が誕生します。(B-3)
　しかし、この徴兵システム「ペンチック制」は、「戦争孤児」が発生しないと兵の徴集ができないという致命的欠点がありました。
「兵の安定供給ができない」のは問題です。
　そこで、バヤジット1世の代になると、この安定供給のために、キリスト教徒の家から、身体強健・眉目秀麗・頭脳明晰な10歳前後の少年を徴用することにします。(＊04)

(＊03) トルコ語で「カプ」が「門(家)」、「クル」が「奴隷」という意味です。
　　　つまり、「オスマン家直属の奴隷」という意味です。
(＊04) だいたい40戸につき1人の割合。今回は親は生きており、親の承認の下に行われました。
　　　我が子がカプクルとして出世してくれれば、実家も潤ったため、優秀な子は進んでカプクルにさせたといいます。このような徴兵方式を「デウシルメ制」(B-1/2)と言います。

ところで。
　こうして英才教育（洗脳教育）を受け、軍人奴隷（カプクル）になった者たちは、歩兵に選抜されれば「イェニチェリ」(D-2)となり、騎兵に選抜されれば「スィパーフ」(C/D-3/4)となっていきます。

（図：近衛歩兵団長と近衛歩兵イェニチェリ）

「年は若くても今日から私がお前たちの上官だ！しっかり励めよ！」

　ここからあぶれた者は「予備役（アジェミーオーラン）」(*05)に編入されますが、とくに優秀な人材は、その能力によって、軍務に選抜されれば「歩兵団長」(D-1)に、政務に選抜されれば「州知事（ベイレルベイ）」や「県知事（サンジャクベイ）」(C-5)になりました。
　実績次第では、さらに「宰相（ヴェズィール）」、その先の「大宰相（ヴェズィラザム）」(A-5)にまで出世することも夢ではありません。(*06)
　人種差別もなく、たとえ身分が「奴隷」であっても能力さえあれば出世できる、そういうところにオスマン繁栄の秘密が隠されているのかもしれません。

(*05) 野球で譬えれば「補欠」か「二軍」に相当するものです。
　　　戦争などで正規兵が死傷すると、欠員補充する役を担うものです。

(*06) じつはこれこそが、「この国を"トルコ帝国"とは呼ばない」理由です。オスマンでは、人種差別なく、能力さえあれば、たとえ奴隷身分であっても、政府の中枢に入ることができました。「トルコ人が支配者階級を独占する帝国」ではないのです。

第2章 オスマン帝国の隆盛

第1幕

電光石火の兄弟殺し
雷帝登場

ムラート1世の突然の死で、帝国に激震が走った。彼の「力」の前にねじ伏せられていた者たちは、たちまち反旗を翻し、突然のことに皇子たちは動揺する。
しかし、皇子のひとり、バヤジットだけは冷静だった。禍根を断つため、「電光石火」、他の兄弟たちを皆殺しにして皇帝に即位、たちまち帝国に安定をもたらす。

先手必勝っ！

がはははははは！父上暗殺直後、電光石火！まだ前線で戦っている兄弟たちを皆殺しにして即位してやったぜ！

オスマン帝国 第4代
バヤジット1世 イュルデュルム

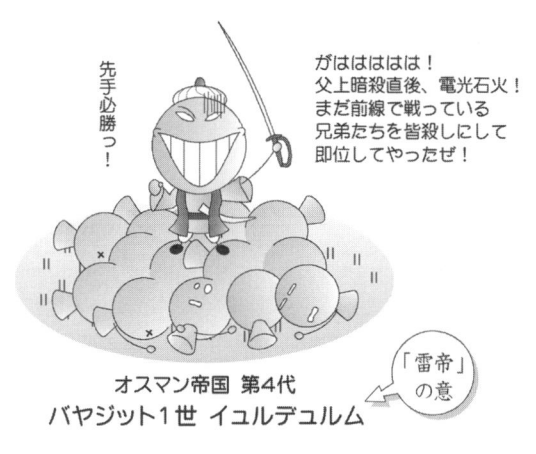

「雷帝」の意

〈雷帝登場〉

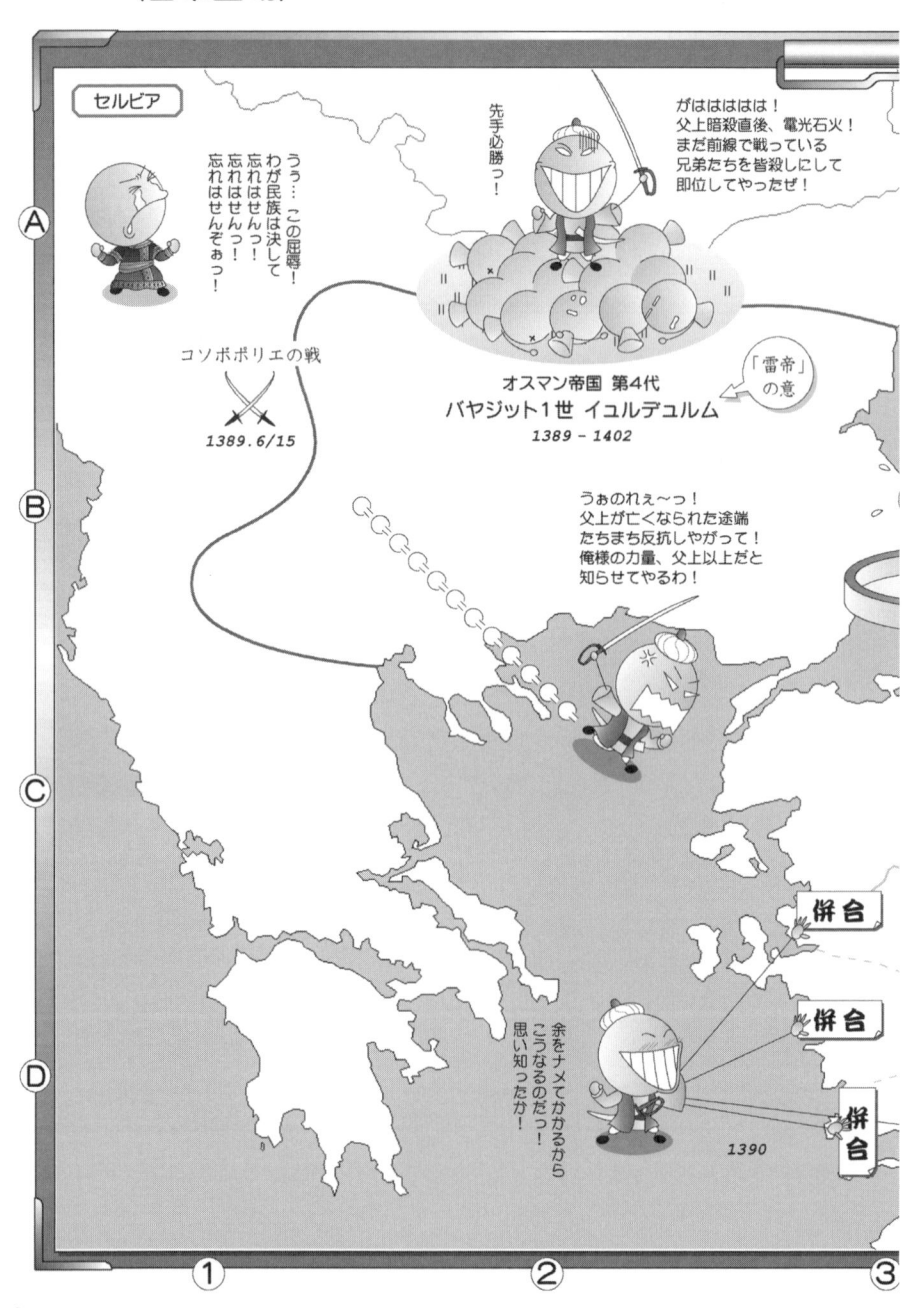

第1幕 雷帝登場

14世紀末

国恥記念日（ヴィドヴダン） 6月15日 / 6月28日

1389年6月15日は、コソヴォポリエの戦でオスマン帝国に敗れ、セルビアが事実上滅亡した日。しかし同時に、敵帝ムラート1世の暗殺に成功し、一矢報いた日でもある。
以後、この日を国恥記念日（ヴィドヴダン）としたが、その後、教会を除く一般の暦がユリウス暦からグレゴリウス暦に移行したことで、教会の祝祭日が13日ズレることに。ユリウス暦の6月15日は、グレゴリウス暦では6月28日になる。

くっそぉ…死んだフリするかぁ ふつう？

オスマン帝国 第3代
ムラート1世
1359 - 89

マズイぞ！マズイぞ！

1391

これで黒海とエーゲ海沿岸はほぼ押さえた！

ジャンダル

併合

マズいな…

エレトナ

サルハン

オスマン侯に従います…

アイドゥン

メンテシェ

テケ

併合

うう…ほとんどの君侯国がオスマンの手に落ちてしまった…

なんとかせねば…

カラマン君侯国

ラマザン

――――――
第1章 オスマン帝国の勃興
第2章 オスマン帝国の隆盛
第3章 サファヴィー朝・ムガール帝国の勃興
第4章 イスラーム三國志（興隆期）
第5章 イスラーム三國志（絶頂期）

ム　ラート１世が、コソヴォポリエの戦の最中において暗殺されたことで、帝国に激震が走りました。(A-3/4)

　頼りがいのある「強い指導者」に引っぱられてきた組織というものは、その「強い指導者」を失ったとき、求心力を失って一気に危殆に瀕するものです。

　その「強い指導者」が、しかも、戦の最中に失われたのです。

　父帝の死の翌日、ただちに皇子バヤジットが即位したものの、

「ムラート死す！」

…の情報が帝国の内外に駆け巡るや、目の前のセルビア軍はにわかに活気づき、さらに背後のアナトリアでも、君侯諸国がつぎつぎと反旗を翻しはじめます。

　事態は急速に悪化しているのに、他の皇子たちまで不穏な動きを見せます。

　この窮状にあって、皇子たちが権力争いに入ってしまったら、それこそ滅亡は避けられません。

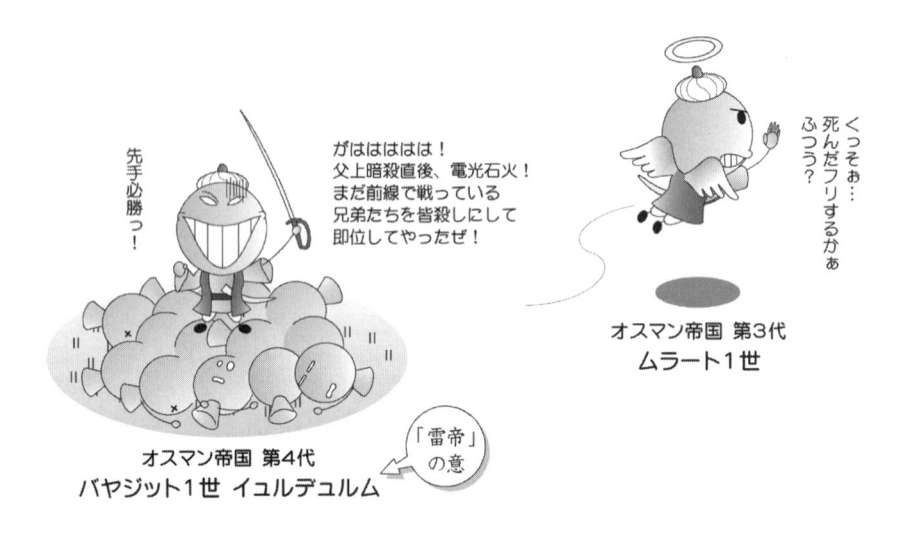

先手必勝っ！

がはははは！父上暗殺直後、電光石火、まだ前線で戦っている兄弟たちを皆殺しにして即位してやったぜ！

オスマン帝国　第4代
バヤジット1世　イュルデュルム
「雷帝」の意

くっそぉ…死んだフリするかぁふつう？

オスマン帝国　第3代
ムラート1世

（＊01）これが「初例」となって、以後、オスマン帝国では、帝位が継承されるたびに、皇子たちの「兄弟殺し」が慣例化します。とはいえ、このようなことは「オスマン帝国」から始まったというわけではなく、「セルジューク朝」「チムール帝国」など、「実力主義」を重んずるトルコ系王朝ではよくあることでした。

（チムール帝国は、自称モンゴル系ですが、実際にはトルコ系といわれています。）

第1幕　雷帝登場

「くそ、この大事なときに！」
　しかし、バヤジット1世は、冷静かつ冷酷に行動を起こします。
　なんと、血を分けた兄弟たちを躊躇いなく皆殺しにしたのです。(＊01)
　行ったことの是非はともかく、その「電光石火」のごとき迅速な決断力・行動力は、彼の長所でした。
　それゆえ、彼は「雷帝（イュルデュルム）」と呼ばれるようになります。(＊02)
　なんとか宮廷をまとめあげますと、その足でアナトリアに向かい、反抗を始めた君侯諸国（ベイリクラー）をつぎつぎと撃破、併合していきます。(＊03)

うぉのれぇ〜っ！
父上が亡くなられた途端
たちまち反抗しやがって！
俺様の力量、父上以上だと
知らせてやるわ！

オスマン侯に
従います…

　まさに「電光石火（イュルデュルム）」。
　たちまちのうちに、先帝（ムラート）の旧領を安定させただけではなく、むしろその領土を拡大していったのです。

(＊02) 同じ「雷帝」に、ロシアのイヴァン4世がいますが、こちらはその「恐ろしさ」から付けられた名前で、バヤジットとは、少々意味合いが違います。

(＊03) 具体的には、コソヴォポリエの戦の翌1390年にサルハン、アイドゥン、メンテシェ、テケ君侯国（D-3/4）を、翌91年にジャンダル君侯国を併合しています。

それだけではありません。

勢いそのままに、オスマン1世以来の宿願であったコンスタンティノープルをも包囲し、攻め立てます。

さらに、1393年にはブルガリアの首都ニコポリス(＊04)まで陥とし、これを属国とします。

そうなれば、「明日は我が身」なのが、オスマン帝国と国境を接しているハンガリー王国とワラキア公国。

「うぉのれ、オスマン！！

ムラートが死んで、一度は自壊したかと思ったら、アッという間に勢いを取り戻してきやがったか！

な、なんとかしなければ！！」

こうしてハンガリー王ジギスムント(＊05)は、立ち上がることになります。

(＊04) ブルガリア王国は、さきの「ソフィアの戦（1385年）」で敗れたあと、領土の南半分を失い、首都をソフィアからニコポリスに遷都していました。

(＊05) 「黄金文書」で有名な神聖ローマ帝国皇帝カール4世の息子です。
当時はハンガリー王で、のちに神聖ローマ帝国皇帝に即位しています。
コンスタンツ公会議を開催して教会大分裂（シスマ）を終わらせた人物でもあります。

第2章 オスマン帝国の隆盛

第2幕

全ヨーロッパでオスマンを叩け！
ニコポリス十字軍の集結

新帝バヤジット1世は、先帝暗殺後の混乱をまたたく間に鎮めただけではなく、ふたたび帝国を膨張させ始める。コンスタンティノープルを包囲し、ブルガリアを属国とした。これに危機感を覚えたハンガリー王ジギスムントは、全欧に決起を呼びかけ、全欧各国から軍が結集する。これが「ニコポリス十字軍」である。

イスラーム野郎め！
これ以上は北上させんぞ！
失地回復だっ！

弱者はよぉ群れよるわ！
雑魚どもが束になって
かかってこいっ！

〈ニコポリス十字軍の集結〉

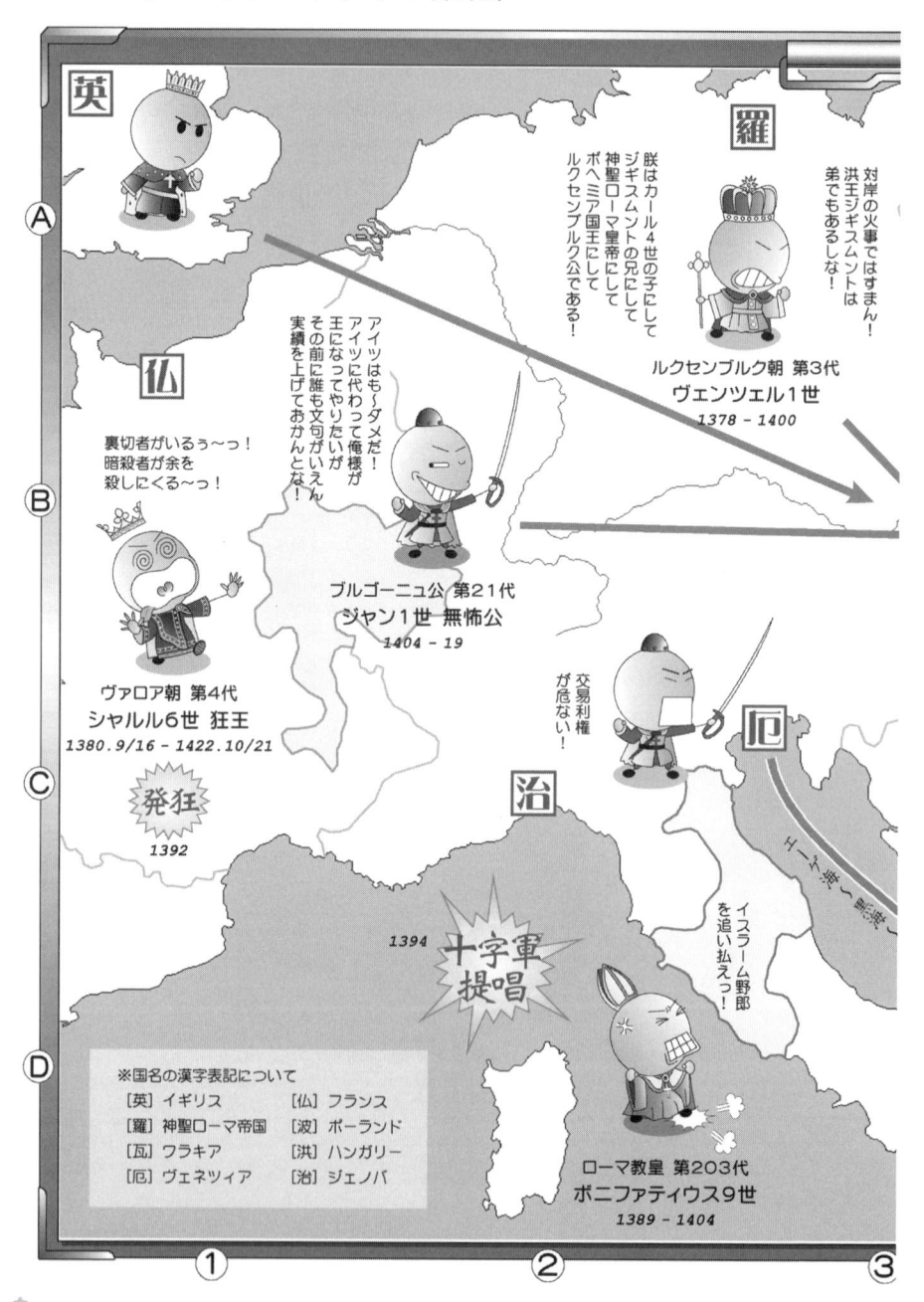

英

羅

朕はカール4世の子にしてジギスムントの兄にして神聖ローマ皇帝にしてボヘミア国王にしてルクセンブルク公である！

対岸の火事ではすまん！洪王ジギスムントは弟でもあるしな！

ルクセンブルク朝 第3代
ヴェンツェル1世
1378 - 1400

仏

裏切者がいるぅ〜っ！
暗殺者が余を殺しにくるぅ〜っ！

アイツはも〜ダメだ！アイツに代わって俺様が王になってやりたいがその前に誰も文句がいえん実績を上げておかんとな！

ブルゴーニュ公 第21代
ジャン1世 無怖公
1404 - 19

交易利権が危ない！

厄

ヴァロア朝 第4代
シャルル6世 狂王
1380.9/16 - 1422.10/21

発狂
1392

治

イスラーム野郎を追い払えっ！

1394
十字軍
提唱

※国名の漢字表記について
[英] イギリス　　[仏] フランス
[羅] 神聖ローマ帝国　[波] ポーランド
[瓦] ワラキア　　[洪] ハンガリー
[厄] ヴェネツィア　[治] ジェノバ

ローマ教皇 第203代
ボニファティウス9世
1389 - 1404

第2幕　ニコポリス十字軍の集結

1396年

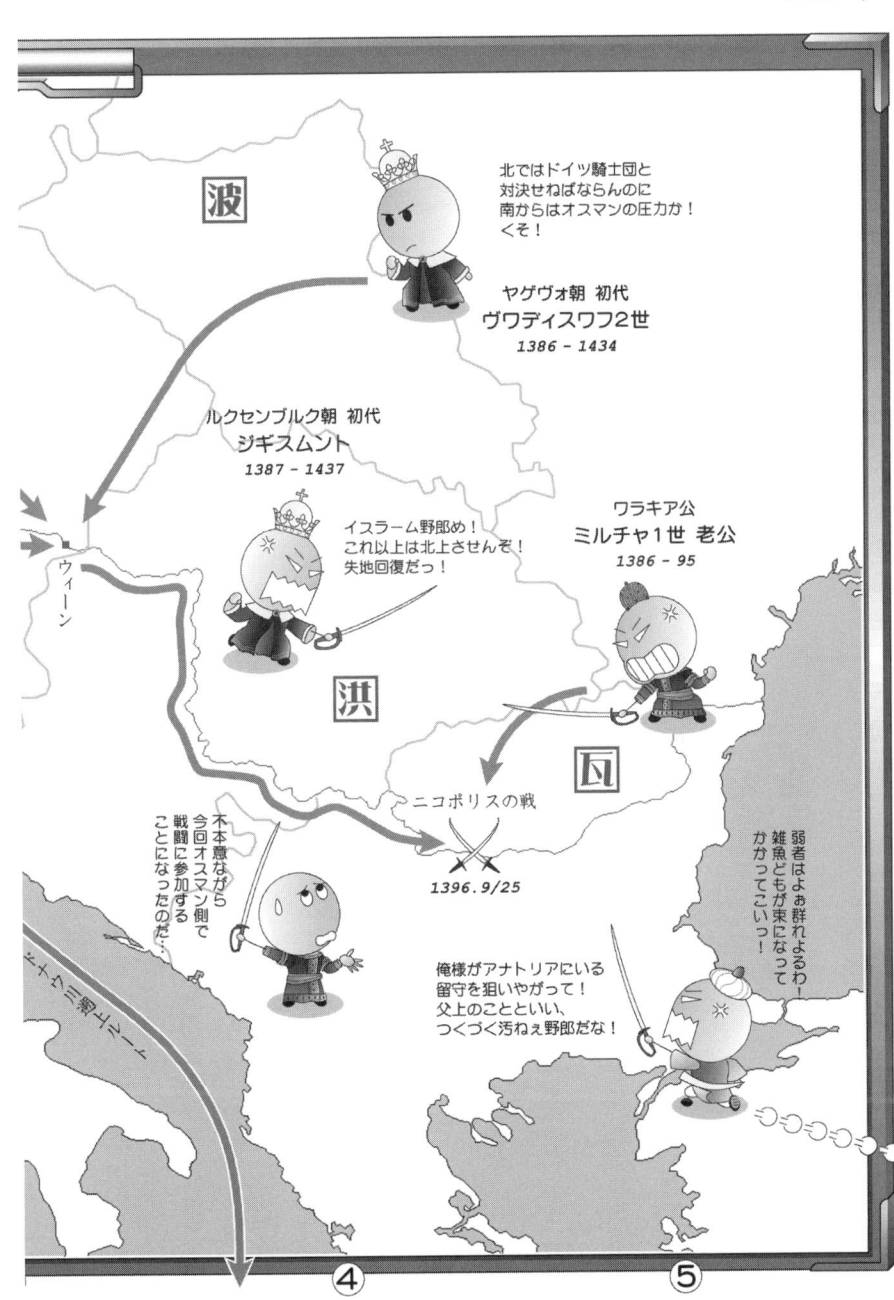

先帝の暗殺の直後の混乱をたちまち抑え、ふたたびバルカン半島をじわじわ北上しはじめた新帝バヤジット１世。

これに危機感を抱いたのが、オスマン帝国と国境を接することになったハンガリー王国（B/C-4）とワラキア公国（C-5）でした。

「セルビア、ブルガリアの末路も、明日は我が身だ！
なんとかせねばならぬが、我々が一国一国でバラバラにオスマンと戦ったのでは、セルビア・ブルガリアの二の舞となろう！
戦略において、"戦力の逐次投入"は愚の骨頂！！
ここは、全ヨーロッパが結束して、一気にオスマンを叩かねば！」

しかし、そうはいっても、利害が複雑に絡みあったヨーロッパのことです。

全欧が結束するなどということは、至難の業です。

そこで、ローマ教皇ボニファティウス９世（D-2/3）が「対オスマン十字軍(*01)」を提唱しました。

もっとも、ローマ教皇の鶴の一声で十字軍が結成されたのも今は昔。

当時の教皇は「教会大分裂(*02)」のただ中で、その権威は地に墜ち、すでにその影響力は弱いものとなっていました。

しかし、それでも、彼らに"大義名分"を与える効果はあったようです。

十字軍
提唱

イスラーム野郎を追い払えっ！

ローマ教皇 第203代
ボニファティウス９世

(*01) 十字軍とは、中世ヨーロッパにおいて、キリスト教国がイスラーム諸国を駆逐することを目的（最終目標はイェルサレム奪還）として結成された軍隊のこと。

(*02)「神の代理人」たる教皇が２人以上現れて、対立した時代のこと。「神は一柱しかいない」と教えるキリスト教にとって、「神の代理人」同士の意見が対立することなどありえないわけで、これにより、教皇が「神の代理人」でもなんでもない、ということがバレた事件。

第2幕　ニコポリス十字軍の集結

　ついこの間オスマンに陥とされたばかりのニコポリス城に、十字軍がぞくぞくと結集してきました。
　その内訳を見ていきますと、
　まず、十字軍の盟主たるジギスムント（B-4）率いるハンガリー軍と、名君の誉れ高い老公ミルチャ1世（B/C-5）(＊03)率いるワラキア軍。

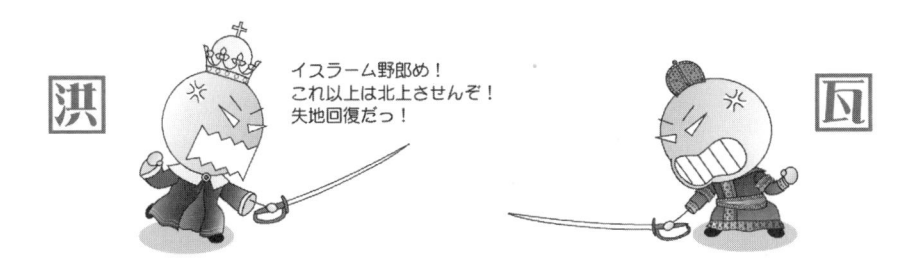

洪　「イスラーム野郎め！これ以上は北上させんぞ！失地回復だっ！」

瓦

　さらに、そのジギスムントの実兄・ヴェンツェル1世(＊04)が統べる神聖ローマ帝国（A-3）軍と、こたびの合戦にハンガリーが敗れでもしたら、「明日は我が身」のウワディスワフ2世の統べるポーランド（A-4）軍。

羅　「対岸の火事ではすまん！洪王ジギスムントは弟でもあるしな！」

波

(＊03) 当時、「キリスト教世界でもっとも勇敢で優秀な君主」と評された名君。
(＊04) 「黄金文書」で有名なカール4世の息子で、ハンガリー王ジギスムントの兄で、神聖ローマ皇帝にして、ボヘミア国王にして、ルクセンブルク公にして、ブランデンブルク辺境伯。この彼の肩書は、すべて弟ジギスムントが継承しています。

バルカンから遠く離れ、そのうえ、百年戦争中だったイギリス（A-1）、フランス（B/C-1）(*05)ですら、兵を送り込んできます。

そして、海からは、ついこの間までエーゲ海〜黒海貿易で利益を上げていたものの、それをオスマンに奪われたヴェネツィア（C-2/3）とジェノヴァ（C-2）。

地図を眺（なが）めながら、この「ニコポリス十字軍」に参加した国々をぬり絵してみると、ほとんど「全ヨーロッパ」が参加(*06)していることがわかります。

ヴェネツィアとジェノヴァは、エーゲ海（D-4/5）から黒海（C-5）、そしてドナウ川を遡上する海路ルートで、その他の国は、陸路からまずウィーン（B-3/4）に結集し、そこからドナウ川を下って、ニコポリス城に軍を集めました。

これを知ったオスマン帝国も、ニコポリスに向けて軍を進めてきます。（C-4/5）

いよいよ、「全ヨーロッパ連合軍」ともいうべきニコポリス十字軍と、バヤジット1世率いるオスマン帝国が雌雄を決することになります。

次幕では、その戦況を詳しく実況していくことにいたします。

(*05) ただし、当時のフランス王シャルル6世（B/C-1）は発狂していたため、王家の親戚のブルゴーニュ公ジャン1世（無怖公）（B-2）が出陣してきました。
じつは、この人物こそが、ニコポリスの戦の勝敗に重要な意味を持つことになります。

(*06) 統一国家で参加していない国は、イベリア半島のカスティリア・アラゴン、ポルトガル、北欧のデンマーク・スウェーデン、そしてロシアくらい。いずれも、バルカンから遠く離れた国です。

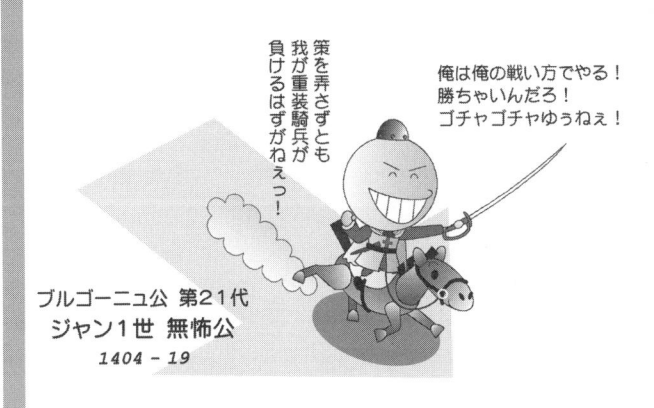

第2章 オスマン帝国の隆盛

第3幕

無策の正面突撃
ニコポリスの戦

「ニコポリス十字軍」と呼ばれる連合軍が、ドナウ川を背にニコポリス城に結集した。文字どおり「背水の陣」である。盟主は神聖ローマ帝国を後盾としたジギスムント。参謀は名君の誉れ高きミルチャ老公。そして前衛中央に「泣く子も黙るジャン無怖公」。役者は揃った。負けるはずのない戦いであった。負けるはずのない…。

策を弄さずとも
我が重装騎兵が
負けるはずがない！

俺は俺の戦い方でやる！
勝ちゃいんだろ！
ゴチャゴチャゆうねぇ！

ブルゴーニュ公 第21代
ジャン1世 無怖公
1404 - 19

〈ニコポリスの戦〉

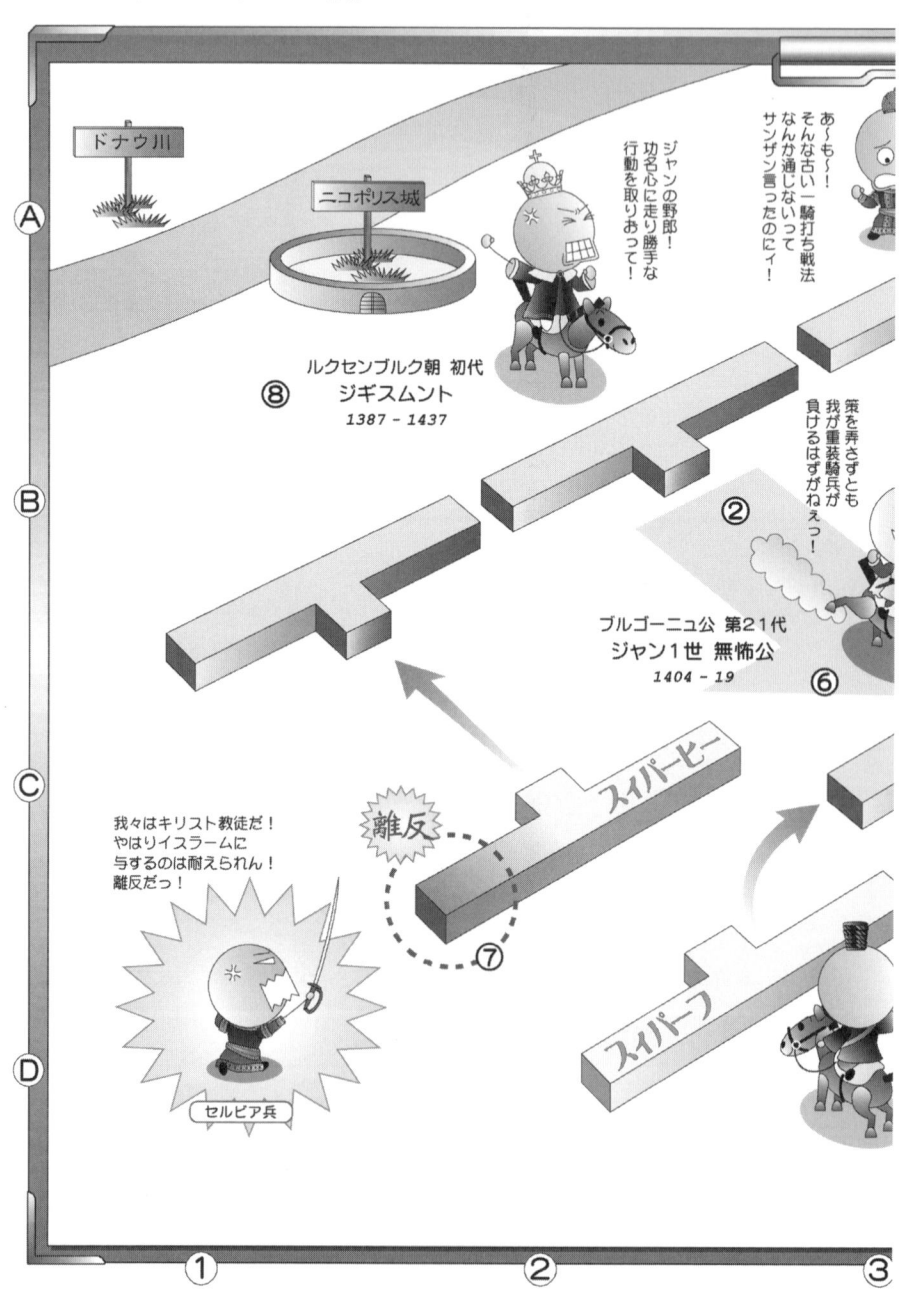

第3幕　ニコポリスの戦

1396年

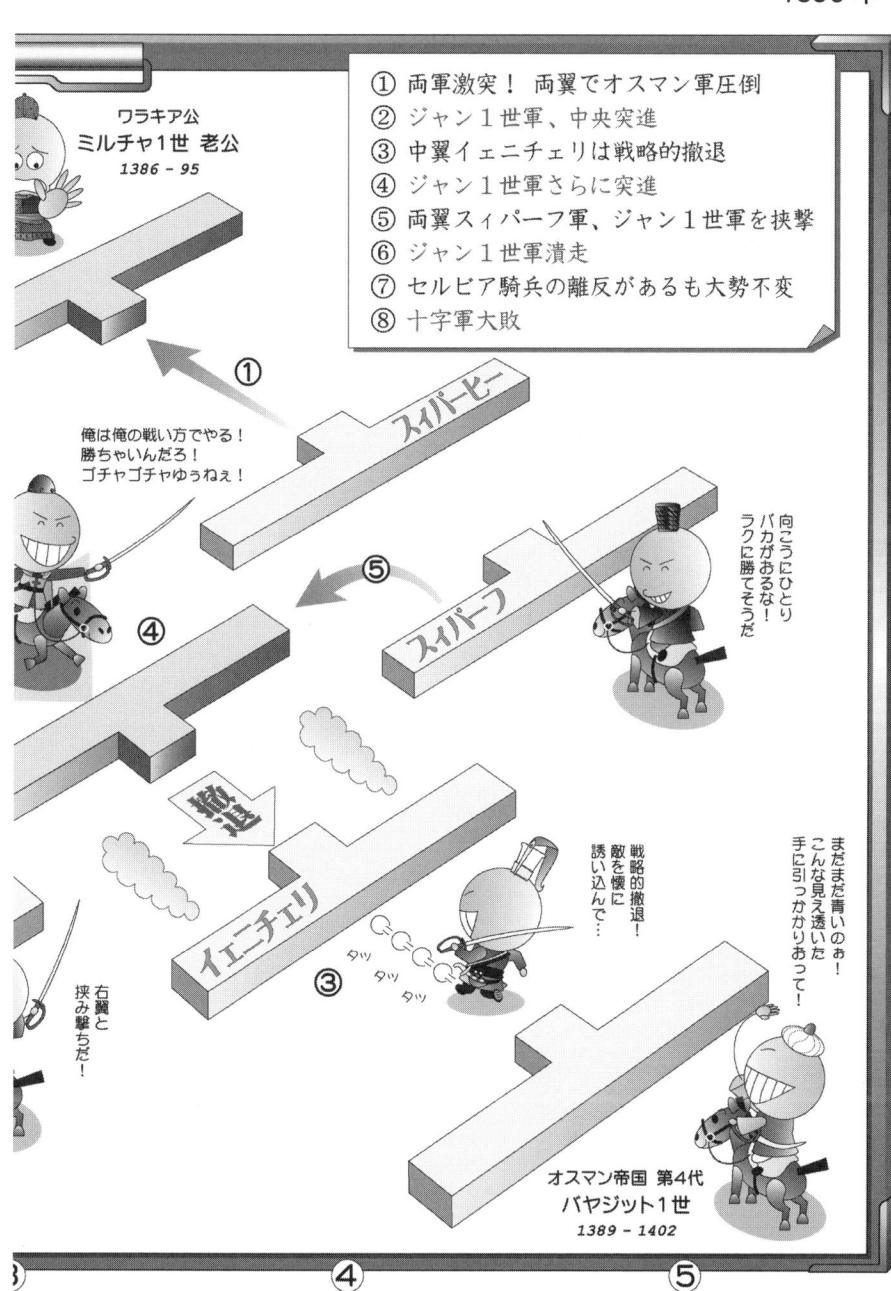

① 両軍激突！ 両翼でオスマン軍圧倒
② ジャン1世軍、中央突進
③ 中翼イェニチェリは戦略的撤退
④ ジャン1世軍さらに突進
⑤ 両翼スィパーフ軍、ジャン1世軍を挟撃
⑥ ジャン1世軍潰走
⑦ セルビア騎兵の離反があるも大勢不変
⑧ 十字軍大敗

ワラキア公
ミルチャ1世 老公
1386 - 95

スィパーヒー

俺は俺の戦い方でやる！
勝ちゃいんだろ！
ゴチャゴチャゆうねぇ！

スィパーフ

向こうにひとり
バカがおるな‥‥
ラクに勝てそうだ

撤退

イェニチェリ

戦略的撤退！
敵を懐に
誘い込んで‥‥

まだまだ青いのぉ！
こんな見え透いた
手に引っかかりおって！

右翼と
挟み撃ちだ！

オスマン帝国 第4代
バヤジット1世
1389 - 1402

第1章 オスマン帝国の勃興
第2章 オスマン帝国の隆盛
第3章 サファヴィー朝 ムガール帝国の勃興
第4章 イスラーム三國志（興隆期）
第5章 イスラーム三國志（絶頂期）

それでは、ヨーロッパ連合軍とオスマン帝国軍との一大決戦、「ニコポリスの戦」を詳しく見ていくことにいたします。

　まず、各地から集まったヨーロッパ連合軍は、ドナウ川に面したニコポリス城（A-1/2）目指して進軍し、これを包囲します。

　前年（1395年）、オスマンに占領されたばかりのこの城を奪還すべく。

　ところが、ニコポリス城は難攻不落。

　ここを攻めあぐねている間に、南からオスマン軍が駆けつけてきました。

ドナウ川
ニコポリス城
ジャンの野郎！功名心に走り勝手な行動を取りおって！
ルクセンブルク朝 初代
ジギスムント

　その結果、必然的にヨーロッパ連合軍は、ドナウ川を背にして布陣することになり、陣形的には「背水の陣(*01)」となります。

　これは「敗れたら、逃げる場所とてない陣形」ですので、兵士は死に物狂いで戦うという効果があります。

（＊01）出典は「孫子の兵法」と勘違いしている方も多いですが、じつは『史記』です。
　　　　「孫子の兵法」ではむしろ「川岸を背に陣を敷くべからず」とあります。
　　　　ただし、「破釜沈船の計」という「背水の陣」と同じ精神の計略は唱えられています。
　　　　「中国大返し」の秀吉が、姫路城ですべての金銭・米穀を吐き出させていますが、これこそがまさに「破釜沈船の計」です。

盟主は、神聖ローマ帝国皇帝をバックにもつ洪(ハンガリー)王ジギスムント。(A-2)
参謀は、名君の誉(ほま)れ高き、ワラキア公ミルチャ老公(スターリ)。(A-3)
そして、"泣く子も黙る"猛将、ブルゴーニュ公ジャン無怖公(サンプール)。(B-3)
役者は揃(そろ)っているうえ、戦場のニコポリスは「勝利の町」という意味。
縁起までよい。

ジギスムントははやくも勝利を確信し、「オスマン軍は6時間と保(も)つまい」と言い放ち、もはや負ける要素などない … かに思えました。

ところが。

開戦直前の軍議において、いきなりその綻(ほころ)びが見えはじめます。

老公(ミルチャ)「ワシは何度もオスマン軍と剣を交えておるが、敵は侮(あなど)れぬ。
　　　敵を知り、己(おのれ)を知らば、百戦殆(あや)うからず。
　　　ここはひとつ慎重にも慎重を期し、まずは偵察(スパイ)を出し、敵の作戦・戦
　　　術・陣形などを探り出し、それからこちらの対策を考えるべきじゃ」

これに洪(ハンガリー)王ジギスムントも大きく頷(うなず)きます。

洪王「うむ、さすがは名君の誉(ほま)れ高きミルチャ殿！　余もそれがよいと思う」
　　しかし。ここで、ジャン無怖(ほ)公が吠えます。(＊02)

無怖(ジャン)「なんじゃ、なんじゃ！　まどろっこしい！
　　　あんな異教徒(ペイガン)ども相手に、そんな小賢(こざか)しいマネ、断固として反対だ！
　　　そんなメンドくさいことせずとも、正々堂々、正面から戦えばよい！！
　　　我が無敵の重装騎兵軍団がたちまちやつらを蹴(け)散らしてくれるわ！」

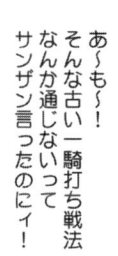

ワラキア公
ミルチャ1世 老公

あ～も～！
そんな古い一騎打ち戦法
なんか通じないって
サンザン言ったのにィ！

(＊02) このときのジャン無怖公の言動は、諸葛亮の軍略に文句を言った張飛を思い起こさせます。

彼は、遠くフランスからやってきていたため、実際にオスマンと剣を交えたこともなく、その強さも恐ろしさも知りません。

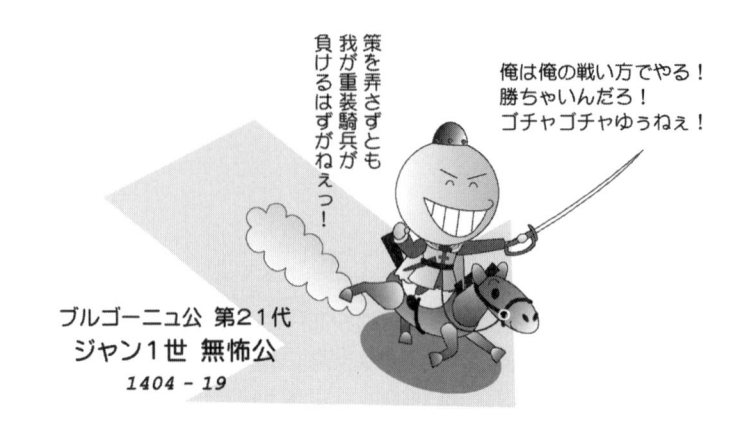

> 策を弄さずとも我が重装騎兵が負けるはずがねぇっ！
> 俺は俺の戦い方でやる！勝ちゃいんだろ！ゴチャゴチャゆぅねぇ！

ブルゴーニュ公 第21代
ジャン1世 無怖公
1404 - 19

　知らないくせに、ムスリムに対する差別意識から、頭から「異教徒(ベイガン)どもに負けるわけがない！」と思い込んでしまう様はすさまじい。
　そして、遠路はるばるやってきた手前、是が非(ぜひ)でも大きな手柄を立てなければならないという焦(あせ)りもある。
　軍議は荒れましたが、オスマンの強さを肌で感じ、理解しているのは、国境を接しているハンガリーとワラキアくらいのもので、他の勢力も大方無怖公(ジャン)と同じ意見でした。
　結果、「無策のまま、正面突撃！」ということになってしまいます。
　せっかく名参謀ミルチャを擁(よう)していたにもかかわらず、ヨーロッパ連合軍はその意見を潰(つぶ)してしまったわけです。
　対するオスマン側は、本陣の周りをグルリと「近衛軍(このえ)」(＊03)で固め、前衛両脇を常備騎兵(スィパーヒー)で押さえとする、万全の構えでした。

(＊03) 本陣(D-5)の前衛を「近衛歩兵(イェニチェリ)」(C/D-4)、側衛を「近衛騎兵(スィパーフ)」(D-2/3)で固めていました。

1396年9月25日、いよいよ戦端が開かれます。

① (A/B-4)

まず、両軍の前衛が正面から激突！

左右両翼ではオスマンが優勢となります。

② (B-2/3)

ところが、さすがに大口を叩くだけあって、オスマン最強の歩兵部隊「イェニチェリ」(C/D-4)を相手にして、無怖公の率いる十字軍中翼(C-3/4)だけが、これを圧していました。

③ (D-4/5)

しかし、この戦況を本陣から眺めていたバヤジット1世は冷静でした。

「お〜お〜、敵将に活きのいい"猪突猛進"がひとりおるのぉ。

ああいう筋肉バカに、正面から当たるのは賢くない。ここを使うのよ。

伝令！ ただちに戦略的撤退(*04)するよう、イェニチェリに伝えよ！」

まだまだ青いのぉ！
こんな見え透いた
手に引っかかりおって！

戦略的
撤退！
敵を懐に
誘い込んで…

タッ
タッ
タッ

オスマン帝国 第4代
バヤジット1世

(*04)「戦闘に敗れて敗走」するのではなく、ちゃんとした作戦があって、整然と兵を退かせること。たいていは、敵軍を自軍にとって都合のよい地点までおびき寄せるために行います。それが「戦略的撤退」だとバレてしまうと、敵軍は追ってこないので、敵には「敗走し総崩れになった」という演出をしながら撤退させなければならない、高等テクニック。

④（B/C-3/4）
　こうしてイェニチェリが退きはじめると、単細胞のジャンは有頂天。
無怖「がはははははは！！
　　　見たか！　異教徒どもめ、我が軍に懼れをなして退きはじめたぞ！
　　　逃がすな！　追え！　ジャンジャン行け〜〜〜っ！！」
　しかし、この無怖公の大攻勢を後ろから見ていた老公は狼狽します。
老公「あぁ！！　無怖公の愚か者め！
　　　そんなゴリ押し戦法が通じるような相手ではないとあれほど！！
　　　あれでは包囲されてしまう！！」

⑤（B/C-4）
　じつは、一見すると、無怖公率いる中翼軍が圧しまくっているように思えますが、左右の両翼は圧されているのに、中翼だけが突出してしまった結果、戦線が大きく「Uの字」型にたわんでしまいます。
　その結果、気がつけばジャン軍は、前方にはイェニチェリ軍（C/D-4）、左右にはスィパーフ軍（D-2/3 & B-4/5）に包囲される形となっていました。

⑥（B/C-3）
　三方から包囲されたジャン軍はたちまち潰滅し、無怖公自身も捕虜となってしまいます。
老公「それ見たことか！！」
…と言ったかどうかは別として、集団行動においては、「自分だけが勝っていれ

ばよい」というものではありません。

　目先の勝利に目がくらみ、戦争全体の動きを無視して和を乱せば、「局所の大勝利」が「全体の大敗北」に直結することすらあります。

　全体を鑑み、ときに自軍が"敗走（と見せかける）"することすら必要なのが「集団戦」というものです。

　オスマン軍にはそれができ、ヨーロッパ連合軍にはそれができませんでした。

　その差が歴然と勝敗に現れた戦でした。

⑦（C/D-1/2）

　ちなみに、すでにオスマンに征服されていたセルビアは、キリスト教徒であったにもかかわらず、不本意ながらオスマン軍として「前衛左翼」に参戦させられていました。

　このとき、ヨーロッパ軍の瓦解を目の当たりにし、ついに居ても立ってもいられなくなり、離反しています。

　しかし、もはや時すでに遅し。

　大勢に変化はなく、「ニコポリス十字軍」は、潰滅していきます。

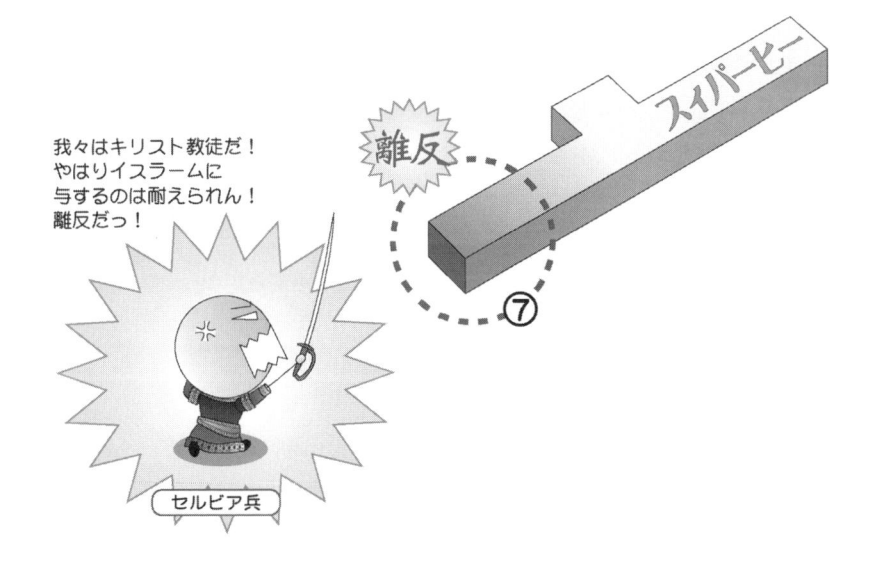

我々はキリスト教徒だ！
やはりイスラームに
与するのは耐えられん！
離反だっ！

セルビア兵

離反

⑦

スイパーヒー

Column ピンチはチャンス！

　ニコポリスの戦では、ヨーロッパ連合軍は功名心に逸ったジャン無怖公(サンプール)の暴走により、戦線が「Uの字」型に歪み、大敗を喫しました。

　しかし、戦争というものは、平押しでは勝てません。

　味方戦力を敵戦力の一点に集中させることが肝要です。

　それを敵の中央に集中させれば「中央突破」となり、左右両翼に向ければ「挟撃(きょうげき)」または「包囲」となります。

　しかし、ここに興味深い事実がひとつ。

　敵軍に「中央突破」をかけられ、自軍が分断潰滅(かいめつ)の危機のとき、戦線の形は（自軍を下側に見て）「Uの字」にたわみます。

　ところが、自軍が「挟撃作戦」をかけて、敵を包囲、殲滅(せんめつ)できる理想的な状況になったときの戦線の形も、まったく同じ「Uの字」です。

　例を挙げれば枚挙に暇(いとま)がありませんが、有名どころでいえば、「マラソン」の語源になったことでも有名な「マラトンの戦」。

　マラトンに結集したアテネ連合軍は1万、ペルシア軍は3万。

　数に劣るアテネ軍は、両翼を厚く、中央を薄く陣を張りました。

　敵の弱点を突くのは戦術の基本ですから、ペルシア軍は、敵(アテネ)軍の弱点である中央突破を図ります。

　ところが、中央突破のペルシア軍にとって理想的な「Uの字」になったとき、それは、「挟撃」を狙っていたアテネにとっても理想的な「Uの字」となったことを意味しました。

　結果、ペルシア軍は左右両翼の挟撃を受けて潰滅(かいめつ)してしまいます。

　ペルシア軍は潰滅(かいめつ)する瞬間まで、自軍の勝利は近いと思っていました。「万事休すのピンチの形と、一発逆転のチャンスの形がまったく同じ」というのは、じつは、人生にも当てはまります。

　ピンチはチャンス。

　どんなに絶望的(ピンチ)であっても、何かひとつ発想を変えるだけで、それはこれ以上ない最大の好機(チャンス)となるのです。

第2章 オスマン帝国の隆盛

第4幕

東方からの使者曰く…
雷帝の慢心

「ニコポリスの戦」は、まさにオスマン軍の大勝利であった。ムスリムの頂点に君臨するカリフ様より「スルタン」の称号を得、いまだ抵抗しているアナトリアの君侯国をつぎつぎと併呑し、残すは、初代オスマン1世以来の宿願、コンスタンティノープルのみ。そんなとき、はるか東の国からひとりの使者がやってくる。

「汝、余の命令に従うべし！
さもなくば、余の呪いに
打ち震えることにならん」

上意

我が君
チムールに従え！

〈雷帝の慢心〉

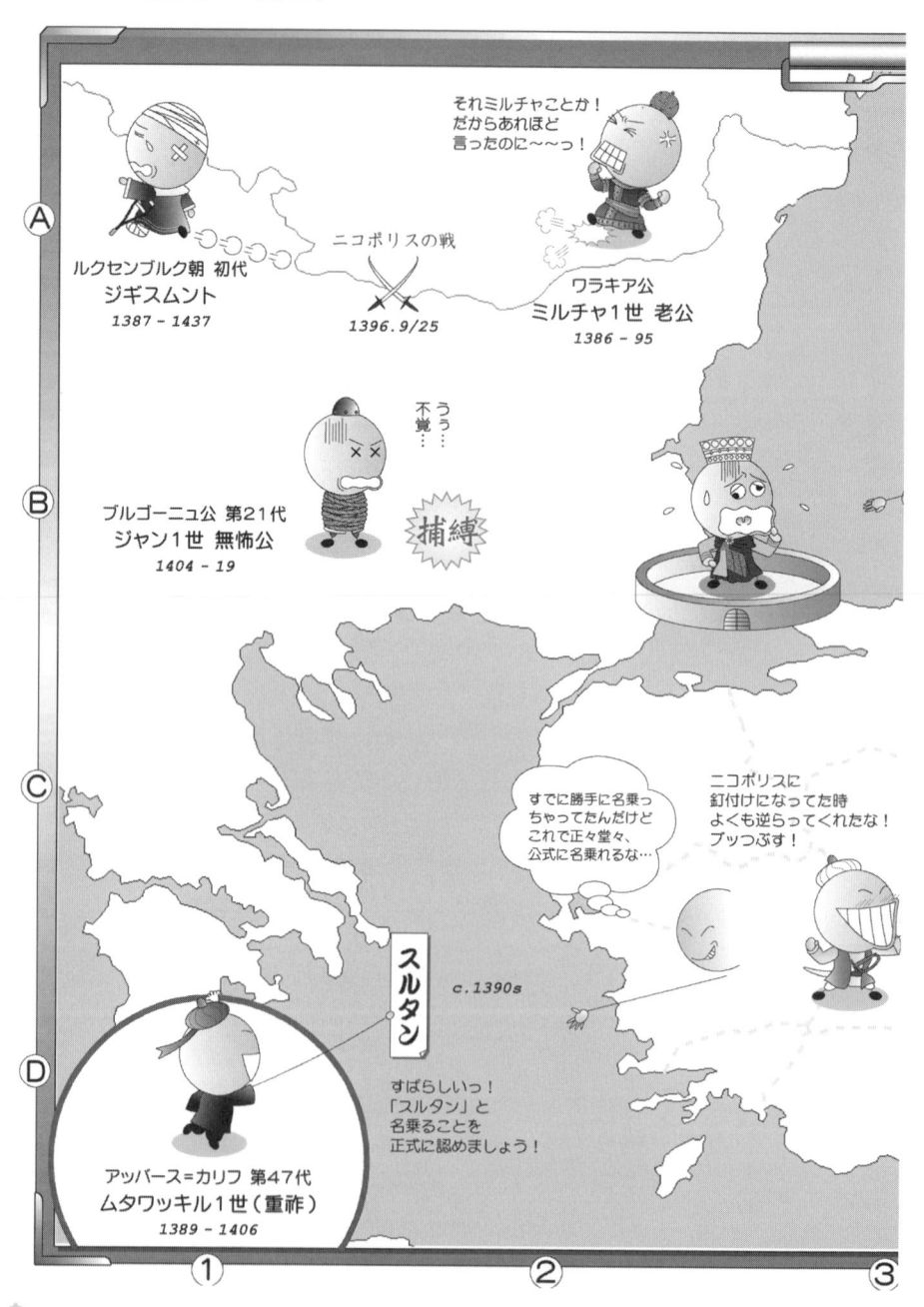

A　ルクセンブルク朝 初代
　ジギスムント
　1387 - 1437

ニコポリスの戦
1396.9/25

ワラキア公
ミルチャ1世 老公
1386 - 95

それミルチャことか！
だからあれほど
言ったのに〜〜っ！

うう
…
不覚

捕縛

B　ブルゴーニュ公 第21代
　ジャン1世 無怖公
　1404 - 19

C

すでに勝手に名乗っ
ちゃってたんだけど
これで正々堂々、
公式に名乗れるな…

ニコポリスに
釘付けになってた時
よくも逆らってくれたな！
ブッつぶす！

スルタン

c.1390s

D　アッバース=カリフ 第47代
　ムタワッキル1世（重祚）
　1389 - 1406

すばらしいっ！
「スルタン」と
名乗ることを
正式に認めましょう！

1　　　　2　　　　3

90

1397－1401年

「汝、チムールと名乗る狂犬よ！
余、汝の書、しかと読みたり。
余、呪われたる者ならん」
1391－92　第１次 包囲
1395－96　第２次 包囲
1397－98　第３次 包囲
1400－02　第４次 包囲
もうキサマを護ろうとする
国はなくなった！
そろそろ年貢の納め時だ！
かかってこいっ！
ボケがっ！
「汝、余の命令に従うべし！
さもなくば、余の呪いに
打ち震えることにならん」
上意
我が君
チムールに従え！
1397
うぅ…
従います…
エレトナ
1397
マイリマシタ…
ドゥルカディル君侯国
ラマザン君侯国
カラマン君侯国
チムール殿！
オスマン
やっつけて〜！
④
⑤

全 欧連合軍ともいうべき「ニコポリス十字軍」と、バヤジット１世率いるオスマン帝国軍との一大決戦は、オスマンの大勝利に終わりました。

開戦直前、「オスマン軍など６時間と保(も)つまい！」と豪語した盟主ジギスムント（A-1）。

しかし、「６時間」どころか、「３時間」と保(も)たずに崩壊したのは、オスマン軍の方ではなく、自軍の方でした。

よもや、たった３時間後、自分が這々(ほうほう)の体(てい)で落ち延びることになろうとは、夢にも思わなかったでしょう。(＊01)

生きながらえたとはいえ、彼の威信は地に堕(お)ち、帰国後は、国内の叛乱に苦しむことになります。

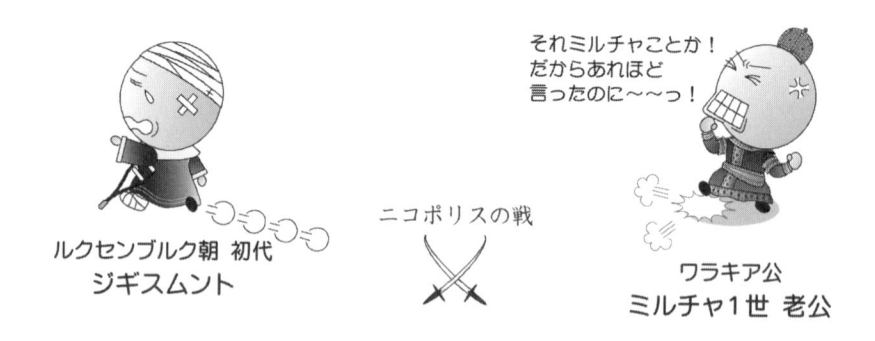

ルクセンブルク朝 初代
ジギスムント

ニコポリスの戦

それミルチャことか！
だからあれほど
言ったのに〜〜っ！

ワラキア公
ミルチャ１世 老公

さらに、ワラキアはいったん滅亡し、ジャン無怖公(サンプール)は捕虜となり(＊02)、ヨーロッパ勢は、惨憺(さんたん)たる有様でした。

(＊01) 命からがら船に乗り込み逃走を図るジギスムントに、岸の向こうからは、オスマン兵が捕虜を並べて揶揄しています。「お〜い！ ここまで来てこいつらを助けてやれよ〜！」

(＊02) その後、身代金を払って帰国していますが、帰国後の彼も、「目先にとらわれ、大略が見えない」ところは死ぬまで変わることなく、行き当たりばったりの政策で、フランスを引っかき回すだけ引っかき回し、祖国に多大な災いを振りまいて、最後は殺されています。

第４幕　雷帝の慢心

しかし、このことを知り、いたくお悦びあそばされた方がおりました。
それが、カリフ様です。(D-1)(＊03)
「よくぞ、キリスト教徒どもに神罰を下してくれた！
そちの偉大な功績に酬い、"スルタン"の称号を与えよう！」

（吹き出し）すでに勝手に名乗っちゃってたんだけどこれで正々堂々、公式に名乗れるな…

（吹き出し）すばらしいっ！「スルタン」と名乗ることを正式に認めましょう！

アッバース＝カリフ　第47代
ムタワッキル1世（重祚）

この「スルタン」という称号は、もともとは「権威（権力）ある者」という意味で、イスラーム世界では、「皇帝」や「王」という意味合いで使用される言葉です。

そして、これを任ずることができるのは原則として「カリフ」でした。
（勝手にスルタンを名乗る者も現れましたが）
　中世ヨーロッパの時代（800年12月25日）、時のローマ教皇レオ３世が、フランク国王のカール１世に「(西)ローマ皇帝」の帝冠を授けたことがありました（カール戴冠）が、構図的には、あれとよく似た感じです。

(＊03) ムスリムの大多数を占める「スンニ派」の頂点に君臨する宗教指導者のことです。
カトリックなら「ローマ教皇」、チベット仏教なら「ダライラマ」にあたる人物です。
（詳しくは、拙著『世界史劇場 イスラーム世界の起源』（ベレ出版）を参照のこと）
アッバース朝の王家でもあり、アッバース朝滅亡（1258年）後の当時は、エジプトのマムルーク朝に保護されていました。

奇しくも、そのときカール１世が与えられた「皇帝（アウグストゥス）」の称号も原義は「尊厳ある者」で、「スルタン（権威ある者）」とよく似ています。

　じつのところ、すでに先帝ムラート１世のころから、勝手に「スルタン」を自称していましたので、これにより大きな変化があったわけではなかったのですが、それでも「正式にカリフ様からの"お墨付き"を得た」というのは意義深いことでした。(＊04)

　さて。

　こうして、「ヨーロッパ連合軍」を完膚なきまでに討ち果たしたオスマン帝国でしたが、その間、背後では、叛乱が相次いでいました。

　あちらを叩けば、こちら。

　こちらを叩けば、あちら。

　そこで、ニコポリスを制圧したあと、休む間もなく、バヤジット１世はアナトリアの叛乱鎮圧に向かいます。

　こうしてついに、カラマン君侯国（C/D-4）を滅ぼし、エレトナまでも呑み込み、ついに、バルカン半島とアナトリア半島の大半を手に入れました。

　まさに「向かうところ敵なし」。

マイリマシタ…

カラマン君侯国　　エレトナ

（＊04）史家によっては、この出来事から「オスマン帝国」とし、これ以前を「オスマン君侯国」として区別する人もいます。しかし、本書ではとくに区別せず、建国当初から「帝国」と呼んでいます。こういうことはよくあることで、たとえば「ロマノフ朝ロシア帝国」も、正式に「皇帝（インペラトール）」を名乗ったのは、第５代ピョートル大帝からですが、ふつうは区別せず、初代ミハイルから「帝国」と呼びます。

しかし。

「画竜点睛を欠く」というか、「九仞の功を一簣に虧く(*05)」というか。

「帝国」のド真ん中にポツンと「穴」が開いているのがいただけません。

ビザンツ帝国（B-2/3）のことです。

オスマンにとって、コンスタンティノープルの征服は初代以来の宿願。

バヤジット１世も、ニコポリスの戦の直前まで、「（第２次）コンスタンティノープル包囲戦（1395〜96年）」のまっただ中でした。

「ヨーロッパ連合軍ニコポリス包囲！」の報を聞き、急遽、コンスタンティノープル攻めを解き、ニコポリスに急行していたのです。

その脅威が去った今、中途半端に終わっていた「（第３次）コンスタンティノープル包囲戦」を再開します。（B-3）

このとき、ビザンツ帝国にはもはや抵抗の力もなく、さりとてニコポリス戦直後にあって、ヨーロッパからの救援の期待もできません。

（＊05）永きにわたって多くの努力を傾け、今まさに事が成就する寸前まで来ながら、最後の最後に気を抜いたために事が完成を見ない、またはすべてが御破算になってしまうことの喩え。

「1000年という永きにわたって東地中海世界に君臨したビザンツ帝国も、ついにムスリムの手に陥ちるときが来た」…と誰もが思いました。
　しかし。
　オスマン帝国は、ここにきて「新たな敵」に遭遇し、またしても、コンスタンティノープル攻めは頓挫してしまいます。
　それこそが、東の彼方からやってきたチムール帝国です。
　その使者は、チムールの"上意"を伝えます。
「汝、余の命令に従うべし。
　さもなくば、余の呪いに打ち震えることにならん」(A-5)

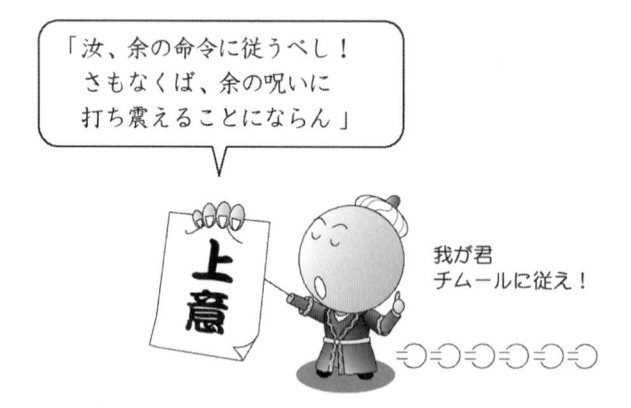

「汝、余の命令に従うべし！
　さもなくば、余の呪いに
　打ち震えることにならん」

上意

我が君
チムールに従え！

　たしかに、当時のチムール帝国は「向かうところ敵なし」でしたが、それはオスマンも同じ。
　バヤジット1世は「呪いに打ち震える」のではなく、「怒りに打ち震え」ます。
「チムールだぁ!?　聞いたこともない辺境の王が、図に乗りおって!!」
　バヤジット1世は答えます。
「汝、チムールと名乗る狂犬よ！　余、汝の書、しかと読みたり！
　余、呪われたる者ならん！」(A-4)
　要するに、「呪えるものなら呪ってみろ！　かかってこい!!」
…ということです。
　こうして「無敵vs無敵」がアンカラにて激突することになります。

第2章 オスマン帝国の隆盛

第5幕

天下分け目の「関ヶ原」
アンカラの戦

15世紀初頭、お互いに「向かうところ敵なし」で領土拡大中のオスマン帝国とチムール帝国の両雄が、ついに「アンカラ」の地で激突した。オスマン軍は12万。対するチムール軍は20万。数においてはオスマンが劣勢であったが、チムールは遠征軍。地の利はオスマンにある。さて、「勝利の女神」はどちらに微笑むか。

ふん！
イナカ者の狂犬が！
チムールかなんか知らんが
目にモノ見せてやるわ！

オスマン帝国 第4代
バヤジット1世

東軍

〈アンカラの戦〉

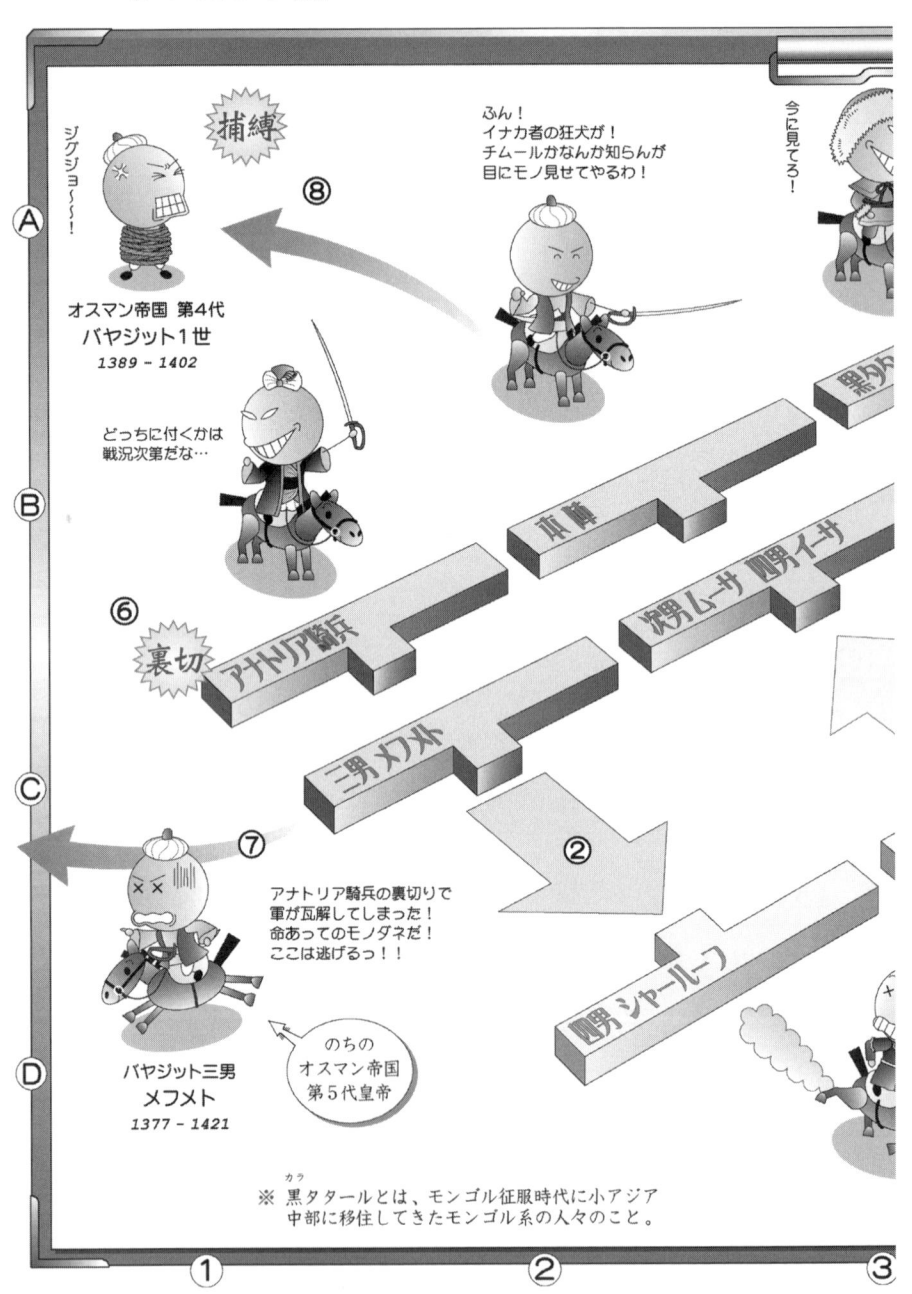

捕縛 ⑧

ジクショ〜！

オスマン帝国 第4代
バヤジット1世
1389 - 1402

ふん！
イナカ者の狂犬が！
チムールかなんか知らんが
目にモノ見せてやるわ！

今に見てろ

どっちに付くかは
戦況次第だな…

黒タタール
再婚
次男ムーサ　四男イーサ
アナトリア騎兵
三男メフメト

⑥ **裏切**

②

四男シャールフ

⑦

アナトリア騎兵の裏切りで
軍が瓦解してしまった！
命あってのモノダネだ！
ここは逃げるっ！！

バヤジット三男
メフメト
1377 - 1421

のちの
オスマン帝国
第5代皇帝

※ 黒タタールとは、モンゴル征服時代に小アジア
中部に移住してきたモンゴル系の人々のこと。

98

1402年

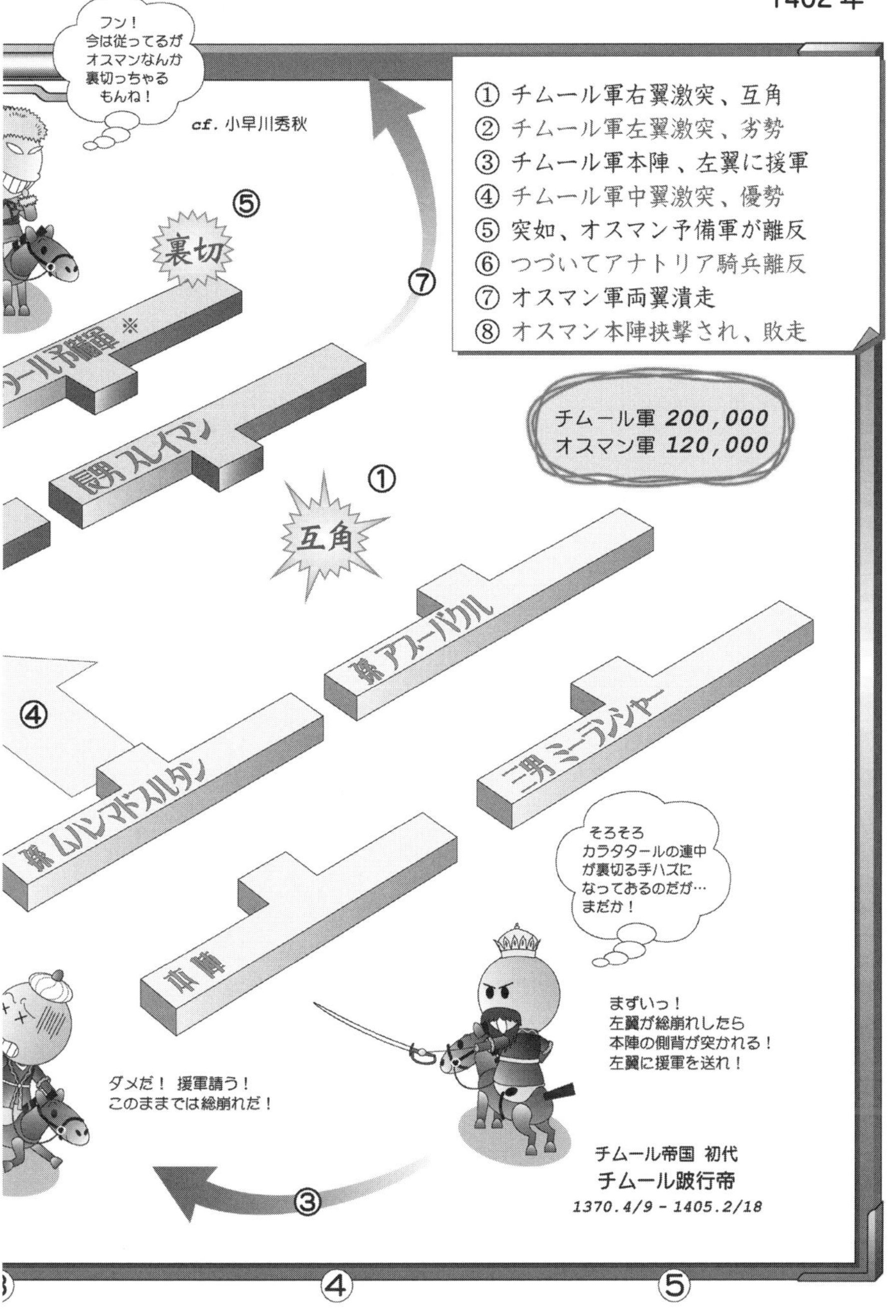
フン！
今は従ってるが
オスマンなんか
裏切っちゃる
もんね！
cf. 小早川秀秋
① チムール軍右翼激突、互角
② チムール軍左翼激突、劣勢
③ チムール軍本陣、左翼に援軍
④ チムール軍中翼激突、優勢
⑤ 突如、オスマン予備軍が離反
⑥ つづいてアナトリア騎兵離反
⑦ オスマン軍両翼潰走
⑧ オスマン本陣挟撃され、敗走
⑤
裏切
⑦
ール予備軍 ※
長男 スレイマン
チムール軍 200,000
オスマン軍 120,000
①
互角
孫 アブーバクル
④
三男 ミーランシャー
孫 ムハンマドスルタン
そろそろ
カラタタールの連中
が裏切る手ハズに
なっておるのだが…
まだか！
本陣
まずいっ！
左翼が総崩れしたら
本陣の側背が突かれる！
左翼に援軍を送れ！
ダメだ！ 援軍請う！
このままでは総崩れだ！
チムール帝国 初代
チムール跛行帝
1370.4/9 - 1405.2/18
③
④
⑤

れでは、本幕では、「無敵(オスマン)vs無敵(チムール)」の一大決戦、アンカラの戦を詳しく見ていくことにいたしましょう。

　当時のユーラシア大陸において、ともに"向かうところ敵なし"で快進撃中の東西両雄が激突したのですから、日本でいえば、さしずめ「天下分け目の関ヶ原」といったところでしょうか。

　それではまず、両軍の布陣を見ていきましょう。

ふん！
イナカ者の狂犬が！
チムールかなんか知らんが
目にモノ見せてやるわ！

オスマン帝国　第4代
バヤジット1世

本軍

　オスマン帝国軍は、バヤジット1世（A-2）率いる親征軍（*01）。
　前幕にて、父帝(ムラート)が急死するや否や、電光石火、兄弟たちを皆殺しにし、国内の混乱をアッという間に平定、さらに、迫りくる「ヨーロッパ連合軍」をニコポリスで撃破して気炎を吐く、あの「雷帝(イュルデュルム)」です。

（*01）君主（皇帝／王）が御自ら指揮している軍隊のこと。
　　　軍の士気は上がりやすいが、その敗北は、君主の命をも脅かすことになり、一長一短。

対して、チムール帝国軍も、チムール跛行帝(D-4/5)率いる親征軍。

「チンギス家の婿(キュレゲン)」を自称していた彼は、盗賊から身を起こし、若いころに右足を負傷し、歩行が困難となるも、御歳66を迎えてもなお最前線で軍の指揮を執(と)る、老いてますます盛んな「老黄忠(ろうこうちゅう)」。

どちらも親征軍でしたから、両軍ともに、負ける気などサラサラない、やる気マンマンであることがわかります。

オスマン軍の前衛(B/C-3)には、信頼できる息子たち(長男スレイマン・次男ムーサ・三男メフメト・四男イーサ)を配し、本陣左右には、比較的忠誠度の低い被征服民の兵(黒タタール(カラ)(＊02)・アナトリア騎兵(スィパーヒー))をもって控えとします。

その数、12万。

これに対して、チムール軍の前衛(C-3/4)は、すでに息子世代ではなく、孫世代(三男の子アブー＝バクル・長男の子ムハンマド＝スルタン)が中心。

チムールの長男ウマル＝シャイフはすでに五年戦役で戦死(1394年)していましたし、次男ジャハン＝ギールは19歳の若さで病死(1376年)、三男ミーラン＝シャーは、すこし前(1399年)に謀反(むほん)まがいの事件(＊03)を起こして後衛に落とされていましたので、チムールの子で、前衛を護るのは、四男シャー＝ルーフのみでした。

その数、20万。

数の上では、チムール帝国軍が圧倒していましたが、如何(いかん)せん、チムール軍は遠征軍の身。

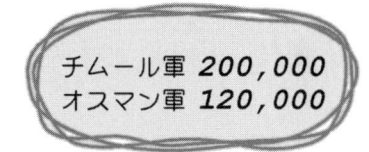

相次ぐ各地転戦と長距離の行軍で、アンカラに到着したときには、チムール兵はかなり疲弊(ひへい)していました。

> チムール軍 200,000
> オスマン軍 120,000

(＊02) 当時、アナトリア半島に住んでいたモンゴル系遊牧民のこと。当時の遊牧民たちは、それぞれ「白(アク)」か「黒(カラ)」のイメージカラーを持っていることが多かった。

(＊03) 実際「謀反」でしたが、チムールは、父として我が子を「謀反人」として処刑するに忍びなく、「息子は側近にそそのかされ、御輿に乗せられただけ」として、ミーラン＝シャー側近だけを皆殺しにし、彼に対しては、太守の地位を剝奪するだけで済ませています。

となれば！
　アンカラに到着したばかりの疲れきっている敵(チムール)軍に襲いかかれば、オスマンは楽勝！…という場面。
　しかし、雷帝(バヤジット)はそうしませんでした。
　じつは、オスマン軍もまた、チムール軍侵攻の報を聞いて、急遽(きゅうきょ)、コンスタンティノープルの包囲を解いて駆(か)けつけていたため、「兵の疲弊」という点ではチムール軍と似たり寄ったりだったためです。
　しかし、地の利（兵站(へいたん)の有利性）はオスマンにあります。
「大きな獣(けもの)ほどたくさん喰(く)らう(＊04)」もの。
　敵地で20万もの大軍を維持するのは至難。
　つまり、「長期戦では兵站(へいたん)に苦しむチムールに不利、短期戦では数に劣るオスマン(バヤジット)に不利」となるため、筆者が雷帝なら、なるべく決戦を避け、時間稼ぎをしつつ、敵(チムール)軍の兵站(へいたん)を叩くことに全力を注ぐ(＊05)ことを考えます。
　しかし、雷帝(バヤジット)はこの策も選択しませんでした。
　彼は、戦場に皇妃を連れてくるほど、チムールをナメきっていたからです。
「ふん、田舎(イナカ)の狂犬ごときが余に歯向かうとは、この身の程知らずめが！
　堂々と正面からぶつかり、ねじ伏せてくれるわ！！」
　したがって、数の上での不利など意に介することなく、1402年7月20日、夜が明けるとともに、正面から戦の火蓋(ひぶた)は切(いくさ)られることになります。
①（B-4）
　まず最初に、オスマン軍左翼（スレイマン）がチムール軍右翼（アブー＝バクル）とぶつかりました。
　しかし、これは互角の戦いがつづき、なかなか均衡が崩れません。

（＊04）「大軍になればなるほど、兵站の確保には苦労する」という比喩。
（＊05）項羽と劉邦の戦において、前線ではつねに勝ちつづけた項羽が最終的に「垓下の戦」で敗れたのは、「兵站の確保」に失敗したからでしたし、曹操と袁紹の「官渡の戦」において、大軍10万を擁する袁紹軍が大敗したのも、兵站を潰されたからでした。
　「兵站の確保」に失敗した軍は、ほぼ確実に敗れます。

② (C-2)

　そうこうしているうちに、今度は、反対側のオスマン軍右翼[*06]（メフメト）がチムール軍左翼（シャー=ルーフ）とぶつかります。

　このときのメフメトは、のちにオスマン帝国を再興させることになる人物（第5代皇帝）であり、対するシャー=ルーフも、のちにチムール最盛期へ導くことになる人物（第3代皇帝）です。

　ともに「名君」として、ほぼ同時期に皇帝の座に就くことになりますが、皇帝になったあとの2人が、直接対決することはついにありませんでした。

　名君同士の決戦は、そう滅多に見られるものではありません。

　その両者が、奇しくもここで激突したのですから、「夢の対決（ドリームマッチ）」といえるのかもしれません。

　このときは、メフメト（オスマン側）が優勢となり、シャー=ルーフ（チムール側）はジワジワと圧されはじめます。

ダメだ！ 援軍請う！
このままでは総崩れだ！

(＊06) 今回のアンカラの戦のように、部隊を2列3段に分けた場合、敵軍に近い前列を「前衛」、後列を「後衛」と言い、本陣から見て左側の部隊を「左翼」、右側の部隊を「右翼」、真ん中の部隊を「中翼（中央）」と言います。通常は「後衛中翼」に本陣が置かれます。
また、本陣の左右に配される部隊は「側衛」と言うこともあります。
政治上の概念「右翼（保守派）」「左翼（革新派）」とはまったく関係ありません。

③(D-4)
「むむ！ シャー゠ルーフのやつ、圧されておるではないか！
　これはマズイぞ！
　このまま左翼が崩壊すれば、我が軍本陣の側背が突かれてしまう！！」
　本陣から戦況の全体を見渡していた跛行帝は、ただちに左翼に援軍を出し、これを保ち堪えさせます。
　このチムールの的確な采配によって、シャー゠ルーフはなんとか小康状態に戻すことに成功します。

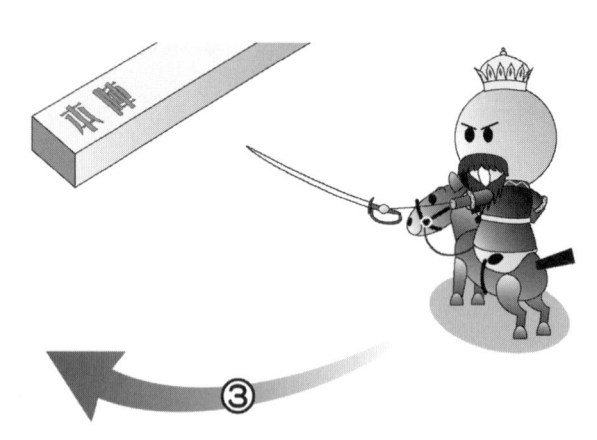

まずいっ！
左翼が総崩れしたら
本陣の側背が突かれる！
左翼に援軍を送れ！

チムール帝国　初代
チムール跛行帝

④(C-3)
　最後にぶつかったのが戦線の中翼同士。
　今度はチムール軍（ムハンマド゠スルタン）が優勢となり、数に勝るチムール軍がジワジワと押し返してきましたが、しかし全体的には、まだまだ予断を許さぬ状態がつづきます。
　チムールは徐々にイラついてきました。
「むむぅ！
　黒タタールのやつらめ、いったい何をグズグズしておるか！
　戦端が開かれたら、時を見てオスマンを裏切る手筈となっておるのに！
　まさか、このままダンマリ決め込むつもりじゃなかろうな！？」(C/D-5)

⑤（A-4）

じつは、オスマン側衛左翼の黒タタールは、チムールに通じており、開戦の暁には、オスマン軍を裏切る約定がなされていたのです。

さきほど、本アンカラの合戦を「関ヶ原の戦」に譬えましたが、まさにこのときの黒タタールが「小早川秀秋（＊07）」というわけです。

とすると、さしずめ雷帝が「石田三成」で、跛行帝が「徳川家康」、戦端を開いたスレイマン（B-4）が「宇喜多秀家」、アブー＝バクル（C-4/5）が「福島正則」と考えると、関ヶ原の戦況と奇妙なほど符合します。

さて。

「裏切り」の約定を取りつけながら、黒タタールはなかなか動きません。

チムール陣営では「何をしておる！　早く裏切れ！」とヤキモキしていましたが、黒タタールはあくまで洞ヶ峠（＊08）を決め込みます。

裏切ってみたものの、戦況がオスマンに傾いたのでは、それこそ黒タタールはオスマン軍に囲まれて全滅させられかねません。

（＊07）豊臣秀吉の正妻（ねね）の兄（木下家定）の子で、一時は、秀吉の養子にまでなっていたことがあったにもかかわらず、関ヶ原ではあっさり東軍（徳川）に寝返ったことで有名。
今日に至るまで、「裏切者」と「優柔不断」の代名詞。

（＊08）京都と大阪の国境にある峠。本能寺の変のあと、山崎（天王山）の合戦において、筒井順慶がここから戦況を窺い、勝ち馬に乗ろうと算段した、という謂れのある地。

こうした日和見なところも、「小早川秀秋」によく似ています。
しかし、ついに黒タタールが重い腰を上げます。
小早川秀秋がそうしたように。
大混乱に陥ったのは、スレイマン軍（オスマン左翼）。
目の前のアブー＝バクル軍（チムール右翼）にも手こずっているのに、ここにきて、突如、背後から襲われたのですから。

⑥（B/C-1）
　すると、このタイミングで、アナトリア騎兵（B/C-1/2）まで裏切ります。

⑦（C/D-1）＆（A-4）
　これにより、挟撃される形となったスレイマン軍もメフメト軍もアッという間に崩壊しはじめます。
　これは、小早川秀秋の裏切りを前に、それまでの均衡が一気に破れ、大谷吉継隊、宇喜多秀家隊、小西行長隊と、ドミノ倒しのようにつぎつぎ崩壊していった様子と酷似します。
　メフメトは、
「ここは命あってのモノダネだ！　三十六計逃げるに如かずっ！！」
…とばかりに、父帝も見棄て、一目散に逃げだします。

⑦
アナトリア騎兵の裏切りで
軍が瓦解してしまった！
命あってのモノダネだ！
ここは逃げるっ！！

バヤジット三男
メフメト

　ここで、ややもすると、「父君でもある主君を見棄てて逃げだすとは何事！」という日本人的美徳感情が湧いてくるかもしれません。

実際、同じような状況に陥った大谷吉継は、最後まで戦い抜き、
「うぉのれ、金吾っ！！」（＊09）
豊臣恩顧の身にありて、この土壇場での寝返りは、まさに人面獣心なり！
かならずや３年のうちに祟りを成さん！！」（＊10）
…と叫んで割腹自決しています。

しかしながら。

このとき、メフメトが「父帝を見棄てて逃げた」との汚名を負ってでも逃げ果せたことは、長い目で見ればオスマンにとって「吉」だったといえるかもしれません。

この大敗北によって、オスマン帝国は滅亡に追い込まれますが、それを見事復興させた人物こそが、彼だったのですから。

ここで彼がヤケクソになって、「全員討ち死に覚悟で突撃〜っ！！」とやっていたら、その後のオスマン帝国500年の繁栄はなかったかもしれません。

そういえば、関ヶ原でも、西軍が総崩れしはじめたとき、東軍数万に包囲されたのが、島津義弘隊。

このときすでに、島津義弘の手勢はわずかに300。

まわりは数万の東軍。

しかし彼は、それでも「もはやこれまで！」と破れかぶれになることなく、最後まで生き延びる道を考え、なんと、正面の福島隊に中央突破を図り、見事に成功します。

これを「島津の退き口」と言い、現在に至るまで語り草となっているほど。

このときもし、島津義弘がヤケクソになって討ち死にしていたら、その後の歴史はどうなっていたでしょうか？

（＊09）「金吾」というのは、小早川秀秋の官職名「左衛門督」の唐名「執金吾」に由来する呼び名。ちなみに、後漢の初代皇帝・光武帝が、若いころ将来の夢を語った言葉に「仕官するなら執金吾、嫁を娶らば陰麗華」というのがあり、「執金吾」が当時の若者のあこがれの職だったことがわかります。

（＊10）実際、小早川秀秋は、この２年後に急死しています。大谷吉継の祟りでしょうか。

おそらくは、島津家は「断絶」。
そうなっていれば、明治維新もどうなっていたことか。
島津義弘（しまづよしひろ）が、関ヶ原から逃（お）せたことで、島津家は徳川幕府の下を生き抜き、260年後になって、見事、徳川を滅ぼし、関ヶ原の怨（うら）みを晴らせた、といえるかもしれません。(＊11)
「最終的な勝利」のためには、時に「逃げる」ことも大切です。
さて。
オスマン帝国軍の両翼が潰滅（かいめつ）してしまいますと、もはや、どうしようもありません。
バヤジット１世も逃げだしましたが、時すでに遅し、捕縛されてしまいます。

ジクジョ〜〜！

捕縛

オスマン帝国 第4代
バヤジット1世

「討死（うちじに）」ではなく「捕縛」という点も、石田三成とよく似ています。
しかし、捕縛されたあとの２人の経緯はだいぶ異なります。

(＊11) そういえば、明治維新の中枢を担った薩摩・長州は、西軍。
　　　土佐藩の場合は複雑で、関ヶ原前の土佐の支配者は、西軍についた長宗我部氏。
　　　関ヶ原後の土佐の支配者は、東軍についた山内氏。
　　　幕末になって志士を多く輩出したのは、やはり、土佐の上士（東軍についた山内系家臣団）
　　　ではなく、郷士（西軍についた長宗我部系家臣団）でした。

108

石田三成は、処刑場に連行される中、こう言っています。
「のどが渇いた。水を所望したい」
—— あいにく水はない。柿ならあるから、これでのどを潤すがよかろう。
「柿なら要らん」
—— なにゆえじゃ？　柿でものどの渇きを潤せように？
「柿は"痰の毒"と申すゆえ」
—— わはははははは！
　今これから処刑される者が「痰の毒」を心配することもなかろう！
「たわけ。大志ある者は、最期の最期まで諦めぬものだ」
　この言葉に彼の「首を落とされるその瞬間までけっして諦めぬ気概」が顕れていますが、これに対し、バヤジットは違いました。
　彼（バヤジット）は、捕縛された屈辱に耐えかね、絶望し、一説には、牢の石壁に頭を叩きつけて自ら命を絶ったともいわれています。（＊12）
　折りしも、帝（バヤジット）の身柄を引き取るための身代金交渉が進展している最中のことだったので、生きていれば、生還も可能だったかもしれないのに。
　最期の瞬間まで諦めなかった石田三成とは大違いです。
　いずれにせよ、彼（バヤジット）の死によって、オスマン帝国はいったん滅亡することになります。

（＊12）他にも、病死説、服毒自殺説、いろいろあり、よくわかっていませんが。

Column 死中に活

　関ヶ原において、小早川秀秋の裏切りを境に、西軍総崩れとなったとき、石田三成は捕縛され、島津義弘は逃げ果すことができました。
　この違いはどこから来たのでしょうか。
　兵法においては、「敵の弱点」を狙うのが定石ですが、こちらが絶体絶命の危機に陥ったときには、むしろ敵のもっとも強いところを攻めることによって、「死中に活」が見出されることがよくあります。
　窮地に陥った島津義弘は叫びます。
　「東へ向かって撤退する！」
　後方の西ではなく、敵軍が殺到してきている東に向かって撤退しようというのですから、正気の沙汰とは思えません。
　しかし、これによって島津は「死地に活路」を見いだし、西へ逃げだした石田三成は捕縛されています。
　場面が変わって、300年後の日清戦争における黄海海戦。
　激戦の中で、日本艦隊の「比叡」以下3隻の艦が孤立化してしまったことがありました。
　ここぞとばかり、清朝艦隊が殺到し、「比叡」は絶体絶命に！！
　右舷方向から迫る清艦隊に面舵（右折）を取れば、敵艦隊に突っ込んでいってしまいますから、ふつうは、取舵（左折）を取って逃げます。
　ところが、「比叡」艦長の櫻井規矩之左右少佐は、叫びます。
　「面舵！！」
　これを見た清朝艦隊は我が目を疑います。
　「難、難以相信（し、信じられん）！！」
　しかし、清朝艦隊の懐に割って入ったことで、同士討ちを懼れた清朝艦隊は思うように斉射できなくなり、「比叡」は火ダルマになりながらも生還することに成功します。
　まさに「死中に活」「虎穴に入らずんば虎児を得ず」。
　「攻めの姿勢が窮地を救うことがある」と歴史は教えてくれます。

第2章 オスマン帝国の隆盛

第6幕

新たなるバトルロイヤル
オスマン帝国の崩壊

敗れるなどとは夢にも思っていなかった。しかし、チムール帝国を前に大敗を喫したのは、やはりバヤジット1世の「慢心」ゆえであろう。帝国内に敗戦の報が拡がるや、各地で叛乱が相次ぎ、帝国は崩壊していく。しかし、その4人の息子たちはまだ諦めてはいなかった。各地に割拠し、帝国の再建に尽力しはじめる。

父上の遺志を引き継ぐのはオレだ！
だが、こんな片田舎に拠っていたのではどうにもならん！
帝国発祥ブルサを手に入れるっ！

バヤジット三男
メフメト
1374 - 1421

〈オスマン帝国の崩壊〉

独立

ワラキア公
ミルチャ1世（復位）
1397 - 1418

ワラキア公国

独立

セルビア王国

とりあえず、チムールに服属する代わりに帝都エディルネに拠ることを認められたのだが…前途は多難だな…

バヤジット長男
スレイマン
13?? - 1411

新都エディルネ■

■旧都ブルサ

3人の兄者から包囲される形になっちゃった…

バヤジット四男
イーサ
13?? - 1405

新都エディルネをねらうか！

うんちく

長男スレイマン：ソロモン
次男ムーサ：モーゼ
三男メフメト：ムハンマド
四男イーサ：イエス

第6幕 オスマン帝国の崩壊

1402年

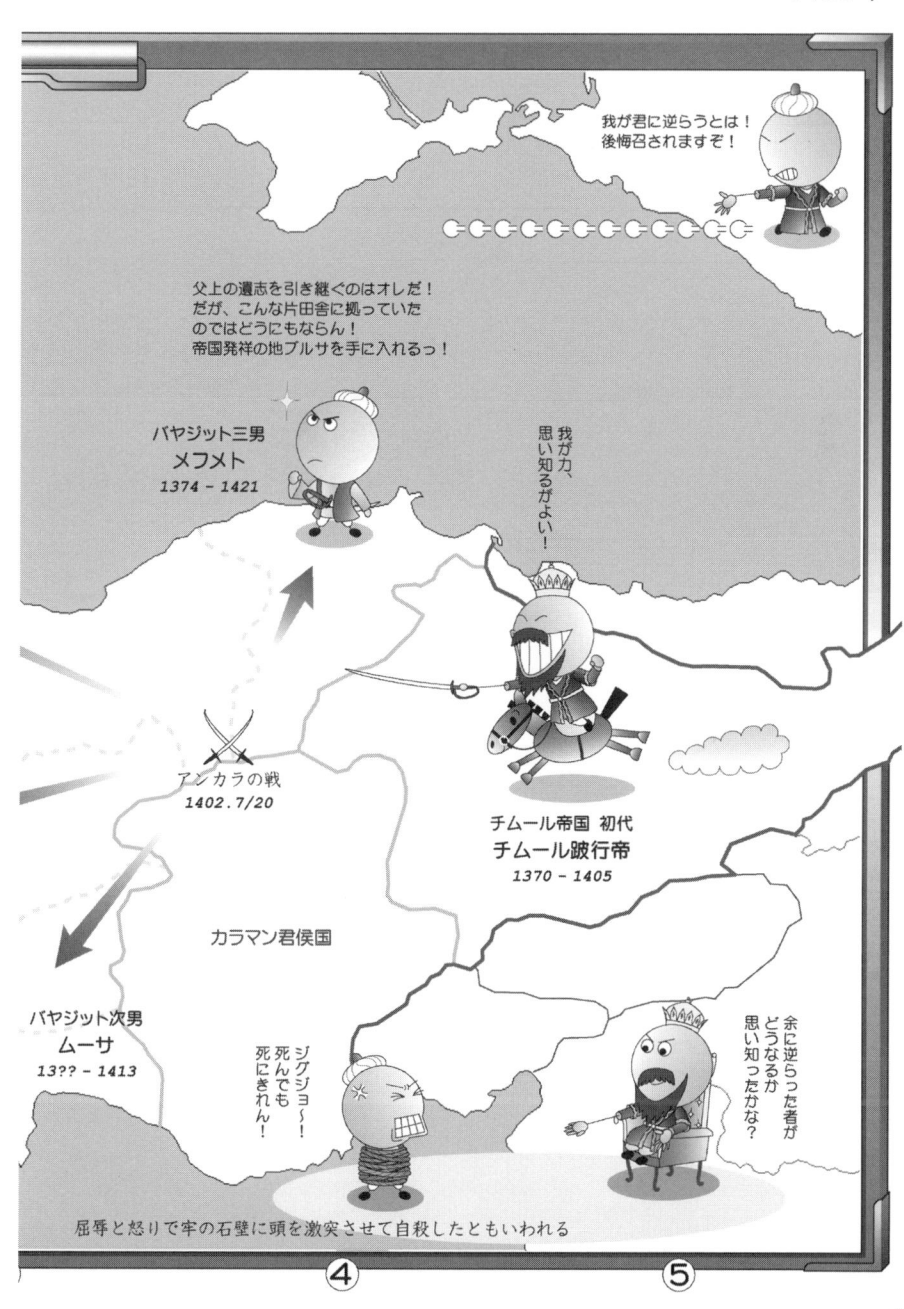

我が君に逆らうとは！
後悔召されますぞ！

父上の遺志を引き継ぐのはオレだ！
だが、こんな片田舎に拠っていた
のではどうにもならん！
帝国発祥の地ブルサを手に入れるっ！

バヤジット三男
メフメト
1374 ~ 1421

我が力、
思い知るがよい！

アンカラの戦
1402.7/20

チムール帝国 初代
チムール跛行帝
1370 ~ 1405

カラマン君侯国

バヤジット次男
ムーサ
13?? ~ 1413

ジグジョー！
死んでも
死にきれん！

余に逆らった者が
どうなるかが
思い知ったかな？

屈辱と怒りで牢の石壁に頭を激突させて自殺したともいわれる

④　　　　　　　　　　⑤

第1章 オスマン帝国の勃興 / 第2章 オスマン帝国の隆盛 / 第3章 サファヴィー朝・ムガール帝国の勃興 / 第4章 イスラーム三國志（興隆期）/ 第5章 イスラーム三國志（絶頂期）

113

対 ヨーロッパ戦では無敵を誇ったオスマン帝国でしたが、チムール帝国の前にあっさり敗れてしまいました。(C-4)

結果だけを見れば「大敗」でしたが、オスマンにも勝機はありました。

しかし、前幕でも見てまいりましたように、バヤジット1世は、せっかくの"勝機"をことごとく見逃してしまったのです。

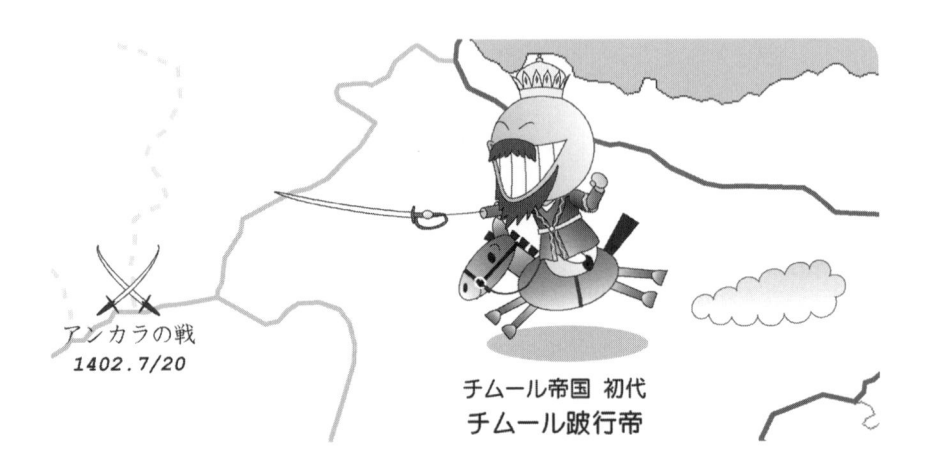

アンカラの戦
1402.7/20

チムール帝国 初代
チムール跛行帝

バヤジット1世といえば、「雷帝(イュルデュルム)」との異名を取るほどの男です。
ここに至るまで、それなりの実績を上げてきています。
けっして無能な男ではありません。
にもかかわらず、この有様(ザマ)。
筆者は、敗因の最たるは、バヤジット1世の慢心にあったと考えています。
ここに至るまであまりにも勝ちすぎた。それゆえの慢心。(*01)

(*01)「日清・日露戦争」であまりにも勝ちすぎたことで、「日本は神国である!」「神国日本がどんな敵だろうが敗けるはずがない!」と慢心し、無謀な戦争へと驀進していった日本を思い起こさせます。1905年、連合艦隊の解散式の際、連合艦隊司令長官の東郷平八郎は、このことを予見し、その告別の辞で、「勝って兜の緒を締めよ」と締めくくりましたが、その声は、戦勝に熱狂する日本人の耳には届きませんでした。

「オスマン軍潰滅！」
「バヤジットはチムール軍に捕縛されたらしい！」
…の報が帝国内を駆け巡るや、オスマン帝国内の各地に叛乱が勃発します。

　アナトリア半島では、まだ３年前にオスマンに服属したばかりで、オスマンの支配体制が行き届いていなかったカラマン（C/D-4）やエレトナ（C-4/5）がただちに独立。

　バルカン半島では、セルビア（A/B-1）がステファン(*02)公によって、ワラキア（A-2）がミルチャ老公によって、ぞくぞくと独立を果たし、帝国はアッという間に崩壊していきます。(*03)

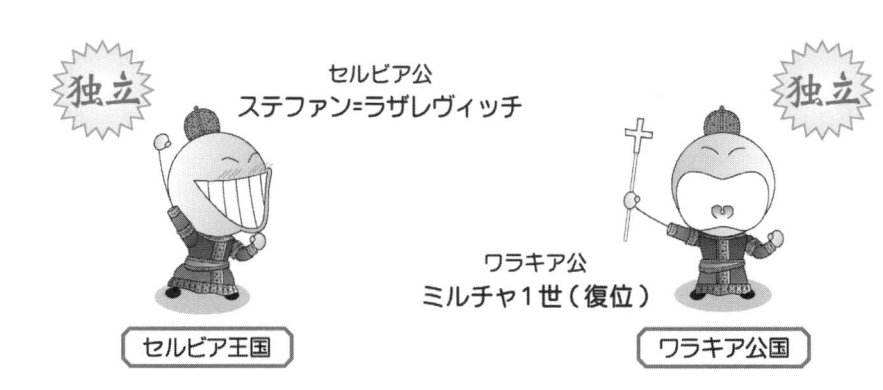

独立
セルビア公
ステファン＝ラザレヴィッチ
セルビア王国

独立
ワラキア公
ミルチャ１世（復位）
ワラキア公国

　前幕でも触れましたが、囚われの身となったバヤジット１世は、一説には、「屈辱のあまり、石牢の壁に自ら頭を叩きつけて自害した」ともいわれ（D-4）、支柱を失った帝国は分解し、その息子たちは、各地に散らばり、しばらく雌伏を余儀なくされました。

(*02) コソヴォポリエの戦（1389年）のときのセルビア公（ラザル）の息子。
　　　戦で父親ラザル公が捕虜となり処刑されたあと、オスマンに服属していました。

(*03) 規模が急速に大きくなった組織は、ハタから見てどんなに強大に思えても、実態は「砂山」のようにモロいもの。ひとたび亀裂が入れば、アッという間に崩れ落ちるものです。急速に規模を拡大したベンチャー企業がアッという間に倒産するのもそれ故です。

バヤジット4兄弟は、それぞれ

- 長男　スレイマン（B-2）は、エディルネ（旧オスマン帝都）
- 次男　ムーサ　　（D-3）は、キュタヒヤ（旧ゲルミヤン領）
- 三男　メフメト　（B-4）は、アマスィヤ（旧ジャンダル領）
- 四男　イーサ　　（C-2）は、　ブルサ　（旧オスマン発祥）

…に拠りながら、「オスマン帝国の再興」を目指します。

　この"苦難の時"にあって、血を分けたバヤジット4兄弟が、「ひとつの夢」に向かって邁進していくのですから、兄弟が互いに手に手を取り合い、"血の団結"をもって国を盛り立てていくのか、と思いきや。

　彼ら4兄弟は、これから壮絶な殺し合いを演じることになります。

　さすが"バヤジットの息子たち"というべきか。[*04]

　このバトルロイヤル[*05]は、誰が栄冠を勝ちとるのか。

（＊04）父君バヤジット1世が、その即位にあたって、自分の兄弟たちを皆殺しにしたことはすでに触れました。トルコ系王朝では珍しくないことなのですが。

（＊05）実際には、「バトルロイヤル」とはならずに、「トーナメント戦」のような展開になりますが。詳しくは、次幕にて。

第2章 オスマン帝国の隆盛

第7幕

繁栄への礎は築かれた
オスマン帝国の再建

アンカラの戦での敗北により、オスマン帝国はあっけなく崩壊した。しかし、バヤジットの息子たちが帝国復興に努力、そのひとりが見事にそれを実現させることに成功する。しかし、アンカラ敗戦により帝国の負ったキズは深く、これを癒し、戦前の旧領を回復するのに、第5代・第6代と2代の時間を要することになる。

父上の遺志を引き継ぐのはオレだ！
だが、こんな片田舎に拠っていたのではどうにもならん！
帝国発祥の地ブルサを手に入れるっ！

バヤジット三男
メフメト

〈オスマン帝国の再建〉

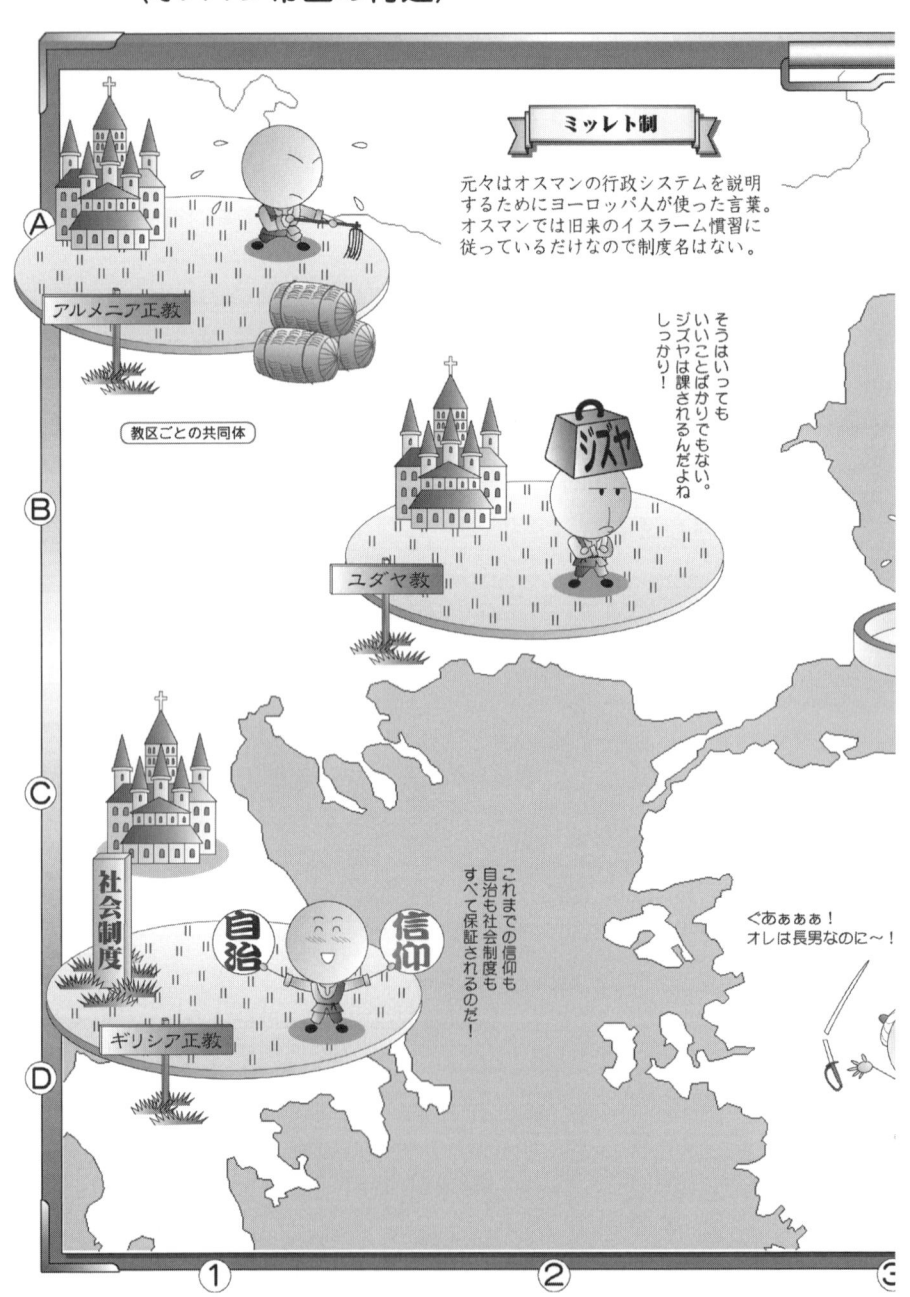

ミッレト制

元々はオスマンの行政システムを説明するためにヨーロッパ人が使った言葉。オスマンでは旧来のイスラーム慣習に従っているだけなので制度名はない。

アルメニア正教

教区ごとの共同体

そうはいってもいいことばかりでもない。ジズヤは課されるんだよね。しっかり！

ユダヤ教

社会制度 自治 信仰

ギリシア正教

これまでの信仰も自治も社会制度もすべて保証されるのだ！

ぐあぁぁぁ！オレは長男なのに〜！

118

第7幕 オスマン帝国の再建

15世紀前半

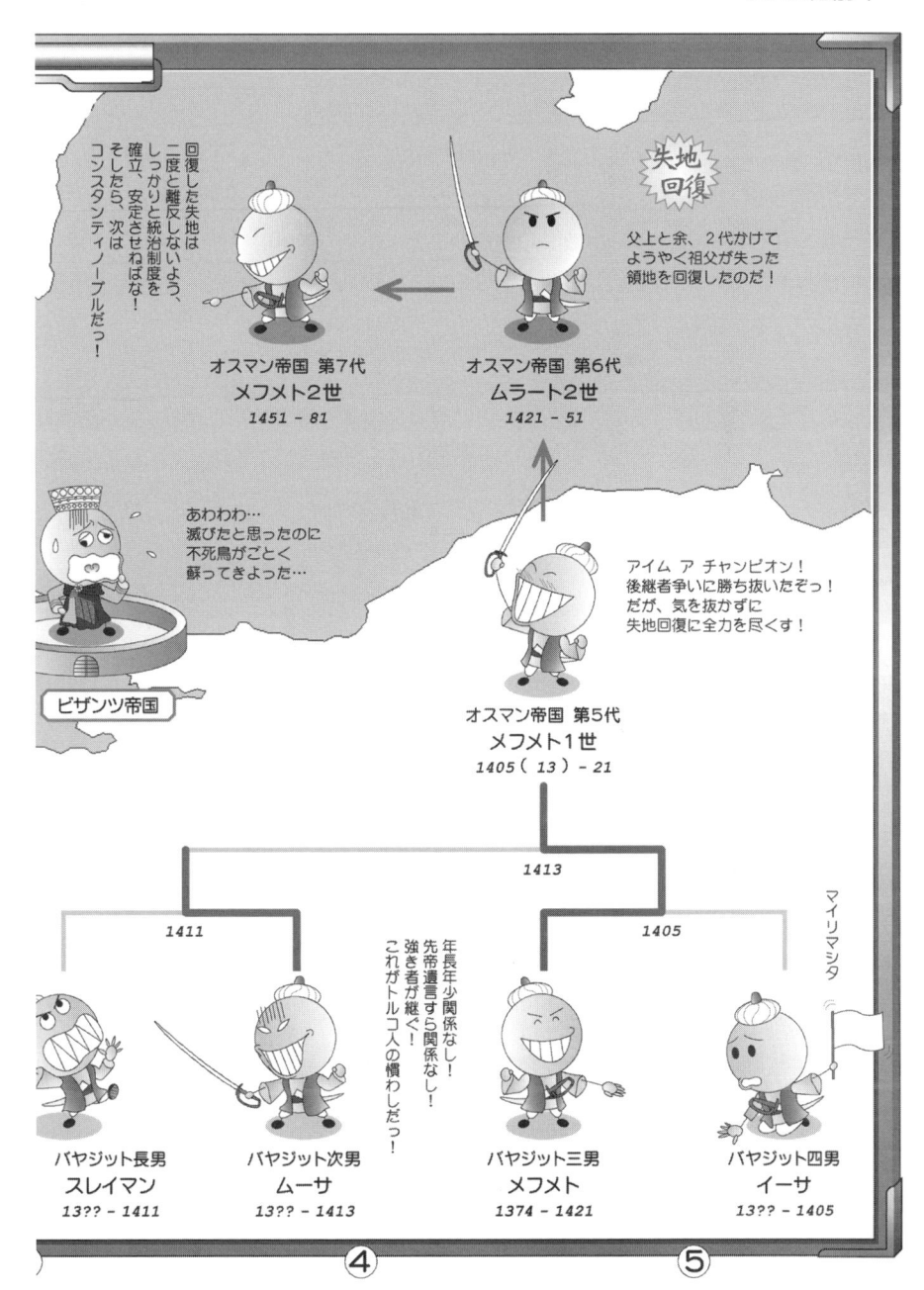

オスマン帝国 第7代 メフメト2世 1451－81

回復した失地は二度と離反しないよう、しっかりと統治制度を確立し、安定させねばな！そしたら、次はコンスタンティノープルだっ！

オスマン帝国 第6代 ムラート2世 1421－51

失地回復

父上と余、2代かけてようやく祖父が失った領地を回復したのだ！

ビザンツ帝国

あわわわ…滅びたと思ったのに不死鳥がごとく蘇ってきよった…

オスマン帝国 第5代 メフメト1世 1405（13）－21

アイム ア チャンピオン！後継者争いに勝ち抜いたぞっ！だが、気を抜かずに失地回復に全力を尽くす！

1413

1411　　　　　　　　　　　　　　　1405

マイリマシタ

年長年少関係なし！先帝遺言すら関係なし！強き者が継ぐ！これがトルコ人の慣わしだっ！

バヤジット長男 スレイマン 13??－1411

バヤジット次男 ムーサ 13??－1413

バヤジット三男 メフメト 1374－1421

バヤジット四男 イーサ 13??－1405

第1章 オスマン帝国の勃興
第2章 オスマン帝国の隆盛
第3章 サファヴィー朝 ムガール帝国の勃興
第4章 イスラーム三國志（興隆期）
第5章 イスラーム三國志（絶頂期）

119

オスマン帝国は、いったんは滅びました。

されども、そもそも「君主国」というものは、「国」そのものがいったん解体しても、「王(帝)族」の生き残っている限り、たちまち復興してくるのも珍しくありません。(*01)

今回も、バヤジット1世の息子たちは、旧領の各地に割拠し、帝国再興を目指すことになります。

まず、在りし日のオスマン帝国の新都「エディルネ」を押さえたのが長男スレイマン。

そして、その旧都「ブルサ」を押さえたのが四男イーサ。

この4兄弟の中で、「中央」を押さえたこの2人が一歩リードしているように見えます。

しかし、先にも触れましたように、「戦国の世」を勝ち抜くのは、たいてい地方勢力だったりします。

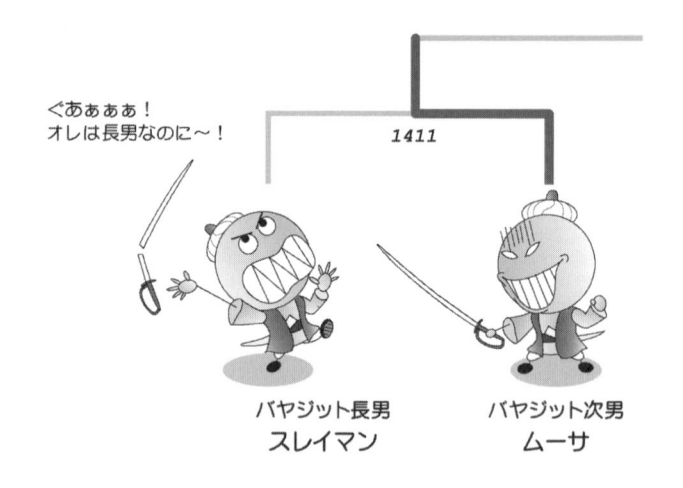

ぐあぁぁぁ！
オレは長男なのに〜！

1411

バヤジット長男
スレイマン

バヤジット次男
ムーサ

(*01) たとえば、本書でも頻出している「ビザンツ帝国」もそうでした。
この国も第4次十字軍の侵攻を受けて、1204年、いったん滅亡しています。
しかし、帝族たちが地方に落ち延びて割拠し、亡命政権(ニケーア帝国・トレビゾンド帝国・エピロス帝国)を造り、やがて、帝国再興を成し遂げます。
このころ、オスマンが包囲していたビザンツは、その「再興後のビザンツ帝国」です。

第7幕 オスマン帝国の再建

今回も例外ではありませんでした。(＊02)

まず、1405年、三男メフメトが旧都(ブルサ)を押さえるイーサを倒し(D-5)、つぎに、1411年、次男ムーサが新都(エディルネ)を押さえるスレイマンを倒します(D-3/4)。

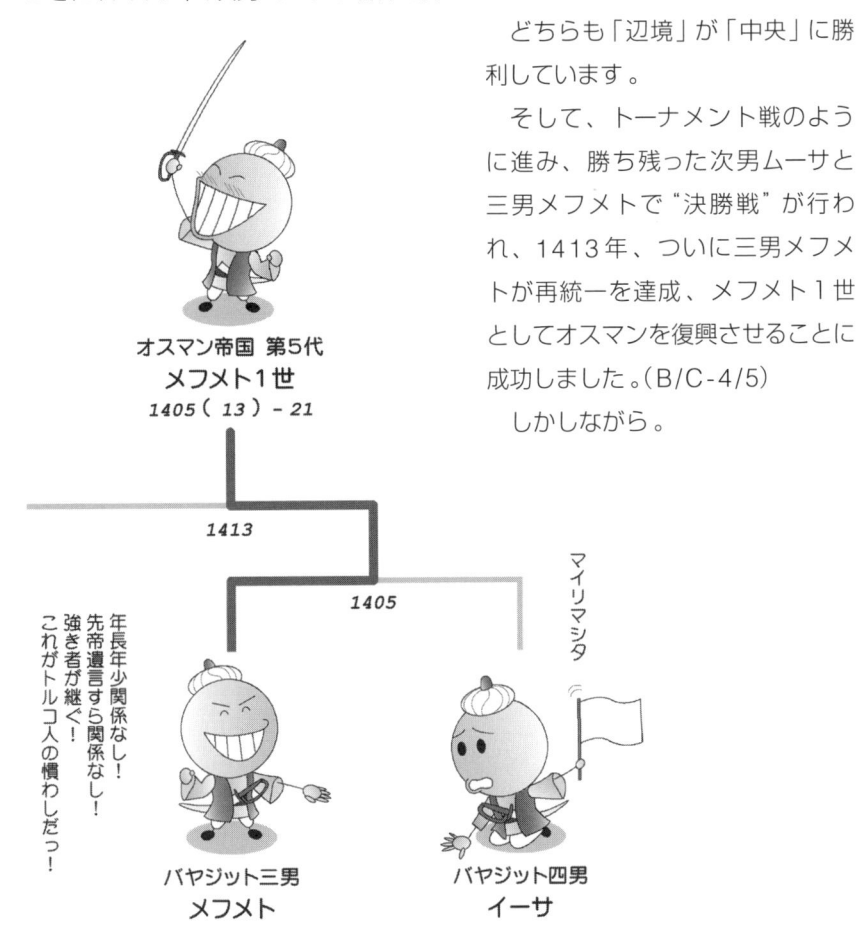

どちらも「辺境」が「中央」に勝利しています。

そして、トーナメント戦のように進み、勝ち残った次男ムーサと三男メフメトで"決勝戦"が行われ、1413年、ついに三男メフメトが再統一を達成、メフメト1世としてオスマンを復興させることに成功しました。(B/C-4/5)

しかしながら。

オスマン帝国 第5代
メフメト1世
1405(13)-21

1413

1405

マイリマシタ

バヤジット三男
メフメト

バヤジット四男
イーサ

年長年少関係なし！
先帝遺言すら関係なし！
強き者が継ぐ！
これがトルコ人の慣わしだっ！

(＊02) ただし、前王朝の王族とその権威がまだ残っている場合は、その限りではありません。
　　　その場合は、前王朝の王族を保護した者が有力になります。
　　　例：[中国] 三国時代の魏の曹操は、後漢王朝最後の皇帝・献帝劉協を保護
　　　　　[日本] 戦国時代の織田信長は、室町幕府最後の将軍・足利義昭を保護

121

「帝国復興」とはいっても、やはり敗戦のキズは深く、そのキズが癒えるまで、メフメト1世・ムラート2世（A-4/5）の2代にわたり、国力と失地の回復に尽力しなければなりませんでした。

したがいまして、端（ハタ）から眺めていますと、この2人の皇帝は「ただ戦（アンカラ）前の状態に戻しただけ」で、あまり見るべきものがないように感じます。

高校の世界史教科書程度では、この2人がまったく取り上げられないのもそのためですが、もし、彼らが無能であったならば、オスマンが再興することも、失地回復することもなく、ひいては、これから500年にわたるオスマンの繁栄もあり得なかったわけで、その「礎（いしずえ）を築いた」という意味では、たいへん優秀で歴史的意義の高い皇帝たちです。（＊03）

さて。

この2人の皇帝によって、ようやく国内が安定したのを受けて登場したのが、メフメト2世（A-4）。

彼の時代から、ふたたび「オスマン帝国の快進撃」が再開されることになります。

ところで。

オスマン帝国が、バルカン半島を中心とした異教徒（ジンミー）たちを支配する統治システムに「ミッレト制」（A-2）

（＊03）たとえば、漢の武帝（7代）の繁栄・活躍はあまりにも有名ですが、じつは初代高祖が亡くなったあと、呂后（高祖の皇太后）の専横によって、王朝が混乱したことがあります。
呂后亡き後、文帝（5代）・景帝（6代）の2代にわたって国力の回復に力を注ぎ、それを受けて即位したのが武帝です。武帝の活躍は、文帝・景帝のすぐれた政治手腕があったればこそであり、彼らの礎なくして武帝の活躍はあり得ません。

というものがあります。

これは、
- 異教徒の地域を「アルメニア正教区（A-1）」、「ユダヤ教区（B-2）」、「ギリシア正教区（C/D-1）」など、宗教ごとの共同体(ミッレト)に分け、
- それぞれに従来どおりの「社会制度」「信仰の自由」、そして「自治」を与え、イスラームの強制などはしない

…というもの。

もちろん、異教徒(ジンミー)である以上、不信仰税(ジズヤ)は払わなければなりません(＊04)が、大した額でもなく、それさえ払えば、あとは従来の社会制度・宗教・政治・文化がそのまま保護されるのですから、オスマン帝国に組み込まれる「前」と「後」で、住民の生活はほとんど変わりません。

イスラームの信仰を前に、戦々恐々としていた彼らは胸をなでおろす心境だったことでしょう。

そうはいっても
いいことばかりでもない。
ジズヤは課されるんだよね
しっかり！

ジズヤ

ユダヤ教

(＊04)「イスラームに改宗しなければジズヤを支払わされるのだから、それだって立派な宗教弾圧だ！」という声が聞こえてきそうですが、そうではありません。人によっては「命よりも大切」な信仰を、「ちっとばかりの税金」で解決できるのですから、むしろありがたいくらいです。逆にいえば、そんな少々の税金払うのが惜しくて転ぶ（改宗する）ような輩は、所詮「からし種ひと粒」ほどの信仰心もなかった、ということになります。

そのため、ほとんど抵抗らしい抵抗もなく、スムーズにオスマン支配が浸透していくことになり、この「ミッレト制」は、オスマン帝国隆盛の重要な鍵(キー)になります。(＊05)

　ところが、これまで、オスマン支配を支える、この「ミッレト制」が、「メフメト２世によって始められた」と信じられてきました。

　しかし、これは不自然なことです。

　なんとなれば、この「ミッレト制」と呼ばれる統治システムは、イスラームが初めて異教徒(ジンミー)を支配した正統カリフ時代からずっと行われてきたことで、メフメト２世は単に「従来からの統治システム」を踏襲したにすぎないからです。

　じつは、この「メフメト２世から始まった」というのは、白人史家のまったくの誤解だったことが近年判明してきました。

　さて。

　こうして帝国を安定に導いたメフメト２世は、いよいよ始祖(オスマン)以来の宿願「コンスタンティノープル征服」を目論むことになります。

あわわわ…
滅びたと思ったのに
不死鳥がごとく
蘇ってきよった…

ビザンツ帝国

(＊05) 国家に限らず、安定的に組織が拡大するための重要な要素は「いかに変化を少なくするか」です。企業などでも、効率性だけを重んじて、旧来の方法を全否定すると、すぐに崩壊が始まります。

第2章 オスマン帝国の隆盛

第8幕

驚愕の越丘作戦
コンスタンティノープル落城

古代ローマ帝国の滅亡以来、千年以上にわたって東地中海に君臨してきたビザンツ帝国にも、ついに落日の日がやってきた。すでに昔日の面影はなく、コンスタンティノープルとその周辺を支配するだけの「点」のような国家に落ちぶれ果てていた。しかし、痩せても枯れてもビザンツ帝国！ここに最後の決戦は始まった！

常識に囚われるのは愚者の証！
常識を打ち破る者だけが
新しい時代を切り拓く資格を
得るのだっ！
船が海を行くとは限らんさ！

〈コンスタンティノープル落城〉

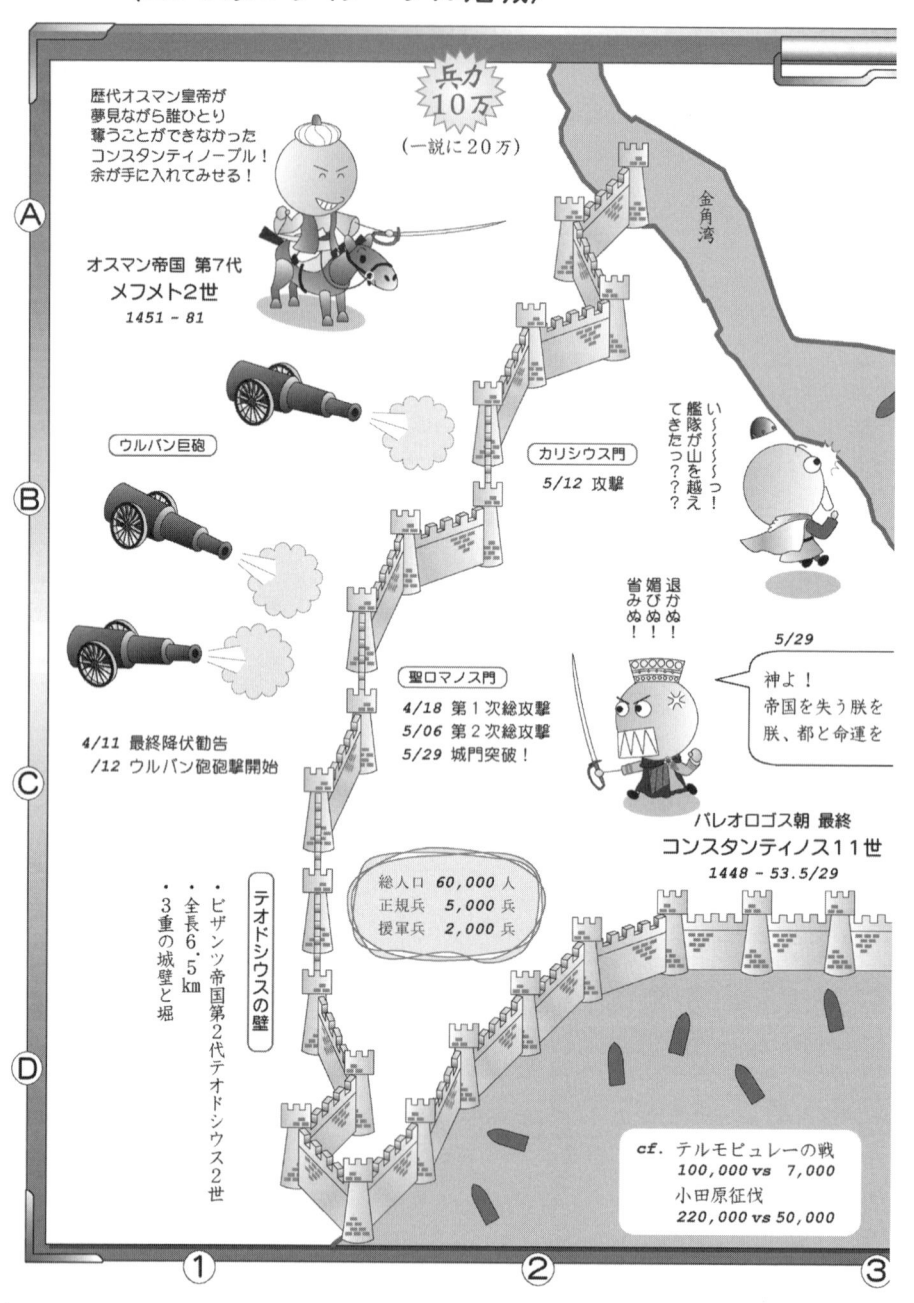

兵力 10万
(一説に20万)

歴代オスマン皇帝が夢見ながら誰ひとり奪うことができなかったコンスタンティノープル！余が手に入れてみせる！

オスマン帝国 第7代
メフメト2世
1451 - 81

ウルバン巨砲

カリシウス門
5/12 攻撃

い～～～っ！艦隊が山を越えてきたっ？？

聖ロマノス門
4/18 第1次総攻撃
5/06 第2次総攻撃
5/29 城門突破

4/11 最終降伏勧告
/12 ウルバン砲砲撃開始

退かぬ！媚びぬ！省みぬ！！！

5/29
神よ！帝国を失う朕を朕、都と命運を

パレオロゴス朝 最終
コンスタンティノス11世
1448 - 53.5/29

金角湾

テオドシウスの壁
・ビザンツ帝国第2代テオドシウス2世
・全長6.5km
・3重の城壁と堀

総人口 60,000人
正規兵 5,000兵
援軍兵 2,000兵

cf. テルモピュレーの戦
100,000 vs 7,000
小田原征伐
220,000 vs 50,000

第8幕 コンスタンティノープル落城

1453年

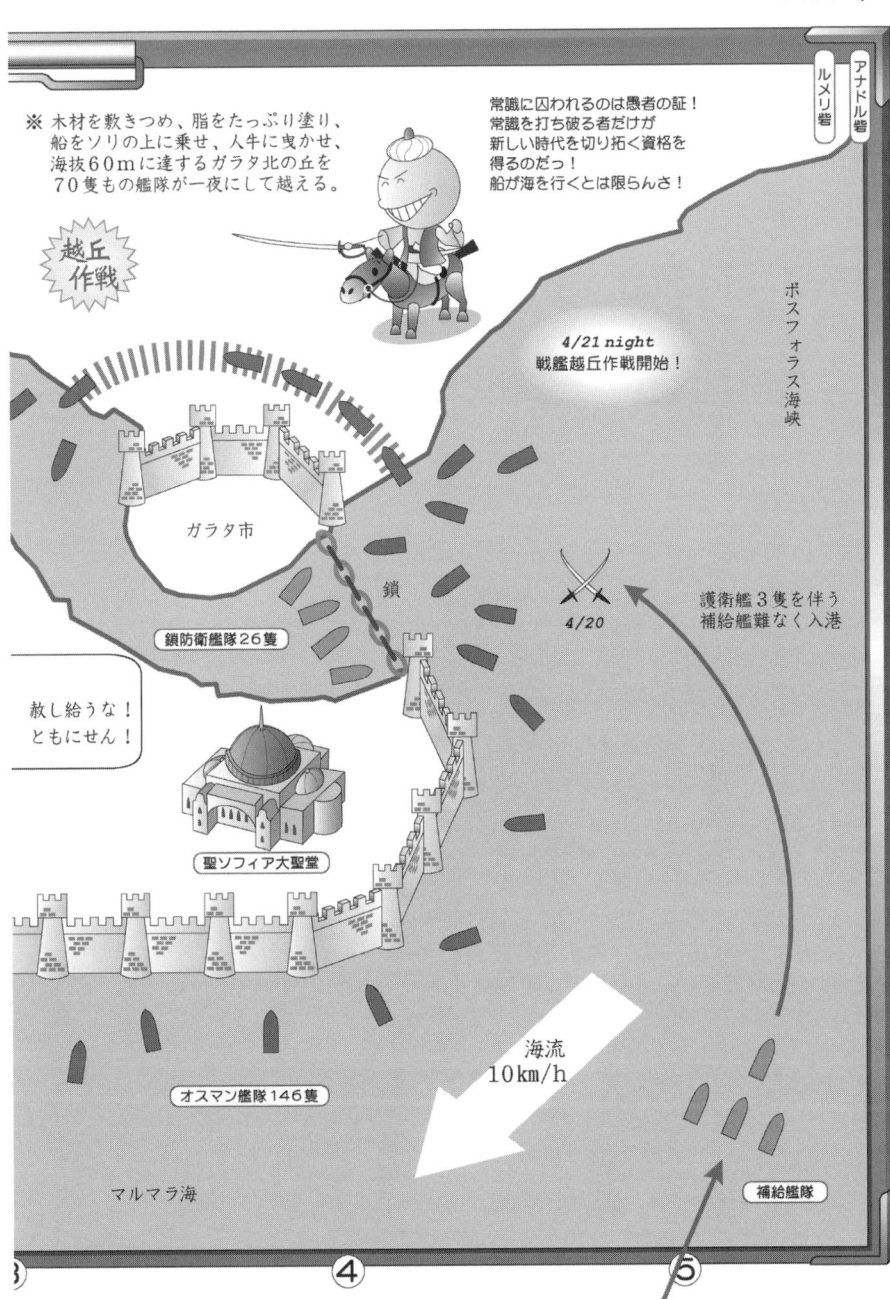

※ 木材を敷きつめ、脂をたっぷり塗り、船をソリの上に乗せ、人牛に曳かせ、海抜60mに達するガラタ北の丘を70隻もの艦隊が一夜にして越える。

常識に囚われるのは愚者の証！
常識を打ち破る者だけが新しい時代を切り拓く資格を得るのだっ！
船が海を行くとは限らんさ

越丘作戦

ルメリ砦
アナドル砦

ボスフォラス海峡

4/21 night
戦艦越丘作戦開始！

ガラタ市

鎖
鎖防衛艦隊26隻

4/20

護衛艦3隻を伴う補給艦難なく入港

聖ソフィア大聖堂

赦し給うな！
ともにせん！

オスマン艦隊146隻

海流
10km/h

マルマラ海

補給艦隊

③ ④ ⑤

第1章 オスマン帝国の勃興
第2章 オスマン帝国の隆盛
第3章 サファヴィー朝・ムガール帝国の勃興
第4章 イスラーム三國志（興隆期）
第5章 イスラーム三國志（絶頂期）

127

諸行無常。驕れる者は久しからず。猛き者も遂には亡びぬ。

古代ローマ帝国滅亡後、1000年にわたって東地中海に君臨してきたビザンツ帝国も、ついに「その時」を迎えます。

このときには、すでにコンスタンティノープルとその周辺を支配するだけの都市国家レベルまで落ちぶれ果ててはいましたが、なんといってもコンスタンティノープルは「難攻不落」。

これまでも、歴代オスマン皇帝は何度も何度もこれを包囲、攻め立てましたが、すべてこれを跳ね返してきた大城塞です。

まずは、その君府（コンスタンティノープル）全容を見ていきましょう。

パネル地図をご覧いただいてもおわかりになりますように、君府（コンスタンティノープル）は、三角形に近いかたちをしていて、その東端あたりに、あの有名な「聖ソフィア（ハギア）大聖堂（C-4）」があります。

そして、
- その東端は、ボスフォラス海峡（A/B-5）に面し、
- その北側は、金角湾（ゴールデンホルン）（A/B-3）に面し、
- その南側は、マルマラ海（D-2/3/4）に面しており、

三方を海に囲まれた、まさに"自然の要害"を成していました。

城外

76cm　500kg

8.2m

ウルバン砲

外壁

2m

回

外濠

10m

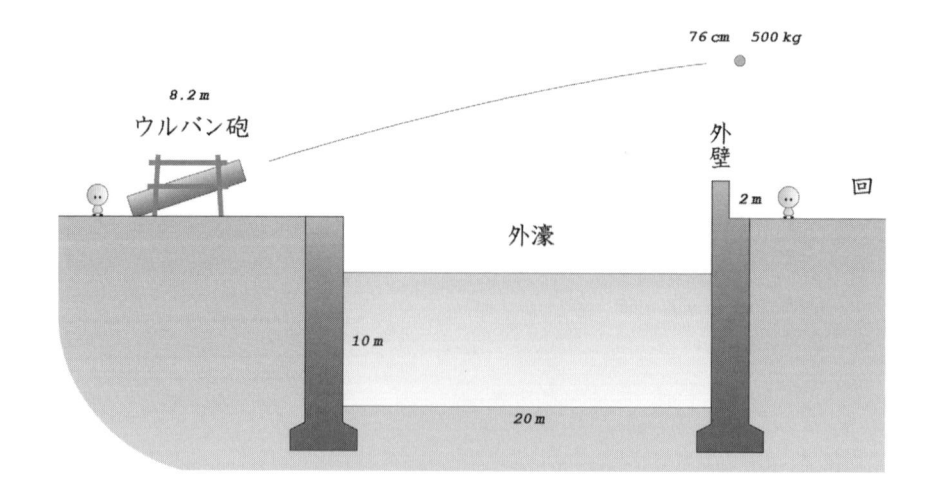

20m

したがって、マルマラ海に面したところにも一応城壁は造りましたが、敵艦から上陸できない程度のものでよかったため、それほど強固なものは必要とせず、金角湾側に至っては、金角湾の入口に「鎖(B/C-4)」を張っておくだけで、敵艦はここに侵入できないため、なにも莫大な資材を投じて強固な城壁を造る必要はなく、比較的小規模な城壁で充分でした。

それよりも、問題は西側です。

西側は開放状態ですので、ここから敵軍に侵入されては元も子もありません。

そこで、ビザンツ帝国の第2代テオドシウス2世が、前代未聞の強大な城壁を築きます。

それこそが、「テオドシウスの壁」(C/D-1)と呼ばれるものです。

この城壁の断面図を下に描いておきましたのでご参照ください。

図の右側が城内、左側が城外です。

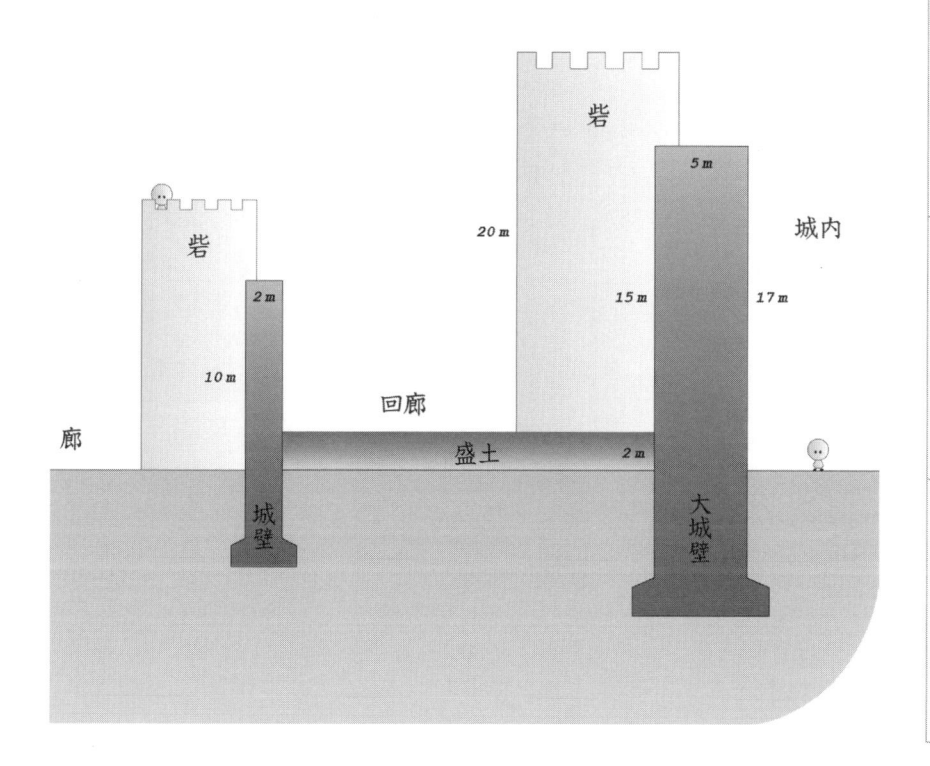

敵軍が西から侵攻してまいりますと、先ずぶつかるのが「外濠(そとぼり)」です。
なんと深さ10m、幅20mもあります。
ここを泳ぐ(う)なり、埋めるなりして越えていかなければなりません。
濠(ほり)を泳ぎきったとしても、つぎに2mの外壁が、侵入者を阻(はば)みます。
「たった2mか」と言う勿(なか)れ、侵入しても濠の中で水に浮いた状態になりますから踏ん張りがきかず、梯子(はしご)をかけることも、攻城櫓(やぐら)(*01)を建てることもまなりませんから、この「たった2m」がけっこうな障壁となります。
そして、苦労してこれを乗り越えたとしても、つぎに、高さ14m(*02)もの砦(とりで)と、それをつなぐ高さ10mもの城壁が進軍を阻みます。
そのうえ、砦(とりで)にも城壁にも「胸壁(パラペット)」(*03)があります。

テオドシウスの壁　　　　　　　　　　　　　　（photo by Bigdady 1204）

第3城壁　　第2城壁　　第1城壁　　外濠跡

（*01）城壁を攻撃するための、櫓の形をした兵器。

（*02）ビルの高さでいうと、5階建てくらいのビルに相当します。自分が5階建てビルを梯子などを使って乗り越えようとすることを想像すると、その至難さがイメージしやすい。

（*03）城壁の一番上にあるデコボコ形をした壁。
　　　味方兵の身を護りながら、攻撃しやすくするための形状をしている。

ビザンツ兵は、「胸壁(パラペット)」で自分の身を護りつつ、攻撃してくるのです。

なんとかそれをも凌いだとしても、つぎには、なんと高さ20m(*04)もの砦とそれをつなぐ高さ15m・厚さ5mもの大城壁がそびえています。

なるほど、「難攻不落」のキャッチフレーズは伊達(だて)ではありません。

この「常識ハズレ」な大城塞を陥(お)とすためには、攻める側も「常識に捉(とら)われた正攻法」ではダメです。

そこで、メフメト2世は、今回、君府(コンスタンティノープル)包囲に当たって、なんと少なくとも10万、一説には20万(*05)ともいわれる大兵力を動員します。(A-2)

かたや、立て籠(こ)もるビザンツ側は、わずかに兵力7,000。

少ない方の説を取ったとしても、100,000 vs 7,000。(*06)

桁(ケタ)が2つも違うのですから、メフメト2世の"本気度"が窺(うかが)われます。

さらに。

籠(ろう)城する側が一番難儀するのが、「兵站(へいたん)確保(補給)」。

したがって、包囲側としては、敵の兵站(オスマン)(補給線(へいたん))を徹底的に叩くのは基本中の基本。

補給さえ断ってしまえば、備中(びっちゅう)高松城よろしく、忍城(おしじょう)よろしく、時とともに城内を飢餓が襲い、陥(お)とすのはたやすい。

そこで、マルマラ海からボスフォラス海峡までを、びっしりと146隻もの大艦隊でこれを包囲。

それだけではなく、豊かな黒海方面から来る敵補給艦隊を通過させないため、ルメリ砦(とりで)とアナドル砦(とりで)(A-5)を建設し、ボスフォラス海峡を封鎖します。

さらに、さらに。

前代未聞の新兵器「ウルバン巨砲」を配備します。

(*04) これもビルの高さで譬えるなら、6〜7階建てくらい。
　　　天守でいえば犬山城(19m)、モビルスーツでいえば初代ガンダム(18m)よりも高い。

(*05) 「20万」という兵力は、戦国の世の総仕上げの「小田原征伐」の際、豊臣秀吉が日本中からかき集めた武士の数に匹敵しますから、そこからも、その数の多さが窺えます。

(*06) 10万vs 7,000というと、「テルモピュレーの戦」「合肥の戦」もそれくらいでした。

砲身が8.2m、口径がなんと762mm。砲弾は500kg。
　ちなみに、20世紀に入り、日露戦争で大活躍した日本軍自慢の巨砲「二八サンチ砲」ですら、砲身2.8m、口径は280mm、砲弾217kg。
　大きさだけ見れば、ウルバン巨砲の方がはるかに大きい。(＊07)
　このように、「そこまでやるか」というほどの兵力を投入しての大包囲。
　しかし、それでも、コンスタンティノープルの攻略には手を焼きます。
　自慢のウルバン巨砲をもってしても、あの大城壁を前にしては、「へこみ」を作るのが精一杯。
　これを大破させるためには、一点集中で、それこそ何十発、何百発と撃ち込んでやらなければなりませんが、じつは、それもままなりません。
　なんとなれば、まず命中精度が悪い。

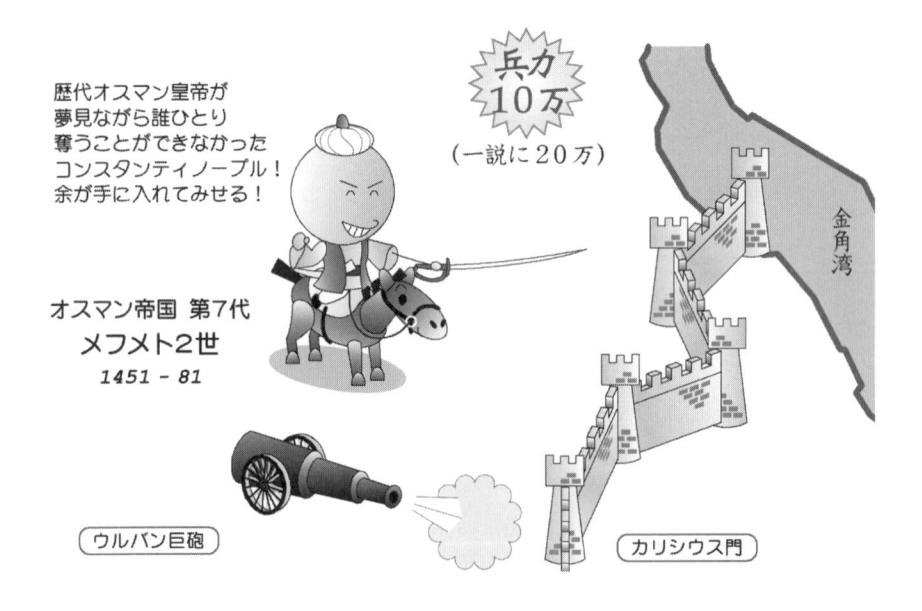

歴代オスマン皇帝が夢見ながら誰ひとり奪うことができなかったコンスタンティノープル！余が手に入れてみせる！

兵力
10万
(一説に20万)

オスマン帝国 第7代
メフメト2世
1451-81

金角湾

ウルバン巨砲

カリシウス門

(＊07) とはいえ、連射性能、破壊力、命中精度、射程距離、寿命、そのすべてにおいて、大砲としての性能は「二八サンチ砲」の方が圧倒的に上です。当たり前のことですが。

一点に集中砲火をかけたくとも、狙ったところになかなか当たらない。

しかも、ウルバン巨砲は「青銅製(ブロンズ)」だったため、一発発射するごとに3時間かけてゆっくりと砲身を冷やさなければならない。

これを無視して連射すれば、大爆発を起こし、早く冷やそうと水でもかけようものなら、砲身が割れてしまいます。

したがって、1日に発射できるのは、巨砲(ウルバン)1基につき「5発」が精一杯。

そのうえ、やたら故障が多い。(＊08)

もちろん、ビザンツ側も傍観しているわけではありません。

こちら巨砲(オスマン)が冷えるのを待っている間、あるいは夜間に「トンテンカン、トンテンカン」と城壁を修復してしまうのです。

破壊しても修復。破壊しても修復。破壊しても修復。

これではラチが明かず、こうして、聖ロマノス門（C-2）への「第1次総攻撃」は失敗に終わります。（4月18日）

さすがは、「千年の都」を守ってきただけのことはあります。

新兵器「ウルバン巨砲」をもってしても、文字どおり「壁は厚い」。

ならば、海上からの攻撃はどうか。

じつは、海上からの作戦もうまくいっていませんでした。

そもそもオスマン帝国は陸軍国家。

「146隻からなる艦隊を配備した」といえば威勢はよいですが、じつのところ、当時のオスマン海軍は急造艦隊で、兵の経験も浅く、熟練度も低い。

艦上砲撃を加えるとなると、潮(しお)に艦(ふね)を流されないように一所(ひところ)に定置させておかなければなりませんが、マルマラ海は海流が速く(10km/h)、それすらできません。

(＊08) じつは、「新兵器」には故障がつきものであり、これは開発者のウルバンを責めることはできません。実戦投入を重ね、戦場で発生した思わぬ事態に対応し、改良に改良を重ね、やっと「実用化」になるのです。
人間もそうです。どんなに優秀な学生も、社会に出れば、最初は失敗を重ねるものです。そして、社会の中で5年10年と揉まれて、やっと「使い物」になるのです。

一番城壁が弱いのは金角湾(ゴールデンホルン)沿いですので、そこから攻めるのが一番ですが、金角湾(ゴールデンホルン)入口には「鎖(B/C-4)」が張ってあって、艦(ふね)が通れないようになっていることは先にも述べました。
　西からの新兵器(ウルバン)を投入した第１次総攻撃は失敗し、海上も成果が上がらず。
　メフメト２世のイライラは募ったものの、包囲体制は完成していますから、まだ"心の余裕"はありました。
「やつらもなかなかがんばってはおるが、所詮はムダな抵抗じゃ。
　こうしてオスマン帝国軍20万で包囲している限り、補給はできん。
　補給が効かない以上、いずれはやつらも干上(ひあ)がる。
　いずれにせよ、陥落は時間の問題だ」
　ところが。
　その直後、彼を激怒させる事件が起こります。
　南(＊09)からビザンツ側の同盟国の補給艦隊がやってきます。(D-5)
「なに！？
　やってきたのは、補給艦１隻に、護衛艦はたった３隻だと！？
　オスマン艦隊146隻ひしめく、このマルマラ海に！？
　たった３隻で！？　ナメやがって！」
　４月20日、ついに金角湾(ゴールデンホルン)入口付近で両艦隊がぶつかります。(B-5)
　ところが、補給艦隊は、これを迎え撃たんとするオスマン艦隊をスルリとすり抜け、やすやすと金角湾(ゴールデンホルン)に入港してしまいます。(＊10)
　メフメト２世は怒りに震えます。
「なんたるザマだ！！
　こんなことでは、いつまで経ってもやつらは干上(ひあ)がらないではないか！」

（＊09）北からの通商路・ボスフォラス海峡は、オスマン軍によって封鎖（ルメリ砦・アナドル砦）されていましたので、南からの通商路・ダーダネルス海峡を越えてきました。

（＊10）「鎖が張ってあるのにどうして入港できるの？」と思われるかもしれませんが、もちろん、鎖の付け外しが簡単にできる「出入り口」がありました。

第8幕　コンスタンティノープル落城

そこで、メフメト2世はただちに決断します。
「よし、どうしても"鎖"を越えられぬのなら、ガラタの北の丘を越えて、我が艦隊を金角湾(ゴールデンホルン)に運び込め！」
さすが「雷帝(イュルデュルム)」の息子だけあって、決断が早い。
── 陛下？　あの巨大な戦艦を丘を越えて運ぶなどと、ご、ご冗談を…
「冗談ではない。余は本気だ。やれ！」
── いや、いくらなんでも…！！
　艦(ふね)が丘を渡るだなんて、そんなの聞いたことがな…(＊11)

コンスタンティノープル
ガラタ市
（丘の向こう側）
メフメト2世

船を丘越えさせるメフメト2世 ("Mehmed II at the Siege of Constantinople" by Fausto Zonaro)

(＊11) 愚者は、物事を判断するのに、過去の経験則からしか判断することができません。
　　　したがって、「前例のないもの」には無条件で反対します。判断材料がないからです。
　　　そのような人が反対するときにかならず言うセリフが「前例がない」。
　　　優秀な人物は、「前例がない」ということを理由に反対することはありません。
　　　自分のオツムで考え、自分のオツムで判断する能力があるからです。

135

「問答無用じゃ。やれ。是が非でもやれ！」

そこで、さきの海戦の翌日（21日）には、はやくも「越丘作戦」が挙行されます。（A/B-3/4）

前代未聞、70隻ものオスマン艦隊が海抜60mもある丘を一夜で越えようというのです。

まず、丘を整地し、木材を敷きつめ、脂をたっぷり塗っておきます。

そして艦をソリに乗せて、人牛にこれを曳かせ、丘を越えようというわけです。

為せば成る。

この常識ハズレな作戦は見事に成功し、一夜にして、オスマン艦隊70隻が金角湾(ゴールデンホルン)に姿を現します。

驚いたのはビザンツ帝国。

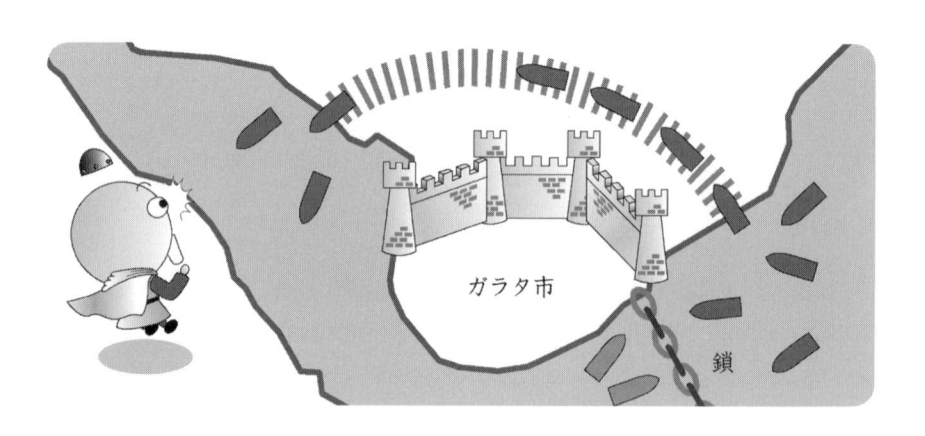

「な、な、何事だ！？　一体何が起こったのだ！！
なぜここにオスマン艦隊がいる！？」

これにより、オスマンは金角湾(ゴールデンホルン)からも攻撃が可能になります。

この「越丘作戦」があまりにもドラマチックなため、その成功によってコンスタンティノープルが陥落したと誤解している方も多いのですが、じつは違います。

第8幕 コンスタンティノープル落城

　金角湾側でも攻防戦が行われている最中、ついに、「テオドシウスの壁」が突破され、結局は、西側から突破口が開かれたのでした。

　しかし、だからといって、越丘作戦がムダだったわけでもありません。

　じつは、ビザンツ側はとにかく人手不足でした。

　西側では、ウルバン巨砲が火を吹きつづけ、これによって破壊された城壁を修築していかなければなりませんでしたが、ここに来て、金角湾にオスマン艦隊が姿を現したことで、そちらにも兵員を割かねばならなくなり、人手不足によって修築が間に合わなくなってきたのでした。

　そしてついに、第3次総攻撃により、「聖ロマノス門」が突破されると、ここからわらわらとオスマン兵が入城してきました。(5月29日)

「城門が突破されました！」

　この報を聞いた皇帝コンスタンティノス11世(C-2/3)は、天を仰ぎます。

「おぉ！　神よ！！
帝国を失う朕を赦し給うな！
朕、帝都と命運を共にせん！！」(C-3)

退かぬ！
媚びぬ！
省みぬ！！！

5/29

神よ！
帝国を失う朕を赦し給うな！
朕、都と命運をともにせん！

パレオロゴス朝 最終
コンスタンティノス11世
1448 – 53.5/29

鎖防衛艦隊26隻

聖ソフィア大聖堂

こう叫ぶや、抜刀し、そのまま敵(オスマン)兵の殺到する「聖ロマノス門」へ向かって走っていきました。
　彼はそのまま行方不明になります。
　死体すら発見されませんでした。
　おそらくは、オスマン兵に「皇帝」とも気づかれないままズタズタに惨殺され、その他大勢の骸(むくろ)とともに打ち棄(す)てられたため、その骸(むくろ)も誰のものかすらわからなくなってしまったのでしょう。
　時、1453年5月29日。
　395年、古代ローマ帝国分裂以来、1000年にわたってその命脈を保ってきたビザンツ帝国は、彼をラストエンペラーとして、ここに滅亡します。
　オスマンは、ただちに帝都(みやこ)をここに遷(うつ)し、その名も「イスタンブール」(＊12)と変え、現在に至るまで、トルコの支配下に置かれることになります。

常識に囚われるのは愚者の証！
常識を打ち破る者だけが
新しい時代を切り拓く資格を
得るのだっ！
船が海を行くとは限らんさ！

──────────────────────
（＊12）いつから「イスタンブール」と呼ばれるようになったのか、その語源はなんなのか、などはよくわかっていません。

Column　ウルバン巨砲

　千年の都、「難攻不落」の大城塞、コンスタンティノープルも、「前代未聞の巨砲」を前に、ついに陥ちました。

　ちなみに、「ウルバン」というのは巨砲開発者の名前です。

　彼は、ビザンツ帝国存亡の危機を知り、ハンガリーからひとつの設計図を持って、意気揚々、コンスタンティノープルにやってきました。

「陛下！　私の開発したこの巨砲さえあれば、イスラームどもを駆逐することができますぞ！」

　しかし、話を聞けば、あまりにも荒唐無稽な戯れ言。

―― そんなとてつもなく巨大な大砲など、聞いたことがない。

―― こんな巨大な大砲、造れるはずがない！

―― 我がビザンツは1000年にわたって、「城壁」と「海」と「鎖」で鉄壁の守りを誇ってきた。今さら大砲など不要！

―― どうせ、開発資金をかすめ取ろうとする詐欺師に違いない。

　こうした側近の声に押されて、皇帝は彼を牢に入れてしまいます。

　怒り心頭のウルバン、牢を出たその足でオスマンに向かいます。

「陛下！　私の開発したこの巨砲ならば、"テオドシウスの壁"すら破壊することができますぞ！」

　しかし、側近たちの反応はビザンツとまったく同じ。しかも、

―― やつはキリスト教徒です。スパイかもしれません。殺すべきです。

　ただメフメト2世だけはこの男の目をジッと見、答えます。

「よし、おぬしに必要なだけ開発資金を与えよう！」

　こうして、「新兵器」を理解できなかったビザンツは亡び、これを理解し、受容したオスマンが、新しい時代の旗手となっていきます。

　いつの世も、新しいものを理解できない者は、新しい時代にかき消されていく運命から逃れることはできません。

　つねに感覚を研ぎ澄まし、新しいものを理解し、取り入れる柔軟性を持ちつづけることが、生き残っていく重要な要素となります。

Column 君府陥落の直接的原因

　本文では、「君府(コンスタンティノープル)陥落の直接的原因として、「越丘作戦の成功によるビザンツ兵力の分散」と、それによる「ウルバン巨砲による聖ロマノス門突破」を挙げました。

　しかし、別の説を唱える人もいます。

　その説では、「ウルバン巨砲をもってしても、最後までテオドシウスの壁はピクともしなかった」となります。

　では、なぜ門が突破されたのか。

　じつは、5月29日、たまたまビザンツ側の門兵が「聖ロマノス門の鍵(カギ)をかけ忘れたから」だといいます。

　そこへ、これまた、たまたまオスマン兵が門を開けてみたら、なんと、あっさり開くではありませんか！

　それでオスマン軍が殺到、そのままビザンツは滅亡したというのです。

　これは、「滑稽話(こっけい)」としてはたいへんおもしろい。

　しかし、それが史実かとなると、別問題です。

　この話は、おもしろがられてけっこう流布(るふ)しているようで、ホントにそうだと信じている方も多いようです。

　しかし、筆者は「後世の作り話」だと思っています。

　当時、聖ロマノス門が毎日毎日開けたり閉めたりされていたのならともかく、包囲戦のただ中ですから、もちろん門は常時閉めっぱなしです。

　その状態で「鍵をかけ忘れた」など、考えられません。

　それなら、「内部に内通者(スパイ)がいて、そいつが夜中にこっそり鍵を開けた」という方が信憑性(しんぴょうせい)が高い。

　まさに「難攻不落のトロイ城」と同じ手でやられた、「トロイの木馬」というわけです。

　このように、歴史というものは、諸説紛々としてよくわかっていないことがままありますが、それを自分なりに推理してみるというのも、歴史をたのしむ醍醐味(だいごみ)のひとつではあります。

第3章 サファヴィー朝・ムガール帝国の勃興

第1幕

幼き教主の建国
サファヴィー朝の成立

いったんはチムール帝国に滅ぼされたオスマン帝国。しかし、見事な復興を成し遂げ、夢にまで見たコンスタンティノープルを手に入れることに成功する。まさにちょうどそのころ、西アジア世界では、そのチムール帝国が分解過程に入り、その故地からひとつの帝国が産声をあげていた。それがサファヴィー朝である。

1501 - 1736
サファヴィー朝

白羊朝の領土を全部ブン捕り、王朝建国だっ！

イラン史上 初
シーア派国教
（十二イマーム派）

サファヴィー朝 初代
イスマーイール1世

〈サファヴィー朝の成立〉

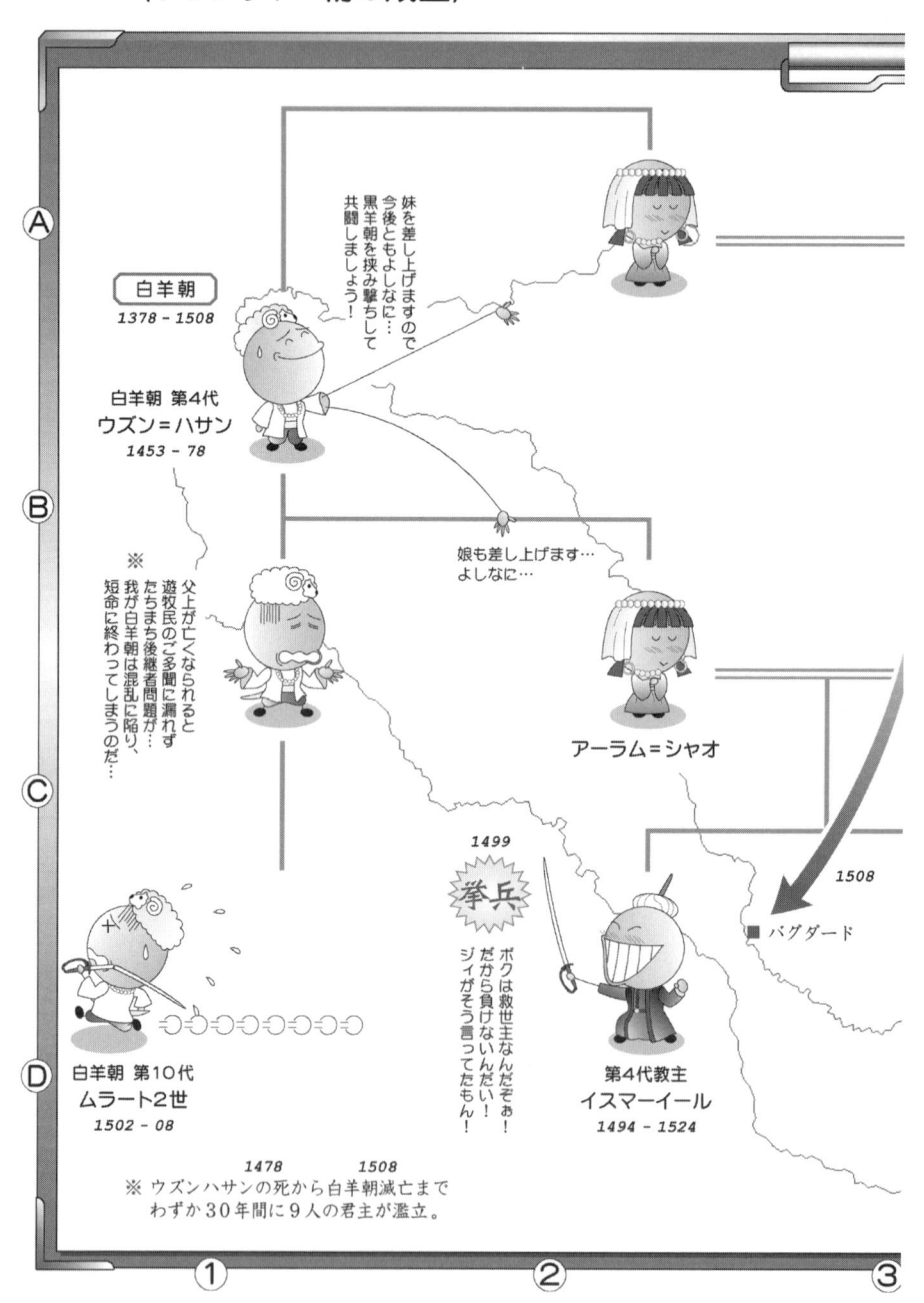

白羊朝
1378 - 1508

白羊朝 第4代
ウズン＝ハサン
1453 - 78

妹を差し上げますので今後ともよしなに…黒羊朝を挟み撃ちして共闘しましょう！

娘も差し上げます…よしなに…

アーラム＝シャオ

※父上が亡くなられると遊牧民のご多聞に漏れずたちまち後継者問題が…我が白羊朝は混乱に陥り、短命に終わってしまうのだ…

白羊朝 第10代
ムラート2世
1502 - 08

1499
挙兵

ボクは救世主なんだぞぉ！だから負けないんだい！ジィがそう言ってたもん！

第4代教主
イスマーイール
1494 - 1524

1508
■バグダード

1478　　1508
※ウズンハサンの死から白羊朝滅亡までわずか30年間に9人の君主が濫立。

第1幕 サファヴィー朝の成立

15世紀後半

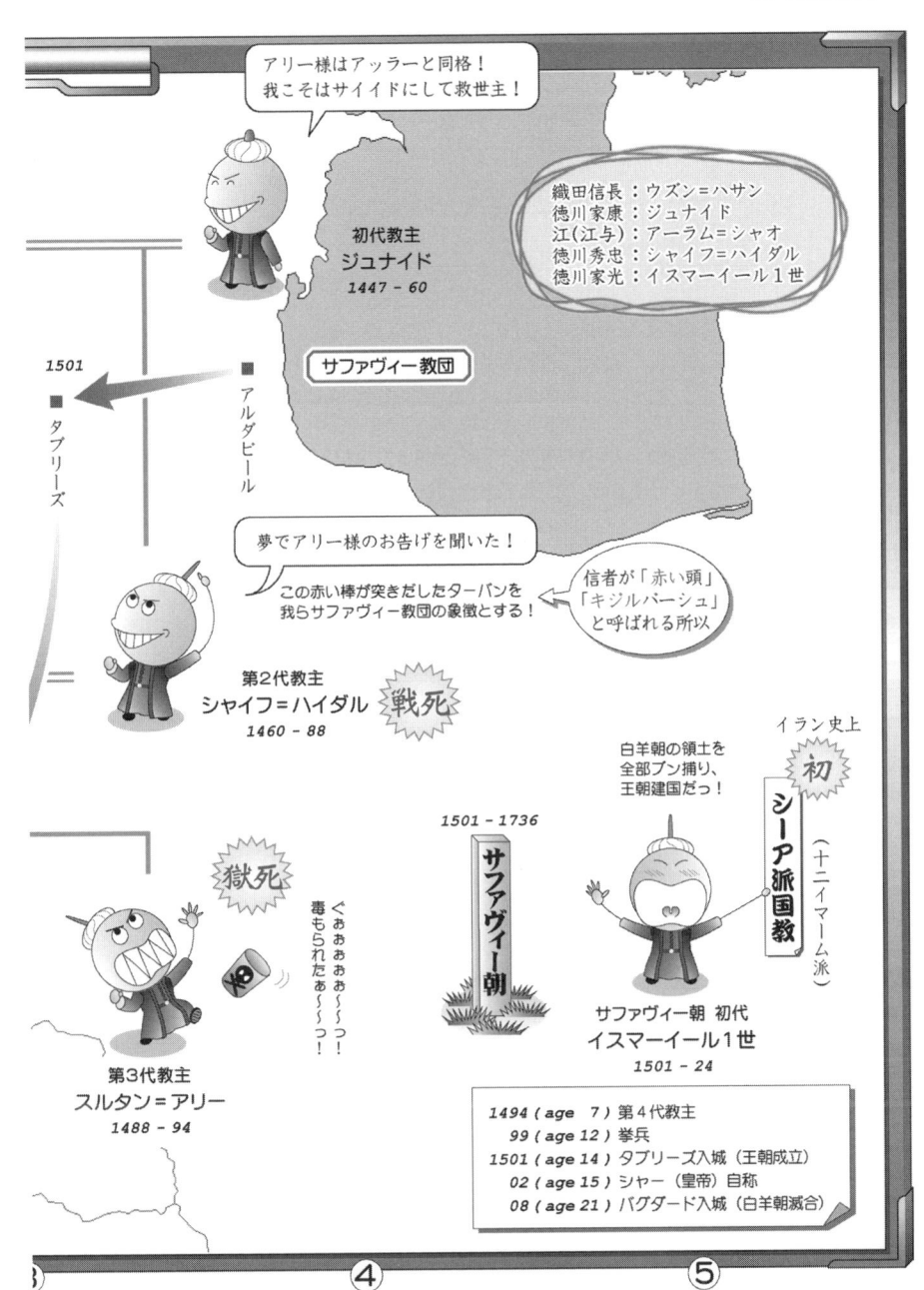

第1章 オスマン帝国の勃興

第2章 オスマン帝国の隆盛

第3章 サファヴィー朝・ムガール帝国の勃興

第4章 イスラーム三國志（興隆期）

第5章 イスラーム三國志（絶頂期）

「アリー様はアッラーと同格！
我こそはサイードにして救世主！」

初代教主
ジュナイド
1447 - 60

織田信長：ウズン＝ハサン
徳川家康：ジュナイド
江(江与)：アーラム＝シャオ
徳川秀忠：シャイフ＝ハイダル
徳川家光：イスマーイール1世

1501
タブリーズ ← アルダビール

サファヴィー教団

「夢でアリー様のお告げを聞いた！
この赤い棒が突きだしたターバンを
我らサファヴィー教団の象徴とする！」

信者が「赤い頭」
「キジルバーシュ」
と呼ばれる所以

第2代教主
シャイフ＝ハイダル 戦死
1460 - 88

獄死

「ぐぁぁぁぁぁ～っ！
毒もられたぁ～っ！」

第3代教主
スルタン＝アリー
1488 - 94

1501 - 1736
サファヴィー朝

「白羊朝の領土を
全部ブン捕り、
王朝建国だっ！」

イラン史上
初
シーア派国教
（十二イマーム派）

サファヴィー朝 初代
イスマーイール1世
1501 - 24

1494 (age 7) 第4代教主
  99 (age 12) 挙兵
1501 (age 14) タブリーズ入城（王朝成立）
  02 (age 15) シャー（皇帝）自称
  08 (age 21) バグダード入城（白羊朝滅亡）

143

前章まで、本書のテーマ「イスラーム三國志」の一角、オスマン帝国がどのように勃興してきたのかについて詳しく追ってまいりました。

　ここで、いったんオスマン帝国から離れ、本章からは、残りの二大帝国「サファヴィー朝」と「ムガール帝国」の勃興について見ていきます。

　15世紀初頭、アンカラの戦が行われたころというのは、まだ「サファヴィー朝」も「ムガール帝国」も生まれる前で、イスラーム文化圏を乗り越えて、ユーラシア大陸全体の枠組みで考えたとき、そこには、別の「三大帝国」が君臨していました。

　西　アジアに「オスマン帝国」。
　中央アジアに「チムール帝国」。
　東　アジアに「明朝」。

　チムール帝国はその中央にあって、「西」のオスマンを倒したあと、その返す刀で「東」の明朝を倒すべく、東進しはじめます。

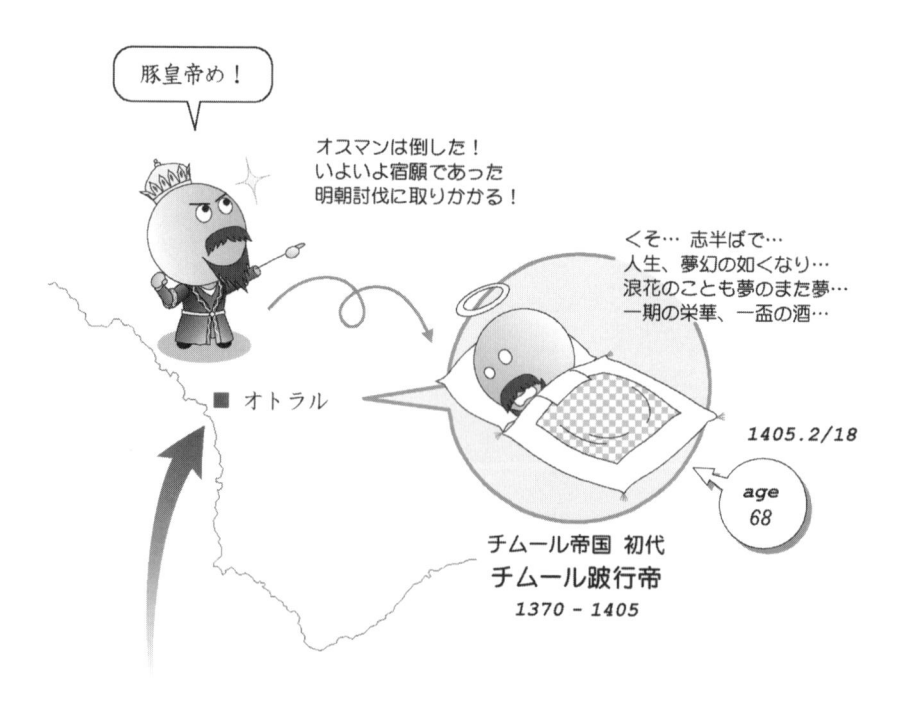

「豚皇帝め！」

オスマンは倒した！
いよいよ宿願であった
明朝討伐に取りかかる！

■ オトラル

くそ… 志半ばで…
人生、夢幻の如くなり…
浪花のことも夢のまた夢…
一期の栄華、一盃の酒…

1405.2/18

age 68

チムール帝国　初代
チムール跛行帝
1370 - 1405

彼の"生涯の最終目標"は「モンゴル帝国の復興」であり、その故地をことごとく支配下・従属下に置くことが"夢"でしたから。
「ブタ皇帝(＊01)め、目にモノ見せてやるわ！」

ふぅ、狂犬チムールが
オッ死んでくれたか…
韃靼どもと手を組まれたら
ヤバかったかも…

明朝 第3代
成祖 文帝 永楽帝 朱棣

　やる気マンマンのチムールでしたが、志半ばにして、その遠征の途上、サマルカンドを出立してからまだほどないシル川流域のオトラルという町で亡くなってしまいました。

　享年68歳。

　アンカラの戦（1402年）から、わずか3年後のことでした。

　これにより「明朝遠征」はただちに中止。

　歴史を学ぶ者としては、

「残念！！　彼がもう少し永生きしてくれていたら、15世紀初頭における"三大帝国"のNo.1決定戦が拝めたのに！」

…という思いがしないでもありません。

（＊01）チムールは、時の明朝皇帝・永楽帝をこう呼んで、蔑んでいました。
　　　　しかし、そういう本人も、自分の容姿に絶望していたらしく、カスティリア王国から贈られた献上品の「鏡」で、生まれて初めて自分の姿を見たとき、「余はかくも醜い顔をしておったのか！」と何時間も泣きつづけたといいます。

チムールの死後、その後継者たちによってもついに「チムール帝国 vs 明朝」の夢の対決（ドリームマッチ）は実現しませんでした。
　彼（チムール）亡きあとの帝国は、収拾がつかないほどの混乱に陥っていて、それどころではなくなっていたからです。
「チムールのいないチムール帝国など、恐くもなんともないわ！」
　彼（チムール）が亡くなられた、その翌年（1406年）には、はやくも帝国西部から「黒羊朝（カラコユンル）」（＊02）が独立。

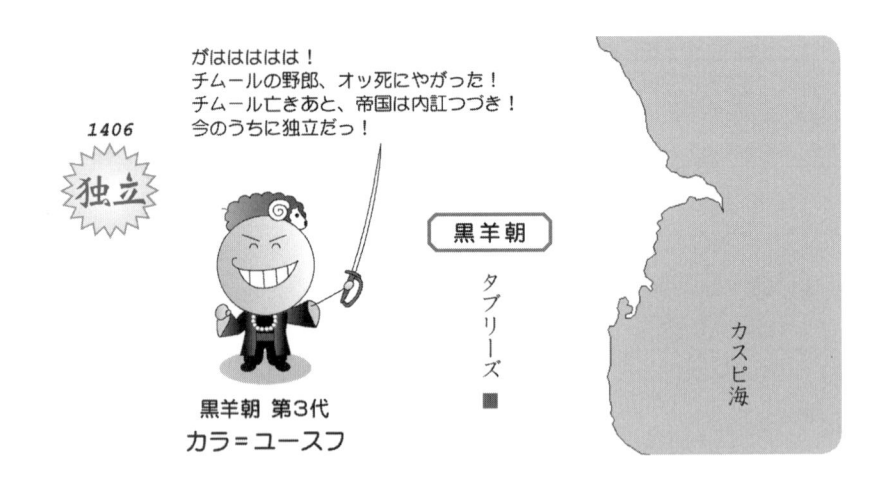

1406 独立

がはははははは！
チムールの野郎、オッ死にやがった！
チムール亡きあと、帝国は内訌つづき！
今のうちに独立だっ！

黒羊朝

タブリーズ ■

カスピ海

黒羊朝 第3代
カラ＝ユースフ

　その後も、あれよあれよという間に帝国は解体していき、その故地からは、さまざまな国が生まれては消えていく、戦国時代の様相を呈するようになっていました。

（＊02）「黒羊朝（カラコユンル）」は、「黒い羊に属する者」と呼ばれる者たちによって国が建てられたため、そう呼ばれています。
　しかし、この「黒い羊」というのが何を意味するのかはわかっていません。
　「アンカラの戦」にも登場した「カラタタール（黒韃靼）」をはじめ、「カラハン（黒汗）」「カラキタイ（黒契丹）」など、「黒」をイメージカラーとする遊牧民はなぜか多い。

Column　チムールの呪い

1405年、チムールは亡くなりました。
各地で征服戦争を行い、死体の山を築き上げてきたチムールです。
数え切れないほどの恨みも買ったことでしょう。
そういう人物は、墓を暴かれるのを懼れ、隠したがるものです。
チンギス汗も、その墓は入念に隠され、現在に至るまでどこにあるかわかっていません。
ところが、チムールの遺体は堂々と廟に祀られています。
にもかかわらず、現在に至るまで"墓荒らし"には遭っていません。
これはどうしたことでしょう？
じつは、その棺に「我が墓を暴きたる者は、必ずやおぞましき呪いがふりかかるであろう！」と書かれており、これを怖れて、500年以上にわたって、この棺を開ける者が現れなかったのでした。
ところが。
20世紀に入ると、徐々に「この科学の時代に呪いなど！」と、これが軽んじられるようになります。
まさに第二次世界大戦のまっただ中、ソ連が「科学的調査」という名目でこの棺を開けました。
1941年6月19日のことです。
すると、そのわずか3日後、A.ヒトラーが「バルバロッサ作戦」をしかけ、ソ連に侵攻を始めたのです。
その結果、1500万人とも2000万人ともいわれるソ連人が殺され、ソ連国土は、るいるいと死体が横たわる大阿鼻叫喚地獄となります。
「チムールの呪いだぁ～～～っ！！！」
ビビったソ連政府は、ただちに棺を元の状態に戻し、鉛で封印し、現在に至るまで、ふたたびチムールは深い眠りにつくことになりました。
墓の呪いというと「ツタンカーメンの呪い」が有名ですが、被害規模でいえば、「チムールの呪い」の方が圧倒的です。

黒羊朝(カラコユンル)は、一時は旧チムール帝国の西半分（＊03）を制するほど発展しましたが、何度も申し上げておりますように、組織の急速な発展は、組織のあちこちに歪(ひず)みを生むものです。

　そうした黒羊朝(カラコユンル)の歪(ひず)みの中から２つの勢力が生まれてきました。

　そのひとつが、黒羊朝(カラコユンル)の首都タブリーズ(A/B-3)の西方に現れた白羊朝(アクユンル)（A/B-1）。

　彼らは、民族的には黒羊朝(カラコユンル)とかなり近い部族でありながら、「白(アク)」と「黒(カラ)」に分かれて、つねに敵対関係にありました。

　これは、日本において、「同じく天皇家をお護(まも)りする武家同士の立場にありながら、白と紅に分かれて熾烈(しれつ)に敵対した源氏（白）と平家（紅）の争い（源平合戦）を思い起こすとイメージしやすいかもしれません。

　もうひとつが、その東方に現れたサファヴィー教団（A/B-4）。

　これは、カスピ海南西沿岸のアルダビールを拠点として、このころ生まれたばかりの新興教団で、当時は、かなり過激なことを唱える教団でした。

　サファヴィー初代教主ジュナイド（A-4）（＊04）は、唱えます。

　「アリー様は、神(アッラー)と同格のお方である！」（A-4）

　これはまた過激な発言ですこと…。

　イスラームにとって、神(アッラー)というのは、唯一にして絶対、全智にして全能、完全にして無欠、無誤(むご)にして無謬(むびゅう)、神聖にして不可侵なる存在。

　その神(アッラー)と同格？

　たかが人間(アリー)ごときが？

　そして、さらにつづけます。

　「我こそは、サイイド（＊05）にして救世主(マフディー)である！」（A-4）

（＊03）本幕パネルでいえば、パネル全体を覆う地域に相当します。

（＊04）誰をもって「初代教主」にするかは、意見に相違があります。
　　　　シャイフ＝サフィー＝ユッディーンを「初代教主」とする考え方もあります。

（＊05）アリーの子孫のこと。詳しくは、前著『世界史劇場　イスラーム世界の起源』（ベレ出版）にて解説されていますので、ここでは詳しい説明は割愛させていただきます。

どうやら、サイイドとして自分を神聖化させるために、アリーを極限まで持ち上げてしまったようです。

こうして、黒羊朝が東方遠征(＊06)に躍起になっている間に、そのお膝元の統治が疎かとなり、首都の東西に「新しい敵」を育む結果となったのでした。

さて。

「なんとしてもライバル・黒羊朝に取って代わりたい！」と考えていた白羊朝第4代のウズン＝ハサン(A/B-1)は、サファヴィー教団と手を結んで、黒羊朝を挟み撃ちにしようと考えます。(＊07)

そのために、自分のかわいい妹(A-2)を、サファヴィー教団の初代教主に嫁がせました。

白羊朝
白羊朝 第4代
ウズン＝ハサン

サファヴィー教団

初代教主
ジュナイド

こうして同盟が成立、ウズン＝ハサンは、見事、黒羊朝を亡ぼすことに成功します。

ところが。

(＊06) 領土拡大のため、東方(イラン地方)でチムール帝国との戦に明け暮れていました。

(＊07) 白羊朝の首都ディヤルバクル(B-2)と、黒羊朝の首都タブリーズ(A/B-3)と、サファヴィー教団の本拠地アルダビール(A/B-3/4)は、ほぼ一直線上にありましたから、まさに挟み撃ち状態にできます。

「共通の敵」がいたからこそ、結びついていたにすぎない白羊朝（アクコユンル）とサファヴィー教団です。

　共通の敵がいなくなれば、その関係は急速に冷え込みます。

　そこで、ウズン＝ハサンは、テコ入れとして、自分が目の中に入れても痛くないほどかわいがっていた娘アーラム＝シャオ（B/C-2）を第2代教主シャイフ＝ハイダル（B/C-3/4）に嫁がせ、関係の修復を図ります。

　ところで、この第2代教主（ハイダル）は、ある夜、夢を見ました。

「昨日、夢の中で、アリー様からお告げがあった！」

　夢のお告げ。

　なんともまゆつばですが、そのお告げとやらで、アリー様は何と？

　アリー様曰く、「ターバンの上に赤い棒を突き立てよ！」。

　それはまた、なんとも意味不明なお告げで…。

　しかし、どんなに意味不明であろうが、アリー様のお告げは絶対です。

　なにせ、サファヴィー教団では、アリー様の言葉は神（アッラー）の言葉ですから。

　そこで、以降、サファヴィー教団の信者は、ターバンに「赤い棒」を突き立てるようになります。(＊08)

夢でアリー様のお告げを聞いた！
この赤い棒が突きだしたターバンを我らサファヴィー教団の象徴とする！

信者が「赤い頭」「キジルバーシュ」と呼ばれる所以

第2代教主
シャイフ＝ハイダル

(＊08) これが、サファヴィー教団の信者たちを「キジルバーシュ（赤い頭）」(B-5)と呼ぶようになった所以です。やがて彼らが「サファヴィー朝」を建国すると、オスマン帝国ではこの国を「キジルバーシュ帝国」と呼ぶようになります。
　ちなみに、中央アジアに「キジルクム砂漠」という砂漠がありますが、あれは「赤い砂」という意味です。

閑話休題。

しかし、そうした政略結婚もあまり奏功(そうこう)しなかったようで、サファヴィー教団と白羊朝(アクユンル)との戦(いくさ)はたびたび起こりました。

そうした戦(いくさ)の中で、第2代教主はまもなく戦死、その息子第3代教主スルタン＝アリー（D-3/4）もまもなく獄死（毒殺）してしまいます。

第3代教主はまだ若かったため、子はなく、第4代教主には、彼の幼い弟、イスマーイール（D-2/3）が就任することになりました。

イスマーイール、このときまだ7歳(ななつ)。

教団は、この幼い教主を必死に盛り立て、"英才教育"を施します。

── あなた様は救世主(マフディー)なのですよ！

　したがって、あなた様に不可能はないのです！

大のおとなでも、周りの者からかしずかれ、「救世主様(マフディー)！」「救世主様(マフディー)！」と崇(あが)め奉(たてまつ)られつづければ、その気になってくるものです。

ましてや、まだ物心も付くか付かない幼いころから、そんなことを言われつづけたら、心の底から本気で、「余は正真正銘の救世主(マフディー)である！」「余に不可能などない！」と信じ込んでしまうのも仕方ありません。

あわれ、こうして彼は「裸の王様」となっていきます。

さて。

サファヴィー教団と敵対していた白羊朝(アクユンル)の方は？　というと、これがまた収拾のつかない大混乱。

ウズン＝ハサンが存命中はよかったのですが、彼が亡くなったあとは、他のトルコ系王朝と同様、骨肉の争いが相次いでいたからです。(＊09)

そこで、ここぞとばかり教主(イスマーイール)の傅役(もりやく)（養育係）はそそのかします。

(＊09) 白羊朝は、ウズン＝ハサン死後、わずか30年で亡んでいますが、その30年間に9人もの君主が濫立しています。
　　　平均すると「3年に1人」のペースで君主が交代していたということになります。
　　　「政権の短さ」で世界の物笑いになっている日本の首相並みの短さです。

――教主様(イスマーイール)！
　今こそ立ちあがる絶好の機会ですぞ！
　な～に、あなた様は救世主(マフディー)にあらせられます。
　何があっても敗(ま)けることなどあり得ません！
　教主様、ご決意を！
　このとき、イスマーイールは12歳になっていましたから、すっかり"できあがって"いました。(＊10)
「うむ、いいだろう！
　余の力、今こそ見せつけてやろうぞ！！」

白羊朝 第10代
ムラート2世

挙兵
ボクは救世主なんだぞぉ！
だから負けないんだい！
ジィがそう言ってたもん！

第4代教主
イスマーイール

　こうして、1499年に挙兵(アクコユンル)するや、白羊朝は敗走を重ね、1501年にはその都タブリーズは陥落。
　ただちにここ(タブリーズ)に都を遷し、「サファヴィー朝」が打ち建てられました。

―――――――――――――――――――――――

（＊10）7～12歳といえば、今の日本でいえば、ちょうど小1～小6くらいです。
　　「人格形成」の上で、人生でもっとも重要な時期に、「あなた様は救世主です」「人類の希望です」「不可能などありません」と毎日毎日洗脳されつづけてきたのですから、このころには、完全に自分が「ホンモノの救世主」だと信じ込んでいました。

第1幕　サファヴィー朝の成立

　その翌年1502年には、イスマーイールは、皇帝(シャー)を名乗り、1508年には、いまだバグダード(C/D-2/3)に拠(よ)って抵抗をつづけていた白羊朝(アクコユンル)を完全に亡ぼします。

　こうしてサファヴィー朝は打ち建てられましたが、そうなりますと、問題がひとつ。

　今までのような「アリー様は 神(アッラー) と同格である！」などという過激な思想のままでは、何かと問題があるということです。

　まだ「小さな教団」だったころは、むしろ過激なことを言った方が、存在感を示すことができ、結束を固めるのにも効果があったりしますが、組織が巨大化し「国家」となりますと、それでは無理があります。(＊11)

　そこで、王朝創建とともに、ころっと教義の鞍替(くらが)え(＊12)をし、シーア派の中でも穏健派の「十二イマーム派(＊13)」を国教としました。

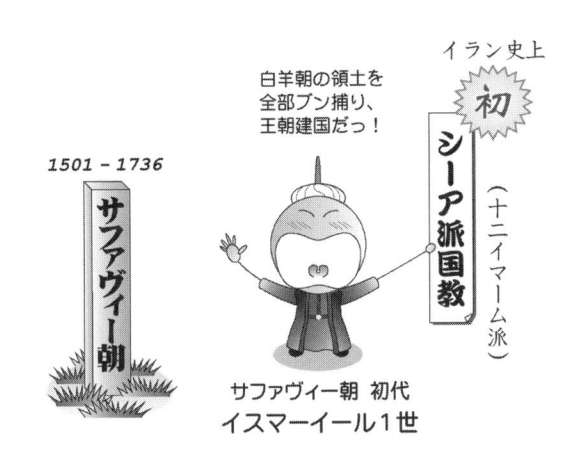

（図：1501‐1736 サファヴィー朝／白羊朝の領土を全部ブン捕り、王朝建国だっ！／サファヴィー朝 初代 イスマーイール1世／イラン史上 初 シーア派国教（十二イマーム派））

(＊11) 野党のころは、できもしない過激な発言ばかりを繰り返していた党が、与党になった途端、たちまち無難で保守的な政策しかしなくなるのと似ています。

(＊12) 絶対的な存在である神の教えというものが、人間の都合によってコロコロ変わるのは、信仰上とても問題がある、と個人的には思いますが。

(＊13) 詳しくは、前著『世界史劇場 イスラーム世界の起源』(ベレ出版)を参照のこと。

Column　サファヴィー朝と徳川家

　本幕での「白羊朝とサファヴィー教団」の関係が、日本史の「織田家と徳川家」の関係に似ているので、本コラムではちょっとそのことについて触れておきましょう。(A-5)

　まず、白羊朝ウズン＝ハサンが「織田信長」、サファヴィー教団初代ジュナイドが「徳川家康」に相当します。

　信長は、天下人まであと一歩のところまで行きながら、その寸前でスルリと天下がすり抜けていき、彼の死後、スッタモンダの末、徳川家の下に天下が転がりこんでくることになったのはご存知のとおり。

　これは、ウズン＝ハサンも、一時は、旧チムール帝国領の西半分までをその支配下に置きながら、彼の死後、アッという間にサファヴィー朝に天下を奪われてしまったところと似ています。

　また、信長の姪「お江」が、政略結婚の道具として家康の息子「秀忠」に嫁いでいますが、それは、ウズン＝ハサンが娘「アーラム＝シャオ」をジュナイドの息子「シャイフ＝ハイダル」に嫁がせているのを思い起こさせます。

　そして、その秀忠とお江との間に生まれた子が「家光」。

　彼は、「余は生まれながらにして将軍である！」と啖呵を切った将軍として有名ですが、たしかに、家光のころから徳川政権も盤石となっていたといえましょう。

　この家光に相当するのが、ハイダルとシャオの子「イスマーイール」。

　彼の代より、「教団」から「王朝」に生まれ変わり、「サフィー家」の支配は盤石となったのですから、この点もよく似ています。

　日本人は、日本史には比較的詳しく、親しみもありますが、やはり、世界史には馴染みがうすい方が多いようです。

　そのような方は、上のように、身近な日本史と比較対比しながら学ぶことで、馴染みのうすい世界史も、よりイメージしやすく、親しみやすく、理解しやすくなります。お試しあれ。

第3章 サファヴィー朝・ムガール帝国の勃興

第2幕

「救世主軍」の不敗神話

サファヴィー朝のイラン統一

自ら「救世主」だと信じて疑わない、皇帝イスマーイール1世。彼はその信念のもと、つぎつぎと征服戦争を繰り広げるが、建国から10年、敗けたことがなかった。一方、中央アジアからも、破竹の勢いの快進撃で領土を拡大していた国があった。シャイバニー朝である。両国は覇権を賭けてメルヴで激突することになる。

第4代教主になった当時7つ
建国当時も14のガキだった
余も、いまや大人になったぞ！

建国から10年
いまだ戦に負けなし！
余は救世主だからな！

■ タブリーズ

サファヴィー朝 初代
イスマーイール1世

〈サファヴィー朝のイラン統一〉

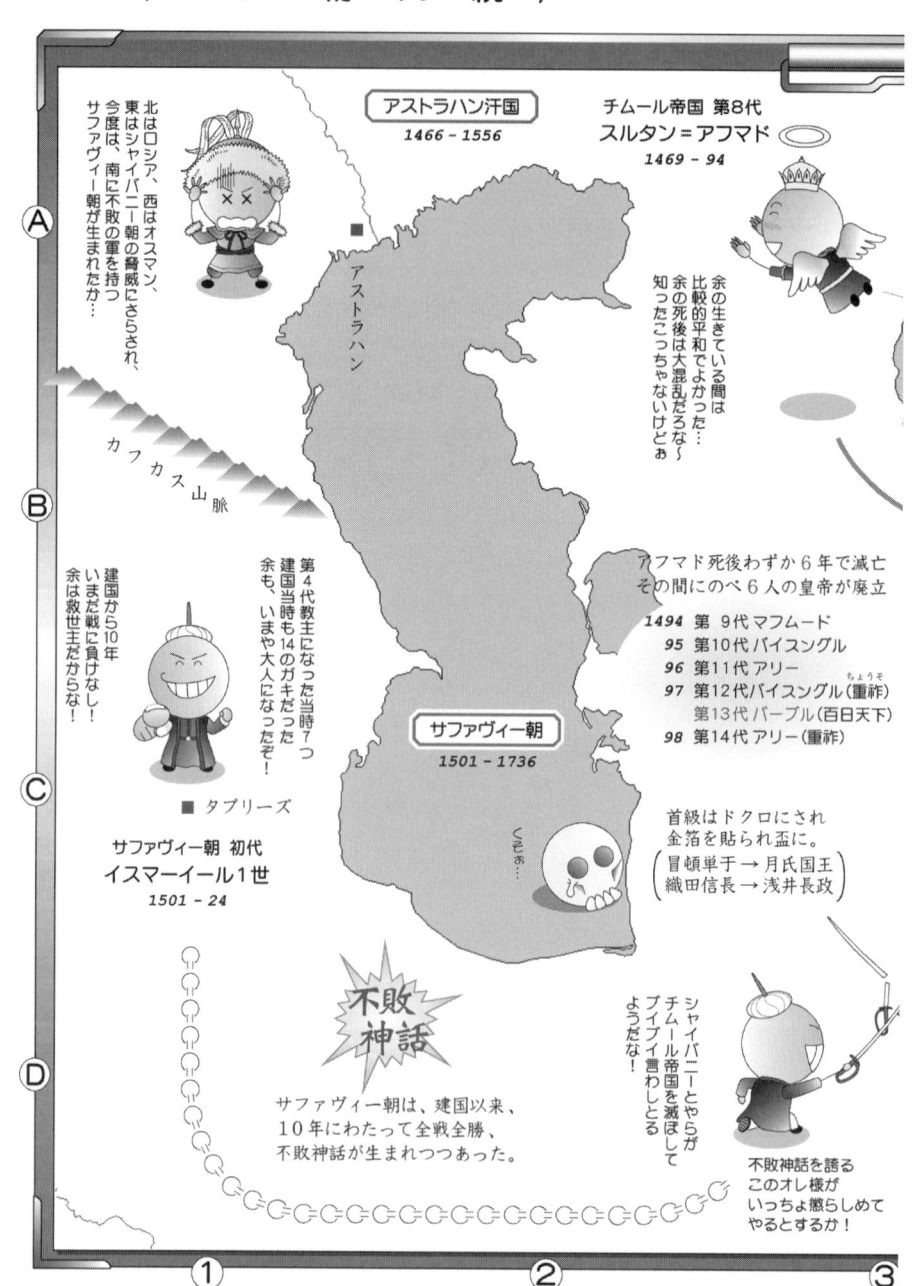

アストラハン汗国
1466 - 1556

チムール帝国 第8代
スルタン＝アフマド
1469 - 94

北はロシア、東はシャイバニー朝、西はオスマン朝の脅威にさらされ、今度は、南に不敗の軍を持つサファヴィー朝が生まれたか…

■ アストラハン

余の生きている間は比較的平和でよかった…余の死後は大混乱だろうな～知ったこっちゃないけどぉ

カフカス山脈

アフマド死後わずか6年で滅亡
その間にのべ6人の皇帝が廃立

- 1494 第9代マフムード
- 95 第10代バイスングル
- 96 第11代アリー
- 97 第12代バイスングル（重祚）
     第13代バーブル（百日天下）
- 98 第14代アリー（重祚）

第4代教主になった当時7つ建国当時も14のガキだった余も、いまや大人になったぞ！

■ タブリーズ

サファヴィー朝
1501 - 1736

くぇ…

首級はドクロにされ金箔を貼られ盃に。
冒頓単于 → 月氏国王
織田信長 → 浅井長政

サファヴィー朝 初代
イスマーイール1世
1501 - 24

建国から10年いまだ戦いに負けなし！余は救世主だからな！

不敗神話

サファヴィー朝は、建国以来、10年にわたって全戦全勝、不敗神話が生まれつつあった。

シャイバニーとやらがチムール帝国を滅ぼしてブイブイ言わしとるようだな！

不敗神話を語るこのオレ様がいっちょ懲らしめてやるとするか！

第2幕 サファヴィー朝のイラン統一

16世紀前葉

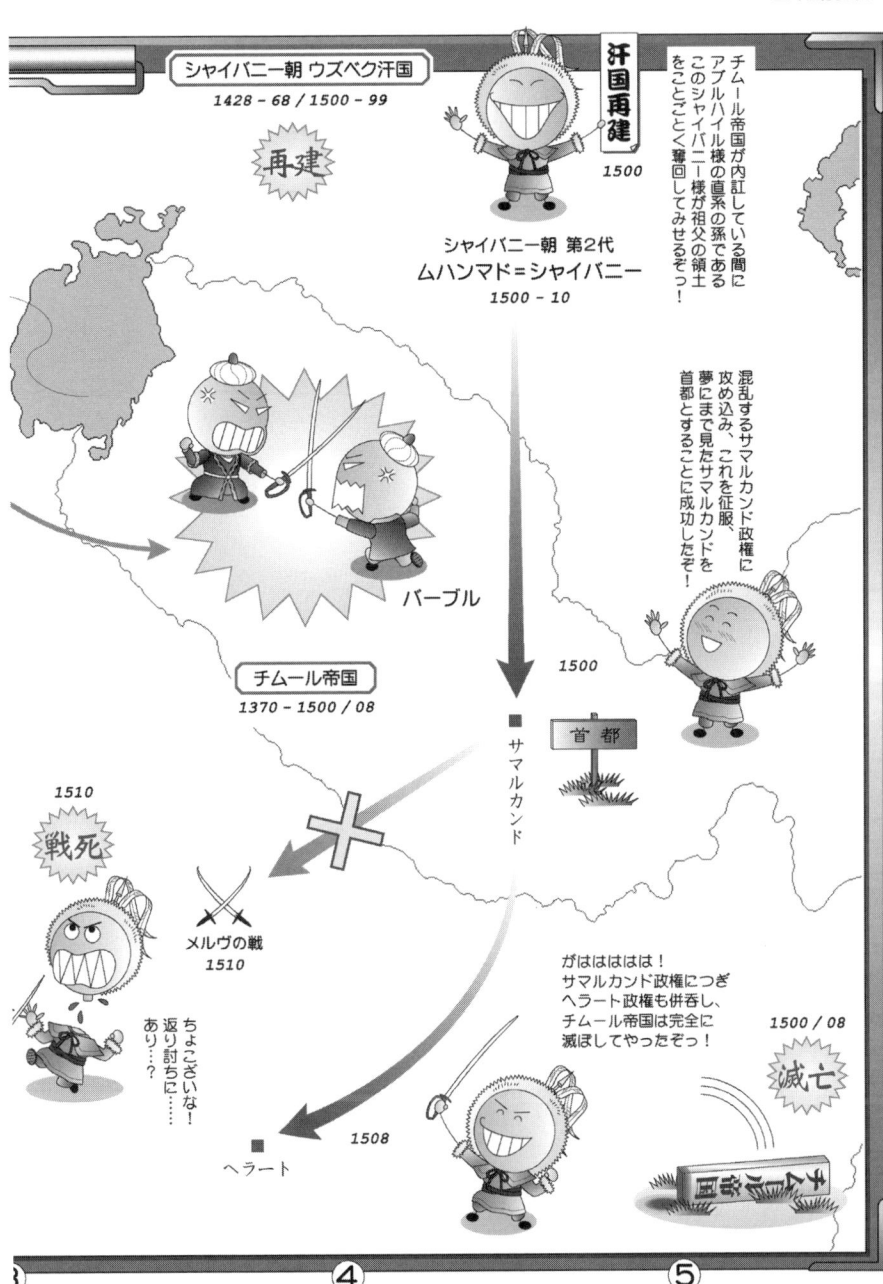

シャイバニー朝 ウズベク汗国
1428 - 68 / 1500 - 99

汗国再建

再建

1500

シャイバニー朝 第2代
ムハンマド＝シャイバニー
1500 - 10

チムール帝国が内訌している間に、アブルハイル様の直系の孫であるこのシャイバニー様が祖父の領土をことごとく奪回してみせるぞっ！

バーブル

チムール帝国
1370 - 1500 / 08

混乱するサマルカンド政権に攻め込み、これを征服、夢にまで見たサマルカンドを首都とすることに成功したぞ！

1500

サマルカンド

首都

1510

戦死

メルヴの戦
1510

ちょこざいな！返り討ちに……あり……？

がはははは！サマルカンド政権につぎヘラート政権も併呑し、チムール帝国は完全に滅ぼしてやったぞっ！

1500 / 08

滅亡

1508

ヘラート

第1章 オスマン帝国の勃興

第2章 オスマン帝国の隆盛

第3章 サファヴィー朝・ムガル帝国の勃興

第4章 イスラーム三國志（興隆期）

第5章 イスラーム三國志（絶頂期）

157

こうして、サファヴィー朝が生まれたころと時を同じうして、お隣チムール帝国では、チムール帝国第８代スルタン＝アフマド（A-3）が亡くなっています（１４９４年）。

　彼(アフマド)は無能のうえ、アルコール依存症（＊01）でした。

　常識的には、そのような人物が君主になると、国は乱れるものです。

　ところが、意外にも、彼(アフマド)の時代に「帝国最後の安定期」がやってきます。

　じつは、得(え)てしてそういう無能な人間が持ちがちな「分不相応な野心」というものを、彼(アフマド)がまるで持ちあわせていなかったことが幸いしました。

　そのため、通常、先君が亡くなるたびに起こる「お家騒動」（＊02）がまったく発生しなかったのです。

　チムール帝国では歴代、無事に新皇帝が即位したとしても、兄弟・親族がわらわらと集まってきて、所領の分封を要求してきます。

　これを拒否すれば、ただちに実力行使、内乱へと発展していく構図です。

　ところが、彼(アフマド)は、毎日酒が呑(の)めれば、それ以外には何の関心もないかのようで、要求のままに、所領を分封させてしまいます。

　内政は家臣に任せっぱなし。

アフマドなんざに臣従してたまっか！
ここヘラートを拠点に独立だっ！
さいわいアフマドは野心ないから
あっさり独立できたぜ！

ヘラート政権

ヘラート政権　初代
スルタン＝フサイン

（＊01）現代日本でも「アルコール依存症」というのは褒められたものではありませんが、原則お酒を禁じているイスラーム世界では、たいへん軽蔑されました。

（＊02）「長男継承主義」より「実力主義」の精神が根強いトルコ系王朝では、どうしても「お家騒動」が避けられませんでした。チムール帝国もその例外たり得ず、先帝が亡くなるたびに起こる「帝室内骨肉の争い」が帝国の寿命を削っていきます。

弟ウマル＝シャイフが所領を要求すれば、フェルガナ（B/C-5）を与え、親戚(＊03)のスルタン＝フサインには、ヘラート（D-4）を与えます。

> 野心ナシ
> のアル中

> 北のウズベクは内乱で攻めてこないし
> 南のヘラート政権も認めてやったし
> 弟たちにも分封してやったし
> 内政はホージャ・アフラールに任せた！
> 余は、毎日好きな酒を呑んで
> 暮らせれば、それで満足じゃ！

チムール帝国 第8代
スルタン＝アフマド

サマルカンド政権

このため、チムール帝国は、事実上、「サマルカンド政権」（C-4/5）と「ヘラート政権」（D-4）に分裂してしまいましたが、その代わり、「お家騒動」が発生せず、比較的安定を得たのでした。

しかし、彼（アフマド）が亡くなると、ふたたび「兄弟親族間の骨肉の争い」が始まり、そのたった6年後には、帝国は滅亡してしまいます。(＊04)

さて。

ちょうどそのころの中央アジアでは、いったん滅亡に追いやられていたシャイバニー朝ウズベク汗国（ハンこく）(＊05)が、ムハンマド＝シャイバニー（A-4/5）の下、見事な復興を成し遂げていました。

(＊03)「親戚」とはいっても、「父の、父の、父の、兄の、息子の、息子の、息子」という、8親等も離れた「限りなく他人に近い親戚」でした。

(＊04) その「たった6年間」に「のべ6人の皇帝（人数では4人）」が廃立されています。（B/C-2/3）いかに収拾のつかない混乱にあったかが、この数字からも推測できます。

(＊05) ここに至るまでのシャイバニー朝の歴史に関しては、次ページのコラム欄参照のこと。

第2幕　サファヴィー朝のイラン統一

第1章　オスマン帝国の勃興
第2章　オスマン帝国の隆盛
第3章　サファヴィー朝・ムガル帝国の勃興
第4章　イスラーム三國志（興隆期）
第5章　イスラーム三國志（絶頂期）

159

Column シャイバニー朝とは

　本幕で突然登場してまいりましたシャイバニー朝について、本コラムで少し敷衍しておきましょう。

　13世紀、モンゴル帝国がユーラシア大陸を席巻しましたが、そのあまりにも膨らみすぎた体を支えきれなくなり、まず大きく5つの国に分裂します。

　本家が元朝を、分家が残りのオゴタイ汗国・チャガタイ汗国・キプチャク汗国・イル汗国を。

　そのうち、キプチャク汗国は、兄弟で分割統治され、長男オルダの白帳汗国、次男バトゥの金帳汗国、五男シバンの青帳汗国に分かれていきます。

　そして、さらにこの青帳汗国も解体していきますが、15世紀になって、その末裔（シバン裔）の中からアブル＝ハイルという人物が現れるや、そのカリスマによって、たちまちのうちにキプチャク平原の再統一に成功します。

　これこそが「シャイバニー朝ウズベク汗国」です。

　「シャイバニー」というのは、「シバン家の」という意味で、「ウズベク」というのは、そのトルコ系住民のことです。

　彼は、一時は、第3代シャー＝ルーフの統べるチムール帝国の帝都サマルカンドを占領するほどの勢いでしたが、たったひとりの「カリスマ」によって団結していた組織というのは、その「カリスマ」を失ったとき、哀しいほどもろいもの。

　アブル＝ハイルが亡くなった途端、シャイバニー朝は一気に解体してしまいます。

　しかし、その孫のムハンマド＝シャイバニーが見事、祖父の国を復興させ、第2代汗として即位します。

　このときの「シャイバニー朝」が、本幕本文に登場するシャイバニー朝です。

時、1500年ジャスト。
　彼(ムハンマド)は、王朝再建と同時に、混乱するサマルカンドに侵攻し、その年のうちにあっけなくこれを占領します。(C-5)
　130年間にわたって中央アジアを席巻(せっけん)したチムール帝国は、断末魔の声をあげる間もなく、ここに滅亡します。[*06]
　打ちつづいていた連年の内乱で、もはやチムール帝国には抵抗する力はまったく残されていなかったのでした。
　ところで、サファヴィー朝(C-2)が建国されたのは、その翌年のことです。
　つまり。
　まさに、チムール帝国が消滅したのとほぼ同時に、これに入れ替わるようにして、シャイバニー朝とサファヴィー朝が生まれたわけです。
　まさに文字どおり"日の出の勢い"の両雄の、ちょうど真ん中に挟(はさ)まれるようにして、「ヘラート政権」が細々とその命脈を保っている状態になります。

(*06) 通常、サマルカンドが陥ちたこの1500年をもって「チムール帝国の滅亡」と見做します。
　　　しかし、当時のチムール帝国は、事実上「サマルカンド政権(本家)」と「ヘラート政権(傍系)」に分かれていたことは本文でも触れました。
　　　そのため、「ヘラート政権の滅亡(1508年)をもって、チムール帝国の完全な滅亡と見做す」とする考え方もあります。

「強国」と「強国」の間に「小国」が挟まれているわけですから、ヘラート政権が、サファヴィー朝とシャイバニー朝の争奪戦の場となることは、想像に難くありません。

　まず、その先手を打ったのは、シャイバニー朝でした。

　シャイバニー朝の侵攻を前に、「ヘラート政権」もあっけなく滅ぼされ（1508年）、ここに138年にわたって中央アジアに君臨したチムール帝国は完全に滅び去ることになります。

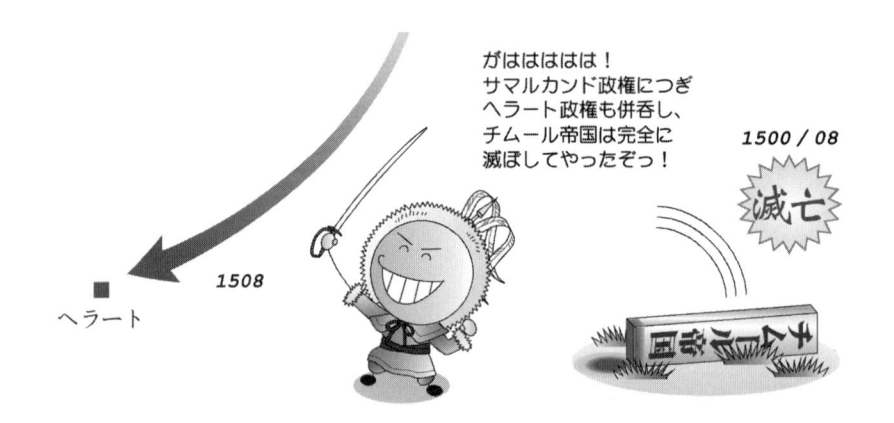

がはははははは！
サマルカンド政権につぎヘラート政権も併呑し、チムール帝国は完全に滅ぼしてやったぞっ！

1500 / 08

滅亡

1508

ヘラート

サマルカンド

　さて。

　かたや、サファヴィー朝は、建国以来、膨張戦争に明け暮れていましたが、まさに向かうところ敵なし。

　1510年ごろには、すでに「不敗神話」が生まれつつありました。

　その初代皇帝イスマーイール1世は、挙兵当時7歳でしたが、このころはもうすっかり成人。

「余は正真正銘の救世主（マフディー）なのだ！

　もとより敗（ま）けるはずもないわ！」

　皇帝（イスマーイール）が、幼いころより洗脳され、ホントにホンキで自分が「救世主（マフディー）」だと信じて疑わない人格となっていたことは、このころのサファヴィー朝にとって、有利に働いていたようです。

第２幕　サファヴィー朝のイラン統一

　大将たる者が、「確固たる信念」をもって戦場に立ち、「絶対的な自信」をもってこれを指揮するならば、下々の者もブレません。(＊07)
　どんな苦境に陥（おちい）ったとしても、一兵卒に至るまで臆病風に吹かれることなく、浮き足立つこともなく、軍規は乱れず、上官の命令どおりに整然と動く。

第４代教主になった当時７つ
建国当時も１４のガキだった
余も、いまや大人になったぞ！

建国から１０年
いまだ戦に負けなし！
余は救世主だからな！

■ タブリーズ

サファヴィー朝　初代
イスマーイール１世

不敗神話

サファヴィー朝は、建国以来、
１０年にわたって全戦全勝、
不敗神話が生まれつつあった。

――我らには救世主がついている！
　敗けるはずがない！
　我らは「救世主軍（マフディー）」なのだ！
　我らこそが「正義」なのだ！
　たとえ戦死しても、目が覚めたとき、我らは「楽園（ジャンナ）」にいる！

(＊07) このことは組織の大小に関係ありません。企業でも、業績が悪化し苦境に陥ったときこそ、社長は悠然と構えて、自信満々に社員を指揮しなければなりません。
　　　そうすれば、社員も一致団結して働き、そこに打開策が見いだされることもあります。
　　　社長が狼狽し、不安そうな顔を社員に見せれば、それはたちまち社員に伝染し、組織はアッという間に崩壊します。

大将(トップ)というものは、苦況に陥(おちい)ったときこそ、打開策なんかなくても、どっしり悠然(ゆうぜん)と構えることが重要なのです。(＊08)

　こうした彼(イスマーイール)の"絶対的自信"が連戦連勝へとつながったのでしょう、まだ建国からまもないというのに、すでに西アジアにおいて「不敗神話」すら生まれつつあった無敵サファヴィー朝。

　かたや、中央アジアにおいて、チムール帝国を呑み込み、ヘラート政権も倒して、まさに"破竹の勢い"のシャイバニー朝。

　1510年、この両雄がついにメルヴ(C-4)にて雌雄を決することになります。

　どちらも"無敵"同士の「メルヴの戦」では、「ニコポリスの戦」や「アンカラの戦」、あるいは「コンスタンティノープル包囲戦」のような激戦・名勝負・ドラマが展開するのか、と思いきや。

メルヴの戦
1510

シャイバニーとやらがチムール帝国を滅ぼしてブイブイ言わしとるようだな！

不敗神話を誇るこのオレ様がいっちょ懲らしめてやるとするか！

ちょこざいな！
返り討ちに……あり……？

(＊08) その点、徳川家康などは大将たる器ではありません。
　　　三方ヶ原の戦では、武田信玄の術中に陥ったと悟るや、ウンチを漏らすほど狼狽し、家臣を盾にして逃げ出す。関ヶ原でも、なかなか陥ちない大坂城を前にイライラを隠すことができず、血が出るまでツメを嚙み、家臣に当たり散らす。彼が天下を獲ったのは、大器だからではありません。「運の強さ」と「長寿」と「優秀な家臣団」のおかげです。

あっけないほどカンタンにサファヴィー朝に軍配が上がります。

ムハンマド゠シャイバニーは討ち取られ、その首級は、烹られ、皮を剥がれ、髑髏とされ、金箔を施されて、盃（髑髏杯）にされてしまいます。

なにやら、どこかで聞いたような話…。

それもそのはず。

これは、日本では、織田信長が浅井久政・長政父子にした仕打ちと同じで、中国（モンゴル高原）では、冒頓単于が月氏国王にした仕打ちと同じなので、この「髑髏杯」は日本でもけっこう有名です。(＊09)

さて。

これにより、シャイバニー朝の勢いは止まり、サファヴィー朝は、現在のイラクからイラン一帯を支配する「大帝国」へと躍り出ることになりました。

こうして、「イスラーム三國志」を彩る、２つ目の「帝国」は生まれました。

それでは、次幕からは、「イスラーム三國志」最後の帝国、「ムガール帝国」の勃興について、見ていくことにいたしましょう。

(＊09) この「髑髏杯」は、「ランゴバルド王アルボイーノが、ゲピド王クニムンドに」「ペチェネグ王がキエフ大公スヴャトスラフ１世に」施しており、ユーラシア大陸にひろく散見されます。その共通点は、「髑髏杯」を作るのが、みんな遊牧民（の末裔）だということ。
日本の織田信長は、その例外ですが、ひょっとしたら彼は、大陸にそういう話があるのを小耳にはさんで、マネてみたのかもしれません。

Column 押してもダメなら…

　メルヴの戦では、シャイバニー朝の大敗に終わりました。
　たしかに当時のサファヴィー朝は「向かうところ敵なし」でしたが、それはシャイバニー朝とて同じです。
　にもかかわらず、このアッケなさはどうしたことでしょうか。
　じつは。
　サファヴィー朝は遠征軍の身なので、長期戦ははなはだ不利です。
　それを見越し、シャイバニーはサファヴィー軍との決戦を避け、メルヴ城に立て籠もる策をとりました。
　城攻めとなると、攻め側に甚大な被害が出る（攻守三倍の法則）ものですし、なにより長期戦を覚悟しなければなりません。
　アッという間に兵糧が尽き、益なく撤退させられる可能性は高い。
　そこで、傷が深くなる前に、早々に撤退を始めます。
　しかし、背を向けた軍ほど弱いものはありません。
　退いていくサファヴィー軍を見、「しめた！」とばかり、シャイバニーは、その背後を襲うべく、討って出ます。
　ところが！！
　いざ追いついてみると、サファヴィー軍が待ち構えていたのです。
「しまった！　謀られた！」
　そう思ったときには、時すでに遅し。
　パニックに陥ったシャイバニー軍は一気に壊滅してしまいます。
　あれ？　どっかで聞いたような？？？
　じつはこれ、日本の武田信玄ｖｓ徳川家康の決戦「三方ヶ原の戦」とウリ２つです。
　中国（三國志）では、五丈原の戦における諸葛亮最後の作戦がこれで、「死せる孔明、生ける仲達を走らす」の故事が生まれました。
「押してもダメなら引いてみよ」
　つねに頭を働かせ、臨機応変に対応できる者が勝利を摑みます。

第3章 サファヴィー朝・ムガール帝国の勃興

第3幕

大砲とともに突き進め！
ムガール帝国の成立

チムール帝国が滅亡したあと、その故地を折半するようにして、西半をサファヴィー朝が、東半をシャイバニー朝が押さえた。しかし、事ここに及んで、いまだチムール帝国の再興を夢見る者がまだひとり。彼こそがチムールの5代孫にして、チンギス汗の15代孫のバーブル。彼はサマルカンド制圧を試みてはいたが…。

不敗神話を誇ったサファヴィーがオスマンにチャルディランで大敗したのは重火器のためと聞く！軍象など蹴散らしてやるわ！

ムガール帝国 初代
ザヒール=ウッディーン=ムハンマド
バーブル（獅子）

〈ムガール帝国の成立〉

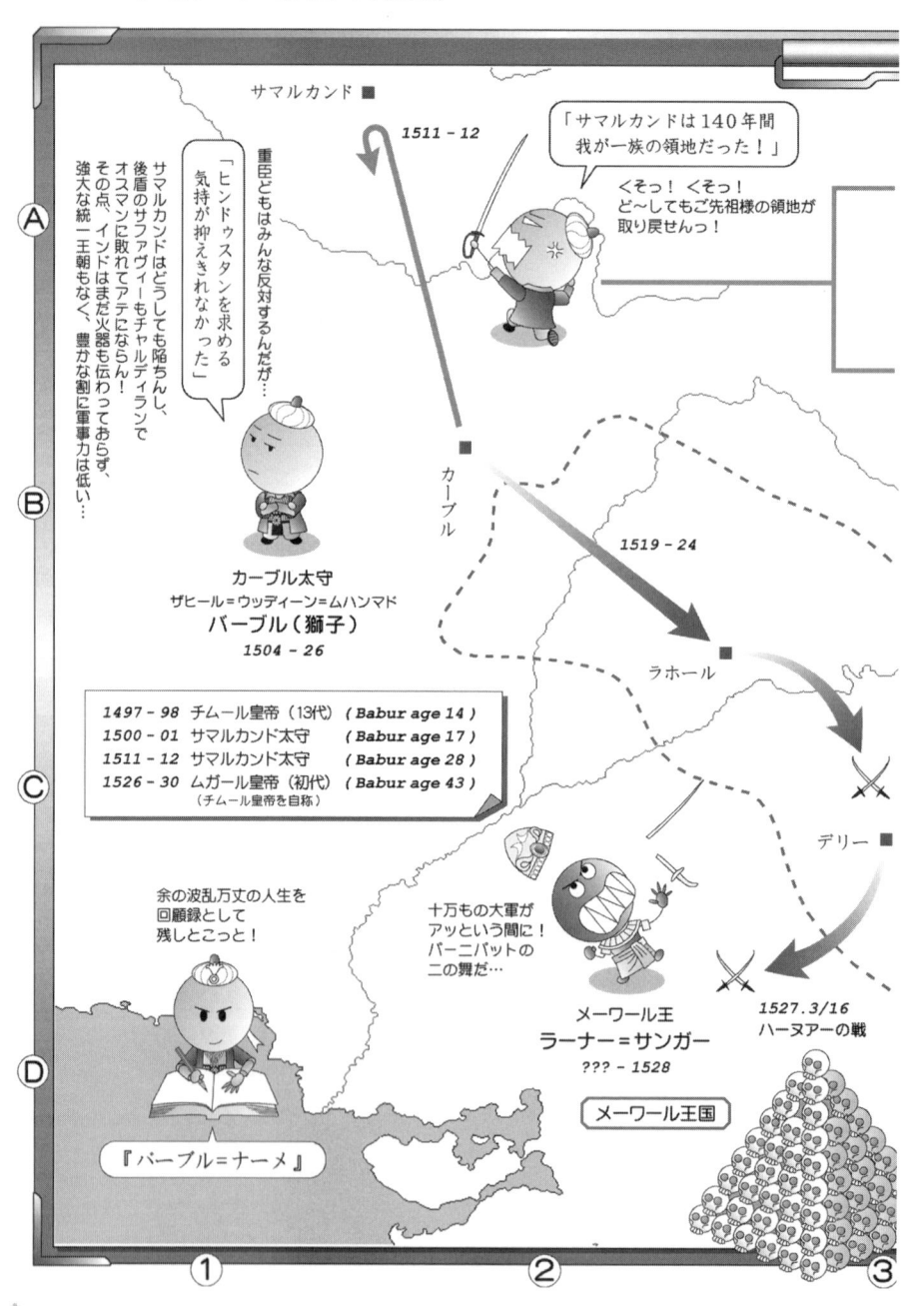

サマルカンド ■

1511 - 12

「サマルカンドは140年間我が一族の領地だった！」

くそっ！くそっ！ど〜してもご先祖様の領地が取り戻せんっ！

重臣どもはみんな反対するんだが…
「ヒンドゥスタンを求める気持ちが抑えきれなかった」

サマルカンドはどうしても陥ちんし、後盾のサファヴィーもチャルディランでオスマンに敗れてアテにならん！その点、インドはまだ火器も伝わっておらず、強大な統一王朝もなく、豊かな割に軍事力は低い…

カーブル太守
ザヒール＝ウッディーン＝ムハンマド
バーブル（獅子）
1504 - 26

■ カーブル

1519 - 24

■ ラホール

1497 - 98	チムール皇帝（13代）	(Babur age 14)
1500 - 01	サマルカンド太守	(Babur age 17)
1511 - 12	サマルカンド太守	(Babur age 28)
1526 - 30	ムガール皇帝（初代）	(Babur age 43)
	（チムール皇帝を自称）	

■ デリー

余の波乱万丈の人生を回顧録として残しとこっと！

十万もの大軍がアッという間に！パーニパットの二の舞だ…

メーワール王
ラーナー＝サンガー
??? - 1528

1527.3/16
ハーヌアーの戦

メーワール王国

『バーブル＝ナーメ』

A B C D
① ② ③

第 3 幕　ムガール帝国の成立

16 世紀前葉

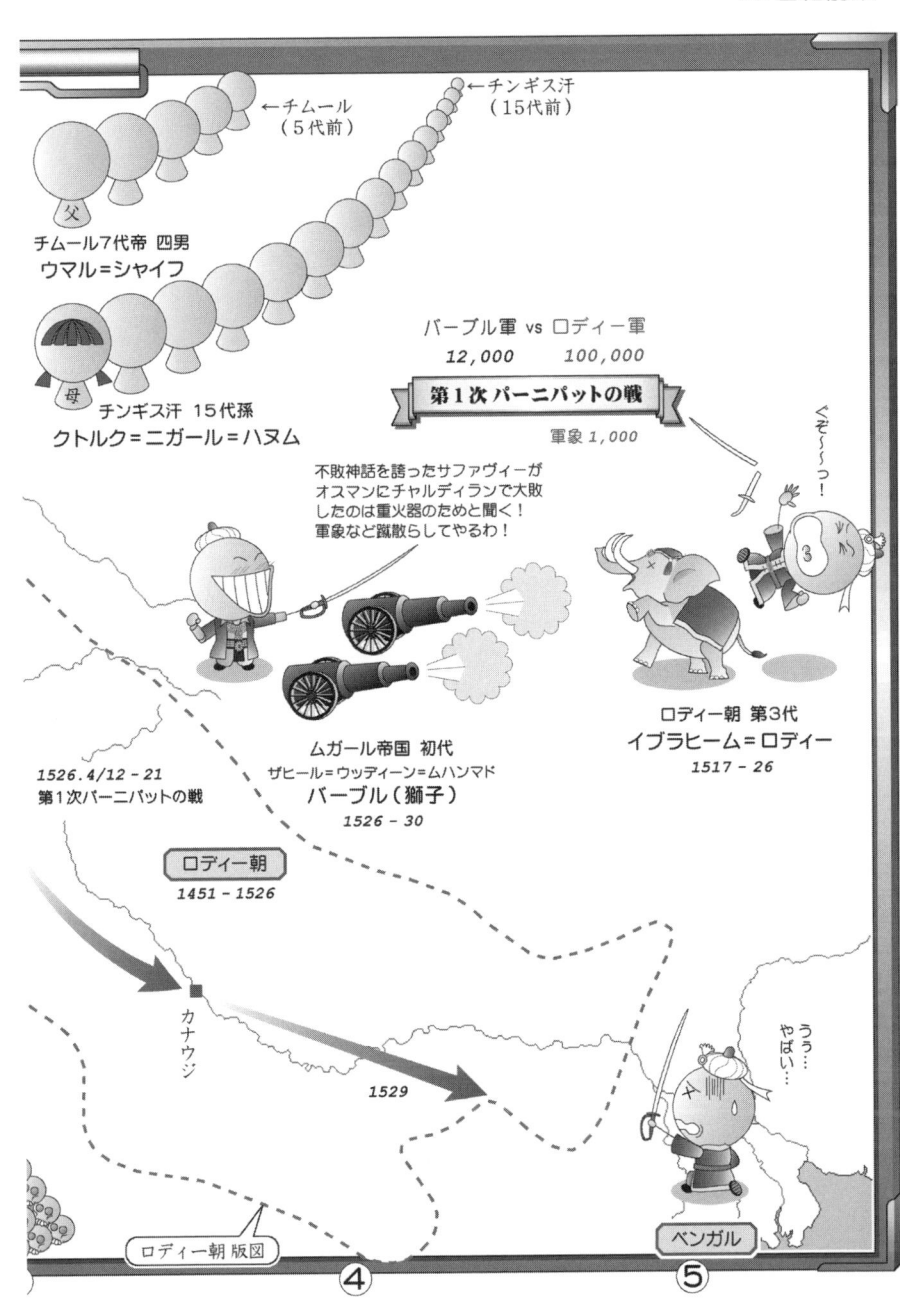

←チムール（5代前）
←チンギス汗（15代前）

チムール7代帝 四男
父
ウマル＝シャイフ

母
チンギス汗 15代孫
クトルク＝ニガール＝ハヌム

バーブル軍 vs ロディー軍
12,000　　　100,000

第1次パーニパットの戦

軍象 1,000

不敗神話を誇ったサファヴィーがオスマンにチャルディランで大敗したのは重火器のためと聞く！軍象など蹴散らしてやるわ！

ぐぞ～～っ！

ロディー朝 第3代
イブラヒーム＝ロディー
1517 - 26

1526.4/12 - 21
第1次パーニパットの戦

ムガール帝国 初代
ザヒール＝ウッディーン＝ムハンマド
バーブル（獅子）
1526 - 30

ロディー朝
1451 - 1526

カナウジ

1529

うぅ…
やばい…

ロディー朝 版図

ベンガル

④　　　　　　　　⑤

第1章 オスマン帝国の勃興
第2章 オスマン帝国の隆盛
第3章 サファヴィー朝・ムガール帝国の勃興
第4章 イスラーム三國志（興隆期）
第5章 イスラーム三國志（絶頂期）

169

前 幕において、チムール帝国「最後の安定期」を現出したのは、第8代スルタン＝アフマドだというお話をいたしました。

彼(アフマド)は無能であったものの、同時に野心もなく、兄弟・親戚に分封(ぶんぽう)を惜(お)しまなかったため、お決まりの「骨肉の内乱」が発生することもなく、帝国の安定に寄与した、と。

しかし、それは、「表面上(うわべだけ)の安定」にすぎず、「混乱の先延ばし」にすぎません。

彼(アフマド)の生前において、すでに、内に帝国の解体は進んでおり、彼(アフマド)亡きあと、帝国が収拾のつかない混乱に陥ったのは、いわば"必然"であり、その原因は、彼(アフマド)に帰せられるべきでしょう。

彼の死後、わずか6年で、帝国が滅亡したことはすでに述べたとおりです。
ところで。
彼(アフマド)には、ウマル＝シャイフという弟(*01)がおり、彼(シャイフ)にはフェルガナ(*02)が与えられました。

私はチムール様の玄孫。
父上が7代帝、兄上は8代帝、
私はフェルガナ太守だ。

フェルガナ太守
ウマル＝シャイフ ＝ チンギス統を継ぐ娘
クトルク＝ニガール＝ハヌム

(＊01) チムールの玄孫にあたり、妻(クトルク＝ニガール＝ハヌム)はチンギス汗の末裔(チンギス統)の14代孫にあたる方(チャガタイ裔)でした。

(＊02) 帝都サマルカンドから直線距離で400kmほど東方にある地です。

その弟(シャイフ)は、8代帝(アフマド)が亡くなった年(＊03)と同じ年（1494年）に亡くなってしまったため、これにより、その子バーブルがフェルガナ太守の地位を継ぐことになります。

その彼(バーブル)こそが、のちのムガール帝国の初代皇帝となるお方です。

このとき、彼(バーブル)はまだ11歳。

8代帝(アフマド)が亡くなったあとは、帝位をめぐって一族間で内乱に陥りますが、バーブルもこれに参戦、1497年には13代帝に即位しています。(＊04)

在位期間わずかに100日でしたが。

帝位を追われたあとは、ヘラートに逃れていましたが、1504年には、そのヘラートも追われると、今度は、東に逃れ、カーブル（B-2）(＊05)に雌伏(し)することになります。

彼(バーブル)は、チムール帝国が亡び、サマルカンド（A-1/2）がシャイバニー朝の首都となったあとも、「チムール帝国再興」を夢見て、これを攻撃しています。

「サマルカンドは140年間、我が一族の領地であった！」（A-2）

しかし、ことごとくシャイバニー朝（第3代クチュクンジ）の前に跳ね返されます。

「サマルカンドは140年間
我が一族の領地だった！」

サマルカンド ■

くそっ！ くそっ！
ど～してもご先祖様の領地が
取り戻せんっ！

(＊03)「チムール帝国の崩壊が始まった年」と言い換えることもできます。

(＊04) このとき、バーブルはまだ14歳でした。

(＊05) カーブルは、ヘラートから真東に直線距離で650kmほど離れたところにあります。
　　　ヘラートもカーブルも、現在のアフガニスタンにある町です。

なぜ、うまくいかないのか。

軍事力を支えているのは経済力です。

経済力の弱体な国は、軍事力も弱いものです。(＊06)

豊かなサマルカンドを攻めるのに、経済基盤の乏しいカーブルを拠点としていては勝ち目などあるはずがないのです。(＊07)

「なんとかしなくては…」

そこで、彼(バーブル)の目に留まったのが、パンジャーブ地方(B-2/3)です。

バーブルは考えます。

「ここからサマルカンドを陥(お)とすのはムリだ。

うしろを振り返れば、土地は豊かだが、軍事的には弱体なパンジャーブ地方があるではないか！

まずは、あそこを手に入れよう！

それによって充分な経済力を得てから、サマルカンドに臨むのがよかろう」

しかし、これに対して、彼(バーブル)の重臣たちは、口を揃えて大反対！

そこで、しばらくはグッと我慢していたバーブルでしたが…。

「どうしても、ヒンドゥスタン(インド)を求める気持ちが抑えられん！」(A/B-1)

…と、その反対を押し切って、彼はパンジャーブ侵攻を決意します。

「ヒンドゥスタンを求める気持ちが抑えきれなかった」

重臣どもはみんな反対するんだが…

カーブル太守
ザヒール＝ウッディーン＝ムハンマド
バーブル（獅子）

(＊06) しかし、「経済力が強い国」がかならずしも「軍事力も強い」とは限りませんが。

(＊07) これは、中国の『三國志』において、魏が、度重なる蜀の「北伐」をはね除けることができた理由のひとつでもあります。魏と蜀では、あまりにも経済力の差がありすぎて、諸葛亮のようなすぐれた軍師をもってしても、如何ともしがたかったのでした。

第3幕　ムガール帝国の成立

　当時、北インド世界の覇者は、デリー（C-3）を都とするロディー朝[*08]でした。
　1519年、ついにカイバル峠[*09]を越えます。
　快進撃でパンジャーブをアッという間に突破、そのまま南進をつづけるバーブル軍に慌てたロディー朝は、主力軍を北に向かわせます。
　それこそが、1526年、「第1次パーニパットの戦」（C-3）です。

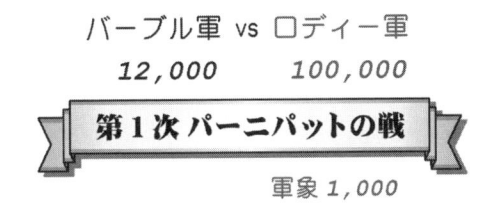

```
バーブル軍  vs  ロディー軍
 12,000        100,000
   第1次 パーニパットの戦
                軍象 1,000
```

　バーブル軍1万2000に対し、ロディー朝軍はなんと10万。
　しかも、ロディー朝軍は軍象を1000頭も引き連れています。
　当時、「軍象」というのは強力な兵器で、近代戦なら「戦車」のようなもの。
　それを1000頭も！
　さながら「歩兵部隊vs戦車部隊」のような様相を呈してきます。
　さらには、バーブル軍は遠征の身。
　地の利もなく、兵站の確保もままならない。
　もう、すべての条件が「バーブル軍に圧倒的に不利！！」という状況でした。
　これでは勝てるはずがないっ！！

（＊08）ゴール朝から分かれた奴隷王朝から始まり、ハルジー朝、トゥグルク朝、サイイド朝を経て、このロディー朝までをひっくるめて「デリー＝サルタナット（デリー＝スルタン朝）」と言います。スール朝を含めることもあります。

（＊09）インド世界と中央アジア世界を分ける分水嶺。

173

ところが。
　バーブル軍にあって、ロディー朝軍にないものがひとつありました。
　それが「大砲」です。
　じつは、バーブルがカーブルに雌伏(しふく)し、サマルカンドを睨(にら)んでいたころ、その目の前で、シャイバニー朝がサファヴィー朝に何度挑んでも敗走する様を目の当たりにしていました。(＊10)
　バーブルがどうしても勝てないシャイバニー朝を相手にしての快勝。
　シャイバニー朝の強さの理由は、その「騎馬軍」にありましたが、サファヴィー朝は新兵器「大砲」を使用していました。
「我々がどうしても勝てない、シャイバニー朝自慢の騎馬軍も、あの"大砲"とかいうやつを前にしたら、為(な)す術(すべ)なく敗走するのか。(＊11)
　我が国もただちに導入せねば！」

不敗神話を誇ったサファヴィーがオスマンにチャルディランで大敗したのは重火器のためと聞く！軍象など蹴散らしてやるわ！

ムガール帝国　初代
ザヒール＝ウッディーン＝ムハンマド
バーブル（獅子）

（＊10）具体的に申し上げますと、1520年代、シャイバニー朝は、奪われたホラサン地方を奪還するため、サファヴィー朝に5度戦争を仕掛けていますが、5度とも敗走しています。

（＊11）まさに、戦国の世にあって、いち早く銃火器を実用化した織田信長軍と、昔ながらの騎馬軍に固執する武田勝頼軍の「長篠の戦」を彷彿とさせます。
　　　もっとも、織田軍の場合は「大砲」ではなく「火縄銃」でしたが。

こうして、バーブルは、サファヴィー朝経由で、新兵器「大砲」を手に入れていたのです。
　いかに獰猛な軍象といえども、大砲の轟音とその破壊力を前にしては、どうしようもありません。
　まさに、「近世 vs 中世」の戦いであり、これにより 10 倍近い兵力差と、さまざまな不利な条件をすべてひっくり返して、バーブルは大勝利します。
　この「第 1 次パーニパットの戦」のあと、彼はそのままデリーに入城し、国づくりを始めます。
　それこそが、所謂「ムガール帝国(＊12)」です。
　ただし、「ムガール帝国」というのはあくまでも"他称"であって、自らは「チムール帝国」と名乗りつづけていました。

ロディー朝 第3代
イブラヒーム＝ロディー

(＊12)「ムガール」とは、「モンゴル」という意味です。バーブルは、チムールの 5 代孫ですが、そのチムールは、チンギス汗の傍系を祖先に持つと主張し(ホントかどうかははなはだ怪しい)、チンギス汗の血筋の娘を妻に迎え、「チンギス家の婿（ギュレゲン）」を自称していたほど「モンゴル人」であることに執着していましたので。
　しかしながら、実際には、混血がすすんで、すっかり「トルコ人」でした。

つまり、彼らの理念としては、
「"チムール帝国"が亡んで、新王朝として"ムガール帝国"が建国された」
…のではなく、あくまでも、
「チムール帝国が、サマルカンドからデリーに遷都したにすぎない」
…という感覚です。(＊13)

　自ら「ムガール帝国初代皇帝」とは名乗らずに、「チムール帝国第15代皇帝」を名乗り、それは、ムガール帝国が滅亡するまで、まったくブレることはありませんでした。
「チムール帝国の正統なる後継者」ですらなく、「チムール帝国そのもの」。
　いかに「チムール帝国の復興」に執着していたかが窺われます。
　さて。
　こうして成立したムガール帝国に対し、危機感をおぼえてバーブルに挑んできたメーワール王国（D-2/3）(＊14)をはじめ、逆らう者をなぎ倒し、死体の山

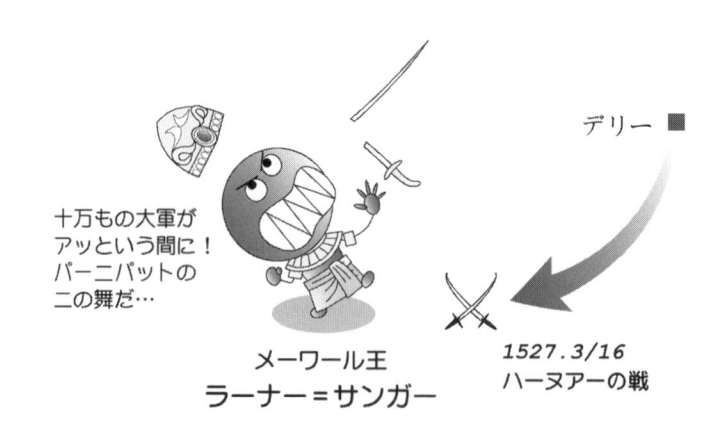

十万もの大軍が
アッという間に！
バーニパットの
二の舞だ…

メーワール王
ラーナー＝サンガー

デリー■

1527.3/16
ハーヌアーの戦

(＊13) このような事例は、別段めずらしいことではありません。
　　　たとえば、本書にも登場する「ビザンツ帝国」も、自称はあくまで「ローマ帝国」です。
　　　「ローマ帝国は滅亡していない。我々が脈々と継承している」という認識です。

(＊14) メーワール王国もまた、10万もの大軍をもってバーブルに臨みましたが、「パーニパット」の再現となり、ムガール帝国軍の大砲の前に敗れ去りました。

を築きながら、ガンジス川沿いに南下し、またたく間に北インドを制圧していきます。

　しかし、「大事業」を行うには、人生に与えられた時間はあまりにも短い。

　11歳にして父を失い、「フェルガナ太守」から身を起こした彼(バーブル)も、

1497年　第13代チムール皇帝　　　（14歳）→　翌年失脚
1500年　サマルカンド太守　　　　（17歳）→　翌年失脚
1511年　サマルカンド太守（再任）（28歳）→　翌年失脚

…と、波瀾万丈(はらんばんじょう)の人生を経て、ムガール帝国を興(おこ)したとき、すでに43歳になっていました。

　彼は、自らの人生の"黄昏(たそがれ)"を感じたとき、自分の人生を振り返り、その回顧録を認(したた)めます。

　それが『バーブル＝ナーメ』(*15)です。

　彼(バーブル)は建国からわずか4年後には、47歳の若さで亡くなっています。

> 余の波乱万丈の人生を
> 回顧録として
> 残しとこっと！
>
> 『バーブル＝ナーメ』

(＊15)「ナーメ」というのは、「物語」とか「書物」という意味ですので、直訳すれば、『バーブル物語』『バーブルの書』という意味になります。
　これに倣うようにして、第3代アクバル大帝も『アクバル＝ナーメ』を著しています。

閑話休題(それはさておき)。

これでようやく、本書で扱う「イスラーム三大帝国」、すなわち「オスマン帝国」、「サファヴィー朝」、「ムガール帝国」が出揃(でそろ)いました。

これを、本書のタイトルどおり、中国の『三國志』になぞらえるなら、
- アッバース朝　　：　後漢
- オスマン帝国　　：　魏(ぎ)
- サファヴィー朝　：　蜀(しょく)
- ムガール帝国　　：　呉

…といったところでしょうか。

遡(さかのぼ)れば、イスラーム世界は、ムハンマド以来、ずっと統一王朝を保っていましたが、200年ほど経ったアッバース朝のころ(9世紀)から解体しはじめ、その中からたくさんの地方政権が生まれていきました。

これは、東アジア世界において、やはり建国から200年ほど経った後漢王朝が解体していく中で、たくさんの群雄が割拠(かっきょ)した歴史を彷彿(ほうふつ)とさせます。

途中、西から董卓(とうたく)、東から袁紹(えんしょう)が勢力を伸ばしたことがありましたが、結局は短期間で潰(つい)えていきます。

これは、イスラーム世界において、一時、西からはファーティマ朝が、東からはセルジューク朝が勢力を拡大したものの、やはり短期間で潰(つい)えていったことを思い起こさせます。

このままずっと群雄割拠がつづくのか、とも思われましたが、
「そもそも天下の大勢は、
　分かれること久しければ必ず合(ごう)し、合(ごう)すること久しければ必ず分かれる」
…という『三國志演義』の言葉どおり、中国では「魏」「蜀」「呉」、イスラーム世界では、「オスマン」「サファヴィー」「ムガール」の三大帝国に呑(の)み込まれていくことになるのも似ています。

中でも、オスマン帝国は、
- 三大帝国の中でも、国土・軍事力・経済力においてもっとも強大で、
- その文化圏の中でもっとも重要な地(聖地メッカ)を押さえ、
- 前(さき)の統一王朝の血筋の者(アッバース朝)を保護し、その権威を利用した

…などなど、とても「魏(ぎ)」に近い特徴を備えています。

魏も、三国の中で最大最強で、重要拠点の洛陽(らくよう)を押さえ、漢室(献帝(けんてい))を保護しその権威を利用していましたから。

つぎに、サファヴィー朝を見ていきますと、
- イスラーム世界の正統なる指導者を自称し、
- オスマン帝国に比べれば、その国力はかなり劣ってはいるものの、
- その隣国にあって、地の利を活かして、これと対等（それ以上）に戦い抜き、
- 一時は「世界の半分」と謳われるほど繁栄します。

これは、『三國志』になぞらえれば、「蜀」を思い起こさせます。
　蜀もまた、自らを「漢室の末裔」「後漢の正統なる後継者」であると自称し、国力は"三国最弱"でありながらも、三国最強の魏とよく戦い、一時は、曹操が許都を棄てようと思ったほど、魏を追い詰めたこともあります。

　そして最後のムガール帝国は、
- 大義名分上は「チムール帝国の再興・失地回復」を掲げながら、
- 実際には、それに力を注ぐことはせず、
- カイバル峠という自然要害に護られて、豊かなインドに独自文化を築き、
- 「攻め」よりも「護り」を重視して、繁栄を謳歌します。

これは、「呉」に似ています。
　呉もまた、口先だけで「漢の再興」を唱えながら、実際には、それに力を注ぐことはせず、長江という自然要害に護られて、「天下統一」よりも自国の安寧に汲々としていました。

　そして、結局は、この「三国」のどれも「天下統一」できなかった、という点も相似点といえば相似点でしょうか。

　それでは、次章からは、この「三国」の熾烈な抗争を見ていくことにいたしましょう。

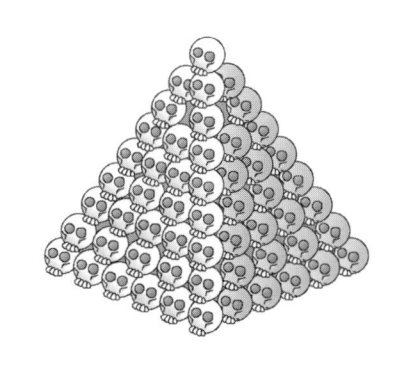

Column バーブルの変心

　こうして、バーブルによって打ち建てられたムガール帝国は、300年以上にわたってインドにその命脈を保つことになります。
　それというのも、初代バーブルがサマルカンド制圧をいったん諦め、くるりと後ろを向いて、パンジャーブ制圧に方向転換したからです。
　もし、彼がずっと「サマルカンド侵攻」に固執していたら、「ムガール帝国」が生まれることもなく、さりとて、サマルカンド制圧もかなわず、彼の存在などは歴史の中にすっかり埋没し、忘れ去られていったことでしょう。
　ひとつの「夢」や「願望」「目標」に向かって努力するとき、巷間、「1度や2度の失敗で挫けることなく、何度も何度も最後まで諦めず挑戦しつづけることが大切だ！」と言われることがあります。
　それも一理あります。
　しかし、その「道（努力の方向性）」が正しければ、の条件付きです。
　人生とは迷路園の中を歩くようなもの。
　分岐路にぶつかっても、右の道が正解か、左の道が正解か、誰にもわかりません。
　たしかに目標(ゴール)は「前方」に見える。
　しかし、そこへ至るまでの道は「前方の道」とは限りません。
　一見、「どんどん目標(ゴール)から離れて行ってしまう後ろの道」が、目標(ゴール)への最短ルートかもしれないのです。
　あるいは、その目標(ゴール)へ向かう遠回りの途上で、「もっとすばらしい別の目標(ゴール)」が発見されるかもしれません。
　バーブルはまさにそれで、結局、当初の目標である「サマルカンド」を手に入れることはできませんでしたが、その代わり、インドに大帝国の基盤を築き上げることができたのです。
　バーブルの波瀾万丈(はらんばんじょう)の人生を学ぶことで、さまざまな人生訓を学びとることができます。

第4章 イスラーム三國志（興隆期）

第1幕

大宰相家を族滅せよ！
オスマン帝国の完全復活

ちょっとスキを見せると
すぐに独立しやがって！

夢にまでみたコンスタンティノープルをついに手に入れたオスマン帝国は、アンカラの戦のドサクサの中でオスマンから独立していった国々をつぎつぎと征服していった。その結果、バルカン・アナトリア両半島のほとんどはオスマンの支配下に戻り、苦節60年、ついに旧領のすべてを回復することとなる。さらには…

〈オスマン帝国の完全復活〉

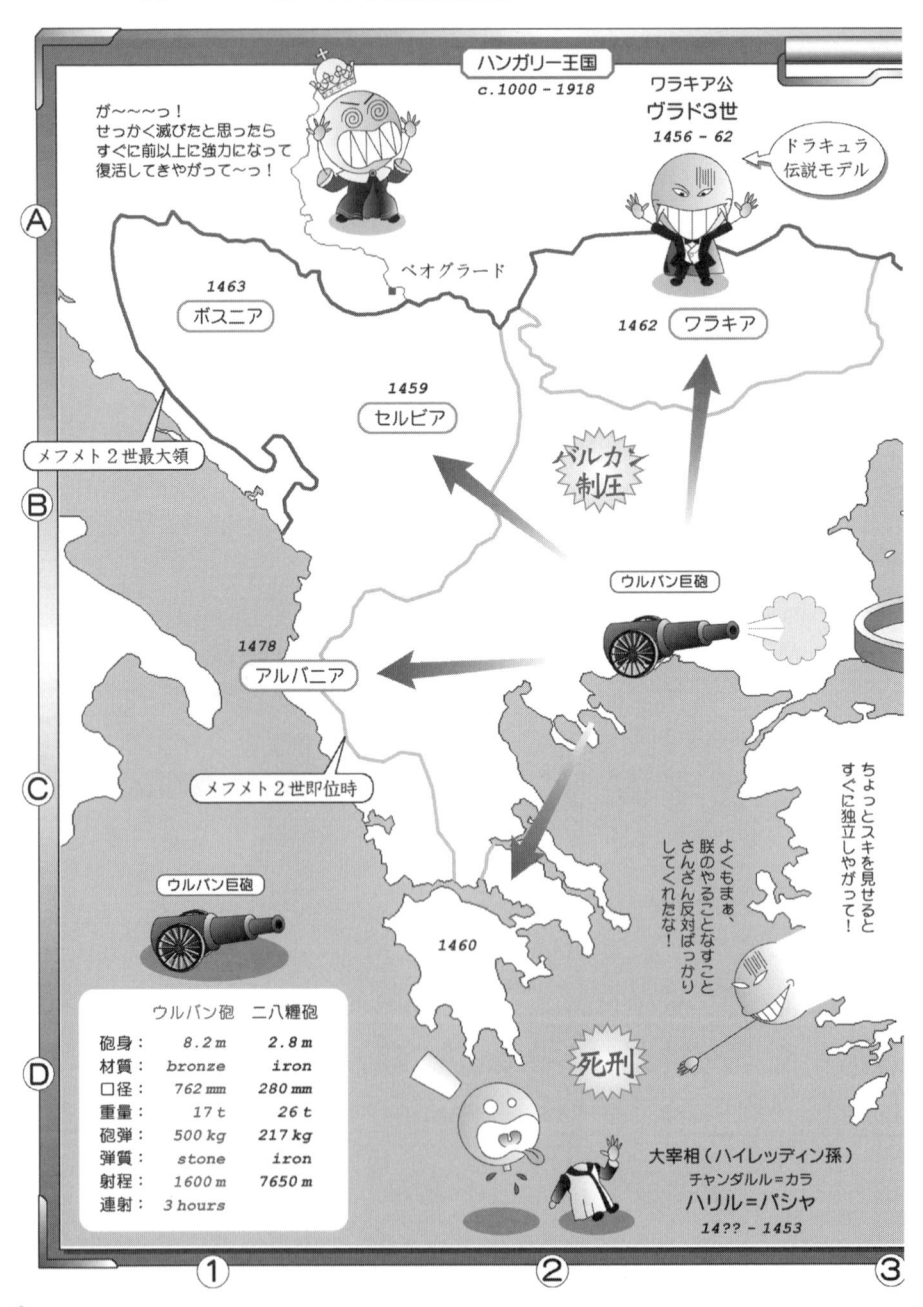

が～～～っ！
せっかく滅びたと思ったら
すぐに前以上に強力になって
復活してきやがって～っ！

ハンガリー王国
c.1000 - 1918

ワラキア公
ヴラド3世
1456 - 62

ドラキュラ
伝説モデル

ベオグラード

1463 ボスニア

1462 ワラキア

メフメト2世最大領

1459 セルビア

バルカン
制圧

ウルバン巨砲

1478 アルバニア

メフメト2世即位時

ウルバン巨砲

1460

ちょっとスキを見せると
すぐに独立しやがって～！

よくもまあ、
朕のやることなすこと
さんざん反対ばっかり
してくれたな！

死刑

大宰相（ハイレッディン孫）
チャンダルル＝カラ
ハリル＝パシャ
14?? - 1453

	ウルバン砲	二八糎砲
砲身：	8.2 m	2.8 m
材質：	bronze	iron
口径：	762 mm	280 mm
重量：	17 t	26 t
砲弾：	500 kg	217 kg
弾質：	stone	iron
射程：	1600 m	7650 m
連射：	3 hours	

第1幕 オスマン帝国の完全復活

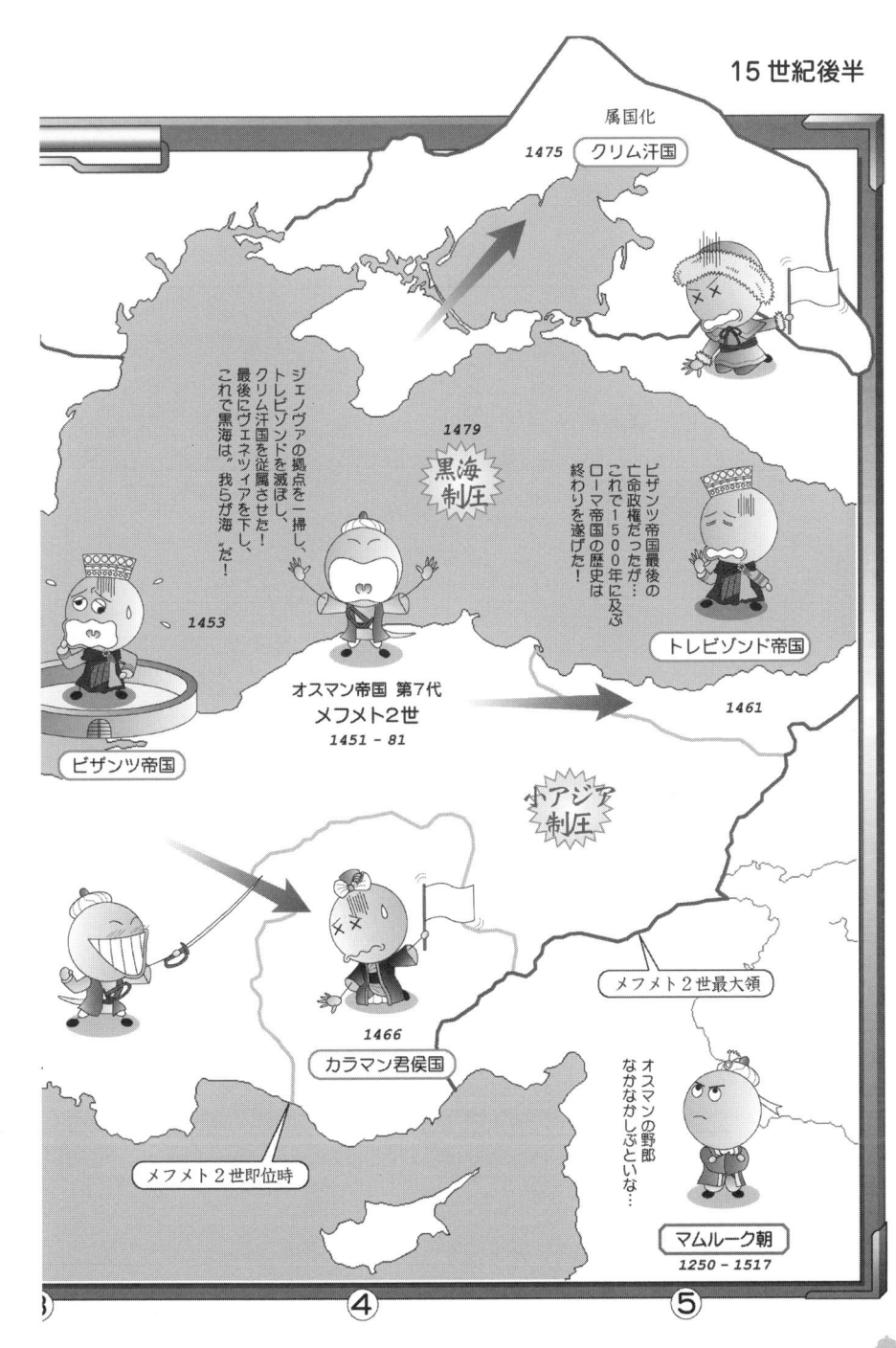

15世紀後半

属国化
1475
クリム汗国

1479
黒海制圧

ジェノヴァの拠点を一掃し、トレビゾンドを滅ぼし、クリム汗国を従属させた！最後にヴェネツィアを下し、これで黒海は"我らが海"だ！

ビザンツ帝国最後の亡命政権だったが…これで1500年に及ぶローマ帝国の歴史は終わりを遂げた！

トレビゾンド帝国

1453

ビザンツ帝国

オスマン帝国 第7代
メフメト2世
1451 - 81

1461

小アジア制圧

メフメト2世最大領

1466
カラマン君侯国

メフメト2世即位時

オスマンの野郎なかなかしぶといな…

マムルーク朝
1250 - 1517

第1章 オスマン帝国の勃興　第2章 オスマン帝国の隆盛　第3章 サファヴィー朝 ムガル帝国の勃興　第4章 イスラーム三國志（興隆期）　第5章 イスラーム三國志（絶頂期）

さて、ふたたびオスマン帝国に話を戻しましょう。
　第7代メフメト2世が、コンスタンティノープルを陥落させたところまで見てまいりました。
　初代オスマン1世以来、夢にまでみた「君府(コンスタンティノープル)陥落」です。

[ウルバン巨砲]　[ビザンツ帝国]　1453

　それはもう嬉しかったに相違ありません。
　しかし。
　コンスタンティノープルに入城し、その玉座に座るや否や、「君府(コンスタンティノープル)陥落」の悦びも冷めやらぬ中、メフメト2世は、大宰相(ヴェズィラザム)(＊01)に冷たいまなざしを向けていました。
「ついに我が国の宿願であった君府(コンスタンティノープル)を手に入れることができた！
　歴代先帝(スルタン)たちが何度試みても成し得なかったことじゃ。
　余はこれほど嬉しいことはないぞ！
　のぉ？　ハリルよ？」

（＊01）日本でいえば、「首相」に相当する役職。皇帝を除き、人臣の最高位。
　　　　詳しくは、第1章 第6幕を参照のこと。

ここで、突然名指しされた「ハリル」という家臣は、当時、第7代大宰相(ヴェズィラザム)の地位にあった人物。
　初代大宰相(ヴェズィラザム)の孫でもあり、先帝ムラート2世から仕(つか)えてきた宿老(しゅくろう)でもある「チャンダルル＝カラ＝ハリル＝パシャ」(＊02)です。
——は…ははっ！
　恐縮するハリルに、帝(メフメト)はつづけます。
「のぉ？　こたびの大勝利について、そちはどう思う？　んん？」
　悦(よろこ)びの席でかけられた言葉であるにもかかわらず、帝(メフメト)の目は据(す)わり、口元は笑っておらず、その口調には不穏な響きがありました。
——は…ははっ！
　このたびの陛下の偉業は、天にも届き、地に轟(とどろ)き、未来永劫に語り継がれることでありましょう。
　お畏(おそ)れながら、臣(しん)、心よりお慶(よろこ)び申し上げま…
　帝(メフメト)はブチ切れます。
「だまれ、だまれっ！！
　そのような戯言(たわごと)、聞きたくもないわ！」
——は…ははーっ！
　平伏する大宰相(ハリル)。
　宮廷の空気は張りつめ、緊張が走ります。
　このめでたい席で、何故(なにゆえ)にメフメト2世はかくも不機嫌なのでしょうか。
　じつは。
　コンスタンティノープル攻略について、大宰相(ヴェズィラザム)のハリルは終始大反対していたのです。

(＊02) チャンダルル家は、歴代大宰相を5人も輩出した名門中の名門でした。
　「その権力も財力も皇帝以上」と謳われたほどで、これは、中国・清朝の「和珅」を彷彿とさせる存在でした。(和珅については、拙著『世界史劇場 日清・日露戦争はこうして起こった』(ベレ出版)を参照のこと)

──陛下！

今はその時ではありません！

先帝様(ムラート)に倣(なら)い、まだまだ内政に力を注ぐ時期です！

ご自重くださいませ！

今討って出れば、必ずや無惨な失敗に終わることでしょう！

…と。(＊03)

しかし、メフメト2世は、その反対を押し切って、君府(コンスタンティノープル)攻略に討って出(う)たのでした。

そのような背景があったため、万が一にも君府(コンスタンティノープル)攻略が失敗すれば、皇帝(スルタン)のメンツは丸つぶれ。

大宰相(ヴェズィラザム)は面目躍如(やくじょ)。

「それ、ご覧なさい！

今後はご自重いただきますぞ？」

…となり、皇帝(スルタン)の権威が大宰相(ヴェズィラザム)によって抑え込まれることになってしまうことは必定(ひつじょう)。

君府(コンスタンティノープル)攻略の背景には、こうした皇帝(スルタン)と大宰相(ヴェズィラザム)の大きな確執があったのです。

初代 大宰相
チャンダルル
ハイレッディン

第2代 大宰相
チャンダルル
アリー

第7代 大宰相
チャンダルル
ハリル

死刑

(＊03) 彼がなぜ、これほど君府攻略に反対したのか、その理由はよくわかっていませんが、筆者の推察するところ、おそらく彼は、ビザンツ帝国から莫大な賄賂を受け取っていたからだと思われます。権力の集まるところには、かならず「賄賂」が集まります。

「皇帝以上」と謳われた彼の権力の下には、各方面から莫大な賄賂が集まってきていたはずで、その中に「ビザンツからの賄賂だけがなかった」と考える方が不自然です。

「そちはこたびの戦に終始大反対しておったのぉ？
よもや、忘れたとは言わさぬぞ！？」
　大宰相(ハリル)は返す言葉もありません。
「そちは戦争中も、いろいろと利敵行為を働いてくれたようじゃのぉ？
すでに証拠は挙がっておる！
父上恩顧(ムラートおんこ)の重臣じゃから今まで大目に見ておったが、もはや勘弁ならん！
ハリルを引っ捕らえい！
そして、チャンダルル家は族滅(＊04)せよ！」

よくもまぁ、朕のやることなすこと
さんざん反対ばっかり
してくれたな！

オスマン帝国　第7代
メフメト2世

　じつのところ、大宰相(ハリル)がほんとうに「利敵行為」を行っていたかどうかは判然としませんし、このような場合、たいていは「冤罪(えんざい)」だったりしますが、今回ばかりは、冤罪(えんざい)ではないと思われます。
　大宰相にとって、君府(コンスタンティノーブル)攻略の成否は、自分の政治生命に関わることになりますので、あらゆる陰謀を巡らせて、妨害工作していたことは間違いありません。

（＊04）一族郎党、女子供に至るまで、原則として全員処刑すること。
　　　　ただし、場合と条件によっては一族でありながら助命される例もありました。
　　　　今回も、ハリルの息子イブラヒームは助命され、のちに第18代大宰相になっています。

こうして、チャンダルル家は全財産を没収され、一族郎党処刑されます。

　チャンダルル家は、歴代大宰相(ヴェズィラザム)を輩出する名門中の名門で、このころには帝室ですら持て余すほどの権力と財力を誇っていましたから、これは皇帝(スルタン)にとって、チャンダルル家を排斥するよい口実となりました。

　これにより、オスマン帝国の専制君主体制は確立します。

　さて。

　獅子身中の虫を退治し、帝権を確立することに成功したメフメト２世は、さらなる発展を図り、アンカラの戦ののち、オスマンから独立していった国々を矢継ぎ早に再征服していきます。

　バルカン方面では、まずはセルビア（B-1/2）と、ワラキア（A-2/3）(＊05)。

が～～～っ！
せっかく滅びたと思ったら
すぐに前以上に強力になって
復活してきやがって～っ！

ドラキュラ
伝説モデル

ワラキア公
ヴラド３世

　あっさり、バルカン半島のアンカラ以前の旧領を取り戻すと、それだけにとどまらず、さらに、アンカラ以前には持っていなかったボスニア（A-1）、ギリシア（C/D-2）、アルバニア（B/C-1/2）をぞくぞくと陥(お)とし、バルカン半島のほとんどを手中に収めます。

(＊05) ちなみに、当時のワラキアの支配者はヴラド３世（A-2/3）。
　　　 彼は、「ドラキュラ伝説」のモデルとなった人物として有名です。

つぎに、アナトリア方面では、旧領カラマン君侯国（C/D-4）を取り戻したのみならず、アンカラ以前には持っていなかった、黒海南東に位置するトレビゾンド帝国（B/C-5）をも亡ぼします。

　これにより、バルカン・アナトリア両半島をほぼ統一することに成功します。

　さらに。

　黒海の向こうのクリム汗国（A-5）[*06]をも服属させたことで、黒海の主要な港をほとんど押さえることとなり、豊かな黒海の貿易覇権をも手中に収めることに成功します。（A/B-4）

　しかし。

「出る杭は打たれる」

　急速に勢力を拡大していくオスマンに脅威を感じたサファヴィー朝、そしてマムルーク朝（D-5）がオスマンに挑んできます。

　次幕からは、まずはサファヴィー朝、つぎにマムルーク朝の挑戦を見ていくことにいたしましょう。

（＊06）ユーラシア大陸を席巻した「モンゴル帝国」は、その巨大になりすぎた領土を支えきれずに分裂し、その中から生まれた国のうちのひとつに「キプチャク汗国」があります。
そのキプチャク汗国は、本家と分家に分かれて分割統治され、実質的には、金帳汗国・青帳汗国・白帳汗国に分かれていきましたが、その金帳汗国がさらに分裂して、その中から生まれた国のうちのひとつが「クリム汗国」です。

Column 先君の家臣団

　先君が亡くなり、君主が交替しても、通常、先君に仕えた家臣団は、そのまま新君を支えていくことになります。
　先君家臣団はすでに老いており、それゆえに保守的です。
　逆に、新君は若く、それゆえ、
「余が帝(みかど)となった以上、あれもしたい、これも挑戦してみたい！」
…と、積極的になることが多い。
　必然的に、新君と老家臣団との間に軋轢(あつれき)が生まれます。
　新君が新しい行動を起こそうとするたびに、
「陛下、それはなりませぬぞ！」
「ご自重ください」
「お父上が生きておられましたならば、なんと申されることか…」
「陛下はまだお若い。僭越(せんえつ)ながら、政治というものがまだ理解できておられません。政治のことは、我々にお任せを」
　若い君主は、自分のしたい政治ができず、事あるごとに老家臣たちに反対され、フラストレーションが溜(た)まる一方となります。
　創業社長が亡くなって、そのボンボンが二代目社長に就任するや、たちまち、創業社長と苦楽を共にしてきた幹部たちが若い二代目社長を抑え込んで専横がはじまるのに似ています。
　したがって、君主が入れ替わるたび、新君が最初に戦わなければならない"敵"は、先君からの老家臣団であり、その一掃とその若返りができるかどうかが、新時代を切り拓(ひら)くことができるかどうかのターニングポイントとなります。
　しかし、それはたいへんな困難が伴い、それができるほどの君主はたいてい後世に名を残すほどの名君となります。
　本幕の、「若い新帝メフメト２世が何か行動を起こそうとするたび、大宰相(ヴェズィラザム)ハリルがいちいち反対する」という構図は、こうした側面からも理解することもできます。

第4章 イスラーム三國志（興隆期）

第2幕

挫折なき帝の最期

オスマン帝国 vs サファヴィー朝

オスマン帝国の復活と急速な拡大は、周辺諸国に脅威を与えることとなる。ちょうどそのころ（15世紀）、西アジア世界では、白羊朝(アクコユンル)・黒羊朝(カラコユンル)・サファヴィー教団の三ツ巴状態であったため、オスマンに対応する余裕はなかったが、16世紀に入り、サファヴィー朝がこれを制するや、さっそくオスマンに挑戦してくる。

俺様は救世主様だぞ！
神の御加護があんだ！
負けるはずがねぇ〜っ！

チャルディランの戦

サファヴィー朝 初代
イスマーイール1世

〈オスマン帝国 vs サファヴィー朝〉

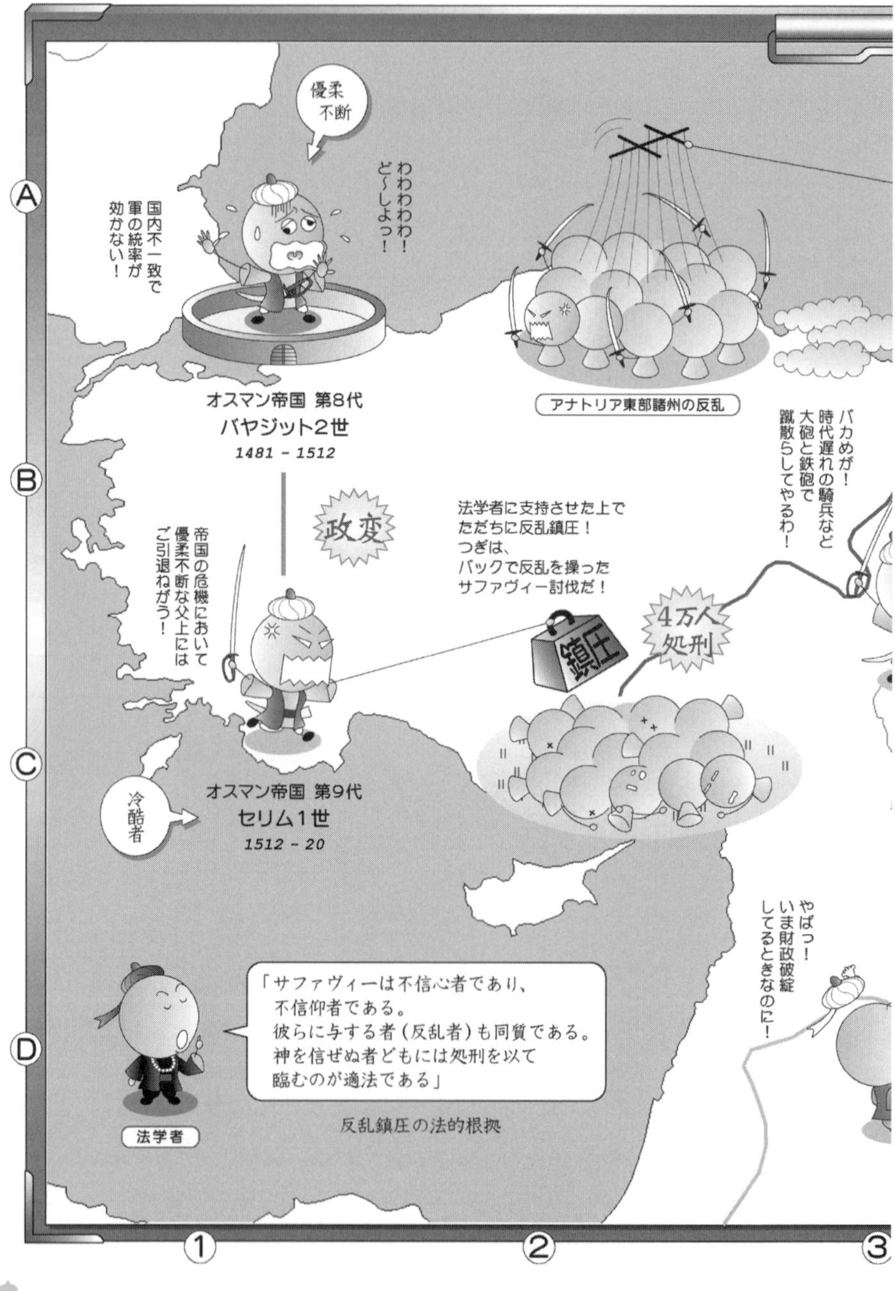

反乱鎮圧の法的根拠

第2幕 オスマン帝国 vs サファヴィー朝

15世紀末〜16世紀初頭

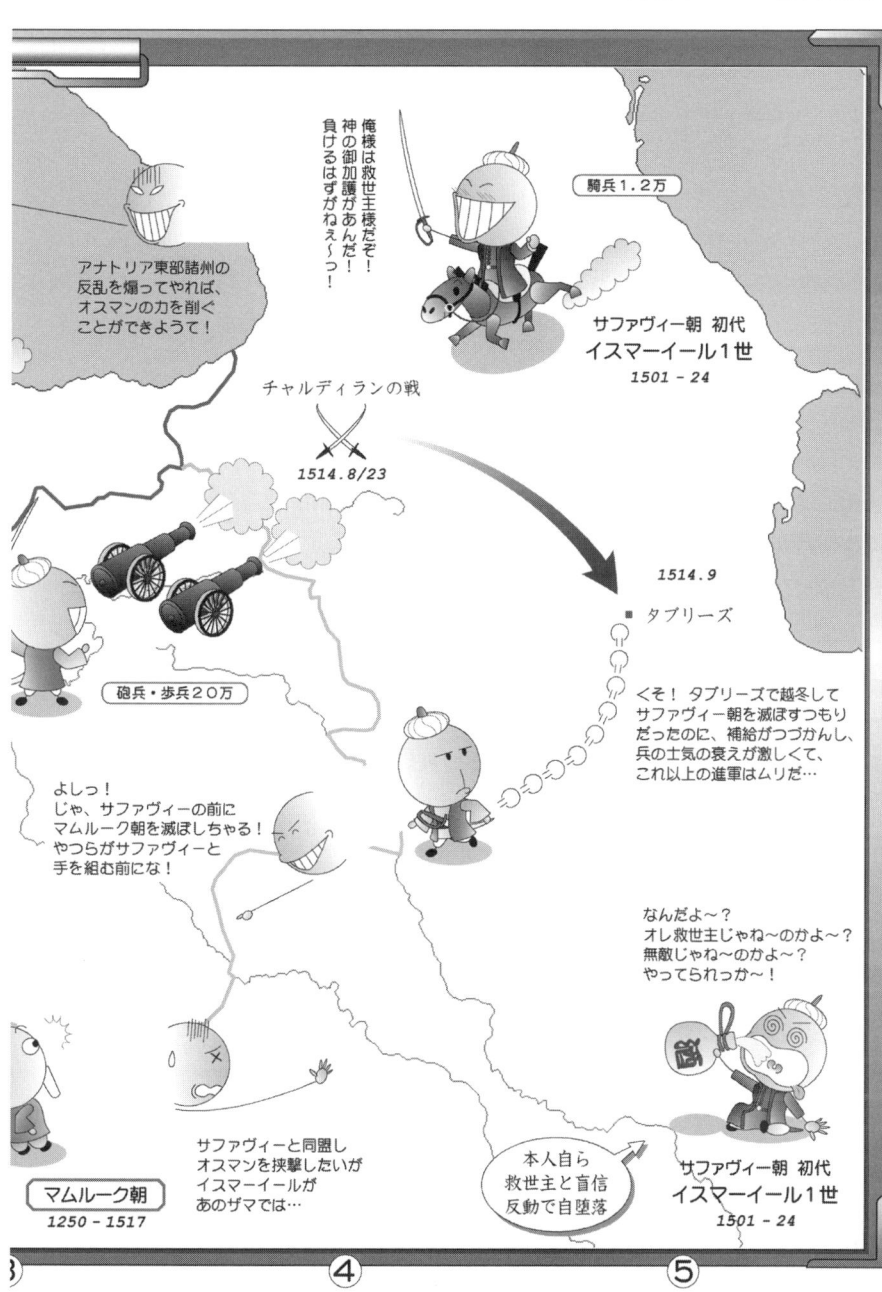

アナトリア東部諸州の反乱を煽ってやれば、オスマンの力を削ぐことができようで！

俺様は救世主様だぞ！！神の御加護があんだ！負けるはずがねぇ〜っ！

騎兵1.2万

サファヴィー朝 初代
イスマーイール1世
1501 - 24

チャルディランの戦
1514.8/23

1514.9
■ タブリーズ

くそ！タブリーズで越冬してサファヴィー朝を滅ぼすつもりだったのに、補給がつづかんし、兵の士気の衰えが激しくて、これ以上の進軍はムリだ…

砲兵・歩兵20万

よしっ！じゃ、サファヴィーの前にマムルーク朝を滅ぼしちゃる！やつらがサファヴィーと手を組む前になｯ！

なんだよ〜？
オレ救世主じゃね〜のかよ〜？
無敵じゃね〜のかよ〜？
やってられっか〜！

サファヴィーと同盟しオスマンを挟撃したいがイスマーイールがあのザマでは…

マムルーク朝
1250 - 1517

本人自ら救世主と盲信反動で自堕落

サファヴィー朝 初代
イスマーイール1世
1501 - 24

第1章 オスマン帝国の勃興

第2章 オスマン帝国の隆盛

第3幕 サファヴィー朝・ムガール帝国の勃興

第4章 イスラーム三國志(興隆期)

第5章 イスラーム三國志(絶頂期)

193

アンカラの戦（1402年）のあと、いったんは滅亡に追い込まれたオスマン帝国は、半世紀かけて旧領を復活させ、さらにそれを乗り越えた大帝国へと発展してきました。

　ちょうどそのころ（15世紀）というのは、オスマン帝国の西方（現在のイラク・イラン地方）が、白羊朝（アクコユンル）・黒羊朝（カラコユンル）・サファヴィー教団の「三国時代」でしたので、快進撃のオスマンに釘を刺しておく余裕がまったくなかった（＊01）というのも、オスマンにとっては幸運でした。

　16世紀に入って、ようやく三国時代にも終止符が打たれましたが、これを制したサファヴィー朝は、一息つく間もなく、東西から外敵の脅威にさらされることになります。

　東（中央アジア）に、シャイバニー朝。

　西（バルカン・アナトリア）に、オスマン帝国。

　さらにマズいことに、どちらもその地域では「向かうところ敵なし」「日の出の勢い」の強国です。

　両国に挟み撃ちにされたのではひとたまりもありません。

　そこで、サファヴィー朝は、西（オスマン）に友好の使者を送っておき、東（シャイバニー）に軍を送り込み、まずはこれ（シャイバニー）を撃破します。（＊02）

　あのシャイバニー朝をこうもやすやすと！

　このころからサファヴィー朝では「不敗神話」が語られはじめ、イスマーイール１世はすっかり有頂天となっていました。

　「がはははは！！

　余に逆らう愚か者どもめ！

　余は救世主（マフディー）なるぞ！　余に勝てるはずがなかろうが！！」

　でも、こういう時がいちばん危うい。

（＊01）前章 第１幕 ですでに見てきた内容です。
（＊02）前章 第２幕 ですでに見てきた内容です。

サファヴィーは、余勢を駆(か)って、その返す手で、西(オスマン)にその矛先(ほこさき)を向けます。
　まずは、まだオスマン支配が浅く、オスマンに不満を持つアナトリア東部諸州にシーア派布教活動を行い、反乱を煽り、これを支援してやります。(A-2/3)

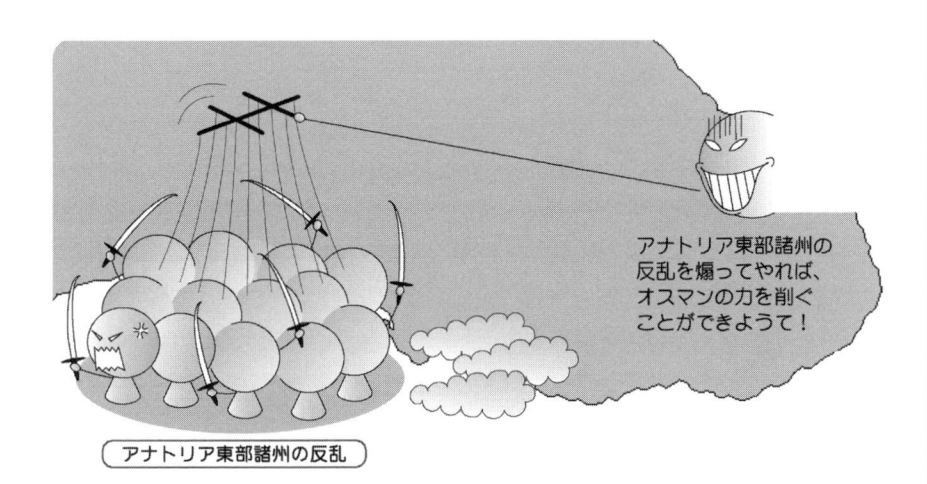

［アナトリア東部諸州の反乱］

アナトリア東部諸州の反乱を煽ってやれば、オスマンの力を削ぐことができようぞ！

　オスマンは、この反乱に対処しなければならなくなりましたが、こんなときに限って、"やり手"だったメフメト２世はすでに亡く、時の皇帝は、その息子・バヤジット２世（A-1）の御世(みよ)に移っていました。
　しかし、彼(バヤジット2)は優柔不断で暗愚。
　彼のかずかずの不手際のために、イェニチェリの不満は高まり、息子たちはお互いに反目し合い、反乱の鎮圧は後手後手に回ります。(＊03)

(＊03) たとえば、サファヴィー朝がオスマン領内に「シーア派布教」を盛んに行って、オスマンに対する不穏分子を結集させている情報を、宮廷でははやくから掴んでいました。
　　　 にもかかわらず、帝はこれになんの対処もできず、決断を遅らせているうちに、ついに反乱に発展してしまい、それが起こっても、狼狽するのみでした。

195

オスマン帝国 第8代
バヤジット2世

　重大な試練が与えられているときなのに、指導力のない無能な皇帝のために帝国はバラバラ。
「このままでは帝国はダメになってしまう!!」
　この混乱の中で、息子のひとり、セリムがイェニチェリの支持を背景にクーデタを決行、父帝(バヤジット2)を玉座から引きずり下ろして即位します。
　これが、オスマン帝国第9代セリム1世(C-1)(＊04)です。
　彼は、将来の禍根(かこん)を断つため、兄たちや甥(おい)らをつぎつぎと殺し、のみならず、父(バヤジット)すらも手にかけます。(＊05)
　こうして、その地位を確固たるものとしたセリム1世は、つぎに反乱の根絶やしを図ります。

(＊04) 彼の行動は、つねに「冷静、迅速、かつ冷酷」だったため、「冷酷者(ヤヴズ)」と呼ばれるようになります。それは、第4代バヤジット1世を思わせる資質でした。

(＊05) バヤジット2世の表向きの死因は、あくまで病死。
　　　しかし、状況からみて、セリム1世に殺されたことはほぼ違いありません。

表向き反乱を鎮圧しただけではダメだ！

　それは、雑草の「草」の部分だけ刈り取ったようなもので、根っ子を残せば、すぐにわらわらと生えてくる。

　その残党・支持者・シーア派どもを徹底的にいぶりだし、根絶やしにせねば！

　そのためには、証拠があろうがなかろうが、「疑わしきは罰する」の精神で徹底的に弾圧せねばなりませんが、さすがにこの強引なやり方を強行するためには、皇帝(スルタン)といえども「法的根拠」(*06)を必要としました。

　そこで、彼(セリム)は、ただちに法学者(ウレマー)(D-1)たちに働きかけ、

「サファヴィーは不信心者であり、
　不信仰者である。
　彼らに与する者(反乱者)も同質である。
　神を信ぜぬ者どもには処刑を以て
　臨むのが適法である」

法学者

反乱鎮圧の法的根拠

「サファヴィーは不信心者であり、不信仰者である。
　彼らに与(くみ)する者(反乱者)も同質である。
　神を信ぜぬ者どもには処刑を以て臨(のぞ)むのが適法である」(D-1/2)

…と言わせます。

(*06) イスラーム世界において、「善悪の規準」はすべて法学者たちによって制定される「シャリーヤ」(前著参照)に拠っており、いかな皇帝といえども、「シャリーヤ」を冒すことは許されません。したがって、政策を実行する前に、あらかじめ法学者に「確認」を取っておくことがありました。日本でも、企業が新しい事業を興すときに、あらかじめ「おかかえ弁護士」にコンプライアンスについて相談しておくことがありますが、それに似ています。

これにより"法的根拠"を得たセリム1世は、堂々と反乱の残党狩りをすることができるようになり、4万人もの人たちを処刑しています。(C-2/3)

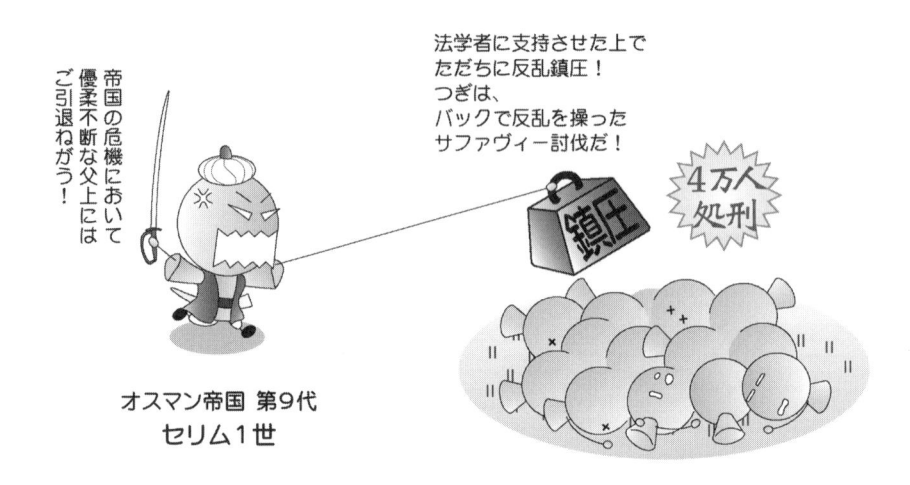

法学者に支持させた上で
ただちに反乱鎮圧！
つぎは、
バックで反乱を操った
サファヴィー討伐だ！

帝国の危機において
優柔不断な父上には
ご引退ねがう！

鎮圧

4万人
処刑

オスマン帝国 第9代
セリム1世

　なるほど、"冷酷者（ヤウズ）"と呼ばれる(C-1)のも伊達（だて）ではないようです。
　さあ、反乱は鎮圧した！　残党どもも亡ぼした！
　しかし。
　こたびの反乱の背後（バック）には、サファヴィー朝がいることは明白。
　こいつを断たない限り、第二第三の反乱が起きることは間違いない。
　「臭いニオイは元から断たねばならん！」
　こうして、セリム1世は、歩兵・砲兵などを中心とした20万もの大軍(*07)を率いて、サファヴィー領に攻め込むことになりました。

　(*07) じつのところ、チャルディランの戦における兵数は、両軍ともに、その正確な数字はわかっていません。オスマン帝国軍は少ないものでは「6万」とする説もあります。
　　　　サファヴィー軍も1.2万〜4万まで諸説があります。

対するイスマーイール１世率いるサファヴィー軍は、騎兵を中心とした、たった１万2000。

兵力の差がケタ違いです。

とはいえ。

すでに何度も申し上げてまいりましたように、兵の数は「多ければよい」という単純なものでもありません。

「大きな獣(ケモノ)ほどたくさん喰(く)らうもの」

遠征軍はただでさえ兵站(へいたん)（補給）の確保に苦労するのに、兵の数が多ければ多いほど、それが困難になるからです。

ならば、サファヴィー朝としては、敵(オスマン)の弱点を最大限に突くべく、決戦を避け、敵(オスマン)の行軍を長引かせるのが上策。

さらに、つねに敵(オスマン)の兵站(へいたん)を脅(おびや)かしてやれば、なお良い。

これをやられると、大軍はたちまちその兵糧(ひょうろう)を食いつぶしてしまう。(*08)

「腹が減(いくき)っては戦はできぬ」

サファヴィー軍は敵兵が消耗しきったところで一気にこれを叩けばよい。

ところが、イスマーイール１世は、なぜかそうはせず、軍をチャルディラン平原（Ｂ-４）に結集させはじめます。

諜報(ちょうほう)活動により、これを察知したセリム１世は、

「よし！　今度こそは逃がさんぞ！

チャルディランをヤツの墓場にしてやる！」

…とチャルディランに軍を進めました。

こうして両軍はユーフラテス川上流のチャルディランで決戦することになりました。

(*08)『三國志』の中で、蜀（諸葛亮）が北伐に苦しんだのも、魏（司馬懿）が決戦を避けたからです。遠征軍たる蜀軍は、「敵」よりも「兵站の確保」に苦しみ、蜀は早期決戦を望み、魏軍を盛んに挑発しますが、どれほど挑発しようとも、魏軍は城から出てくることはなく、時間だけが無為に過ぎ去ってゆく。こうなると、いかに諸葛亮といえども、どうしようもなく、兵糧が尽きれば、撤退するしかありませんでした。

数で劣る軍が、野戦をするのははなはだ不利です。
　そのうえ、サファヴィー軍は騎馬中心、オスマン軍は小銃・大砲中心。
「第1次パーニパットの戦」や「長篠の戦」を思い起こすまでもなく(＊09)、策なく正面から戦ってサファヴィー朝が勝てる要素はありません。
　ふつうは、籠城するとか、夜襲をかけるとか、伏兵を張るとか、何かしら計略を用いるものです。
　実際、サファヴィー将軍のムハンマド＝ハーン＝ウスタージャルーもそれを提議しています。
「陛下！　敵は長征により疲弊しております。
　今夜は明日の決戦に備え、敵兵は熟睡していることでしょう。
　そこで、今夜、夜襲をかけましょう。
　成功は疑いありませぬ！」
　きわめてまっとうな作戦であり、もし実行していたら、サファヴィーの大勝利に終わっていた可能性は高い。
　ところが、このウスタージャルー将軍の政敵(ライバル)だったドルミーシュ＝ハーン＝シャームルー将軍が強硬に反対します。

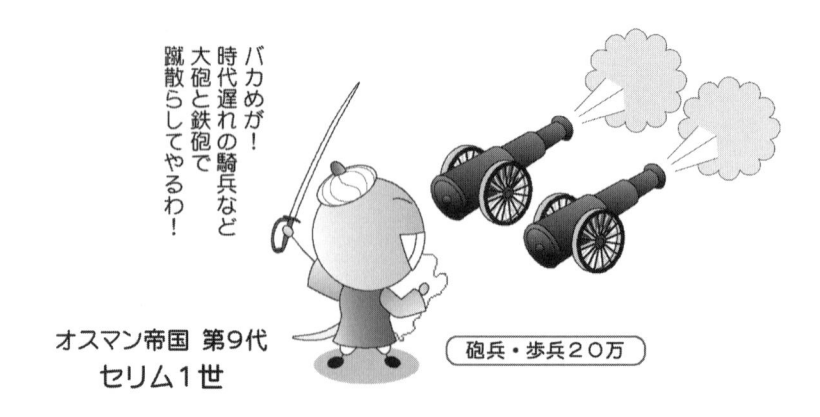

バカめが！
時代遅れの騎兵など
大砲と鉄砲で
蹴散らしてやるわ！

オスマン帝国　第9代
セリム1世

砲兵・歩兵20万

(＊09)「第1次パーニパットの戦」や「長篠の戦」も、「火器vs騎馬」の戦いであり、結果はいつも同じであったことはすでに触れました。

第2幕　オスマン帝国 vs サファヴィー朝

「これは"皇帝"と"皇帝"の誇りを賭けた戦いなのだ。
　そして、我が軍は誇り高き救世主軍であるぞ!?
　そのような卑怯な小細工を弄することなど言語道断である！」
　子供じみた理想論に冒された浅はかな意見です。

俺様は救世主様だぞ！
神の御加護があるんだ！
負けるはずがねぇ～っ！

騎兵1.2万

サファヴィー朝　初代
イスマーイール1世

チャルディランの戦

1514.8/23

　しかし、自らを「救世主」だと本気で信じていたイスマーイール1世は、この言葉に心を動かされたようで、なんと、なんら策を用いず、正面から堂々と戦う決断を下してしまいます。
　たしかに、よくいえば「正々堂々」かもしれません。
　しかし、裏を返せば「無為無策」。
　すでに、開戦前から結果が見えていました。
　それでも、イスマーイール1世は、自信満々に叫びます。
「なんの、なんの！！
　数に劣ることなど、如何ほどのことがあろうか！
　我こそは救世主なるぞ！
　敵がいかな大軍であろうとも、堂々と戦って負けるはずがない！」
　ここまでくると、それは「自信」ではなく「増上慢」です。
　あたかも、太平洋戦争前の日本軍を見るようです。

「我が国は神国であるぞ！
敵がアメリカであろうが敗けるはずがない！」
　不遜にも「神」の威光を借り、暴走するのですから、その先には「破滅」しか待っていないことは自明です。
　さて。
　1514年8月23日、開戦後ほどなく、総崩れを起こすサファヴィー軍。
　イスマーイール1世は、捕縛されそうになりながらも命からがら逃げ出し、オスマン軍はそのまま敵帝を追いつつ、タブリーズ（B-5）に殺到します。
　しかし、すでにそこはもぬけの殻。
　簡単にタブリーズ入城を果たしたものの、オスマンの勢いもここまででした。
　長引く戦争に士気は最悪、兵站維持も困難を極めます。
　オスマン軍は、ここまできて、せっかく占領したタブリーズを棄てて撤退することを余儀なくされました。
　こうして、滅亡だけは避けられたサファヴィー朝でしたが、あらたな問題が。
　これを境に、イスマーイール1世が、自暴自棄に陥ってしまったのです。
　彼は、子供のころからさんざん「あなた様は救世主です」と、教えられつづけてきたし、本人もそうだと信じてこれまでやってきた。
　それが、このザマ。
　つまり、彼は、この敗戦によって、自分が「救世主でもなんでもない」ということを知ってしまったのです。
　やがて政務を放棄し、酒と女に溺れ、体を壊して、まもなく亡くなります。
　チャルディランの戦からちょうど10年後の同月同日のことでした。
　享年37。
　若いころに挫折というものを知らず育った者は、たった一度の失敗に崩れ落ちることが多いものです。
　彼は、その典型的な哀れな人物と言ってよいでしょう。

なんだよ〜？
オレ救世主じゃね〜のかよ〜？
無敵じゃね〜のかよ〜？
やってられっか〜！

サファヴィー朝　初代
イスマーイール1世

第4章 イスラーム三國志（興隆期）

第3幕

屈辱と怒りの憤死
オスマン帝国 vs マムルーク朝

オスマン帝国は、チャルディランの戦では大勝利を収めたものの、サファヴィー朝を亡ぼすには至らず、画竜点睛を欠くことになった。そこで、サファヴィー征伐はいったん諦め、その矛先を南へと向け、マムルーク朝征伐に切り替えることにする。これを併呑すれば、東地中海の貿易覇権を一手に牛耳ることが可能となる。

ハーレルベイが裏切る手ハズになっておるのだ！

〈オスマン帝国 vs マムルーク朝〉

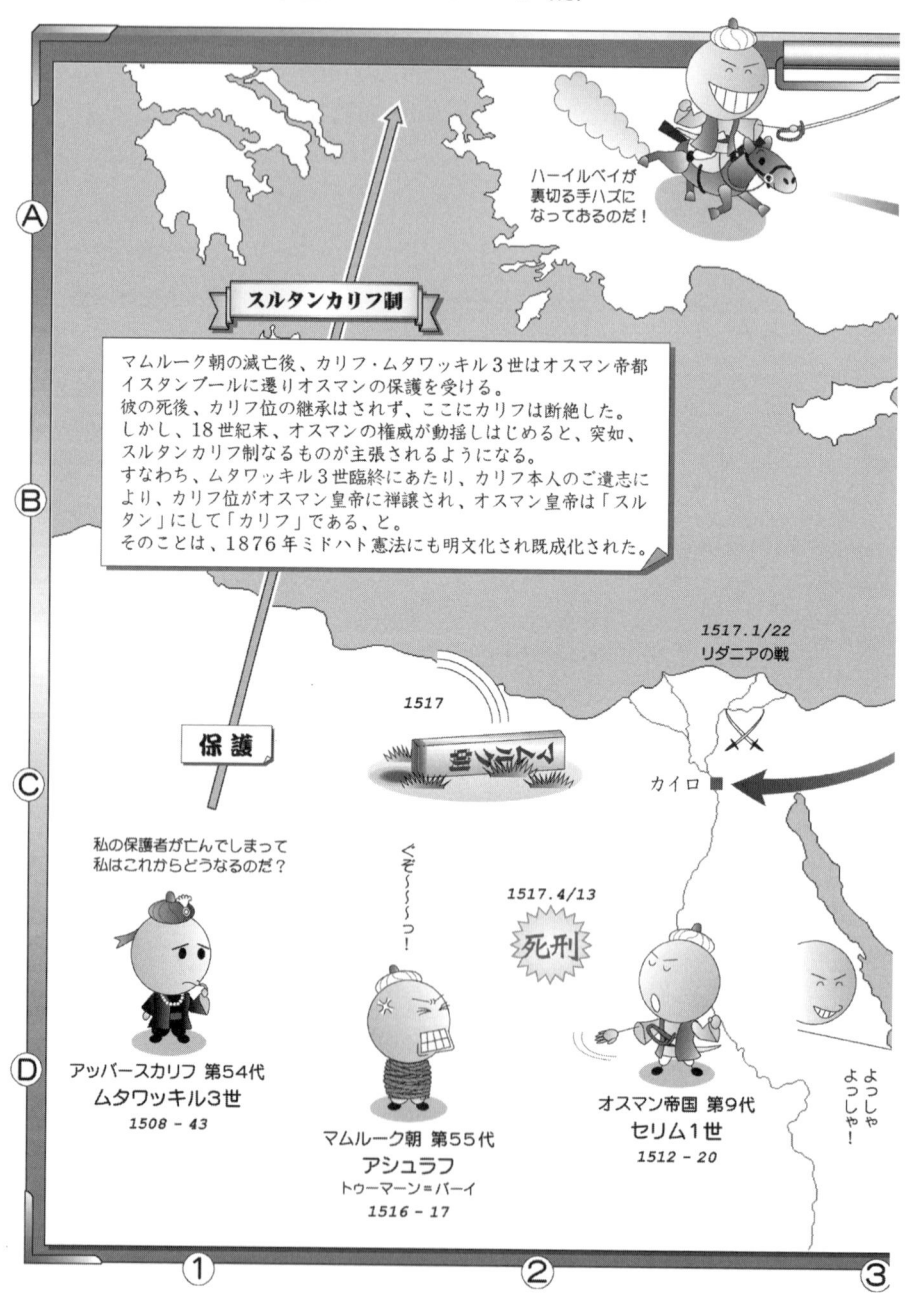

ハーイルベイが裏切る手ハズになっておるのだ！

スルタンカリフ制

マムルーク朝の滅亡後、カリフ・ムタワッキル3世はオスマン帝都イスタンブールに還りオスマンの保護を受ける。
彼の死後、カリフ位の継承はされず、ここにカリフは断絶した。
しかし、18世紀末、オスマンの権威が動揺しはじめると、突如、スルタンカリフ制なるものが主張されるようになる。
すなわち、ムタワッキル3世臨終にあたり、カリフ本人のご遺志により、カリフ位がオスマン皇帝に禅譲され、オスマン皇帝は「スルタン」にして「カリフ」である、と。
そのことは、1876年ミドハト憲法にも明文化され既成化された。

1517.1/22
リダニアの戦

1517

保護

カイロ

私の保護者が亡んでしまって私はこれからどうなるのだ？

ぐぞ〜〜っ！

1517.4/13
死刑

よっしゃよっしゃ！

アッパースカリフ 第54代
ムタワッキル3世
1508 - 43

マムルーク朝 第55代
アシュラフ
トゥーマーン=バーイ
1516 - 17

オスマン帝国 第9代
セリム1世
1512 - 20

第３幕　オスマン帝国 vs マムルーク朝

1516～17年

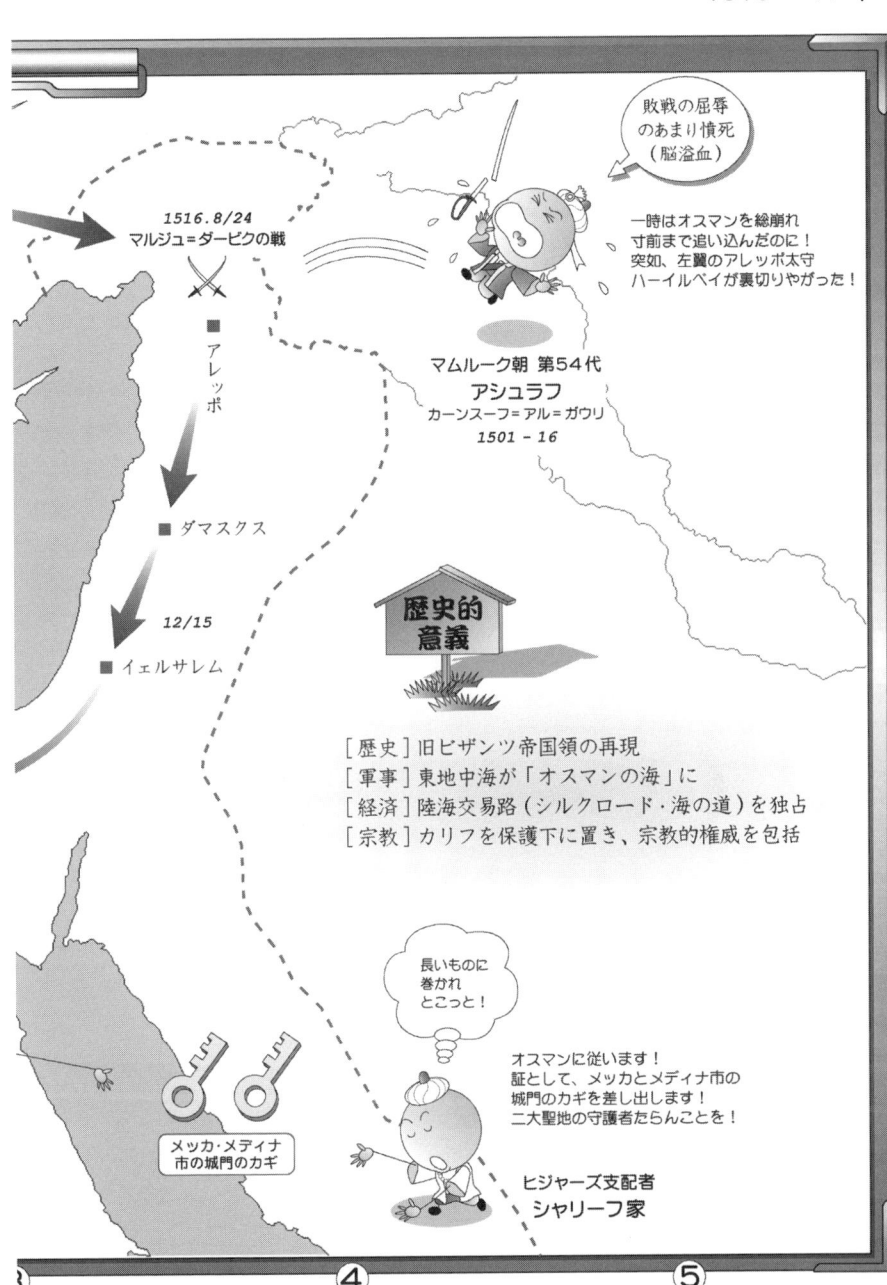

1516.8/24
マルジュ＝ダービクの戦

アレッポ

ダマスクス

12/15
イェルサレム

敗戦の屈辱
のあまり憤死
（脳溢血）

一時はオスマンを総崩れ
寸前まで追い込んだのに！
突如、左翼のアレッポ太守
ハーイルベイが裏切りやがった！

マムルーク朝　第54代
アシュラフ
カーンスーフ＝アル＝ガウリ
1501 - 16

歴史的意義

[歴史] 旧ビザンツ帝国領の再現
[軍事] 東地中海が「オスマンの海」に
[経済] 陸海交易路（シルクロード・海の道）を独占
[宗教] カリフを保護下に置き、宗教的権威を包括

メッカ・メディナ
市の城門のカギ

長いものに
巻かれ
とこっと！

オスマンに従います！
証として、メッカとメディナ市の
城門のカギを差し出します！
二大聖地の守護者たらんことを！

ヒジャーズ支配者
シャリーフ家

205

チャルディランで「オスマン帝国ｖｓサファヴィー朝」の一大決戦が行われていたころ、エジプトはマムルーク朝の支配下にありました。

　この国は、一般的な世襲王朝とは違い、「マムルーク家」という王家による世襲支配だったのではなく、歴代の王(スルタン)はすぐれた軍人奴隷(マムルーク)から選ばれるという、ちょっと変わった王朝でした。

　軍人奴隷(マムルーク)軍団から支持が得られるか、得られないかで、王(スルタン)が頻繁に廃立されたため、その治世267年の間（1250〜1517年）に55人もの王(スルタン)を輩出しています。(*01)

　サファヴィー朝が建国された年（1501年）に、マムルーク朝第54代の王(スルタン)アシュラフ＝カーンス＝アル＝ガウリが即位したときには、すでにマムルーク朝も建国から250年を超え、政治は腐敗の窮(きわ)みに達し、軍人奴隷(マムルーク)の弱体化は目を覆(おお)わんがばかりでした。(*02)

　すぐに旧態依然とした軍人(マムルーク)・軍制・兵器の近代化に着手するも、彼の前にはつぎつぎと試練がやってきます。

　まず、ちょうどそのころ、「大航海時代」を迎えたポルトガルが、アフリカ廻(まわ)りでインド洋に姿を現す（1498年）や、その制海権を賭けてマムルーク朝に挑んできました。

　マムルーク朝は、ディウ沖海戦（1509年）にあっけなく敗れ、インド交易の利権を失い、たちまち財政難に陥(おちい)ってしまいます。

　財源がなければ、改革もままなりません。

　そして、弱り目に祟(たた)り目。

　オスマン帝国（セリム１世）がマムルーク朝に照準を合わせてきたのは、そんな厳しい国情のときでした。

（＊01）マムルーク朝とほぼ同じ治世年間の徳川幕府（264乃至265年間）の将軍が15人。
　　　これと比較してみても、いかにマムルーク朝の政情が不安定だったかがわかります。

（＊02）上の（＊01）で、マムルーク朝の比較対象とした「徳川幕府」も、やはり開幕から100年もすると、武士がすっかり「官僚化」し、「軍人」としての資質をまったく失って、まともに剣も使えない、馬にも乗れない、弓も射られないほど弱体化していきました。

第3幕 オスマン帝国vsマムルーク朝

初代インド総督
フランシスコ＝デ＝アルメイダ

ディウ沖海戦
1509

くっそぉ！とつぜんポルトガル人が俺たちの交易路に割り込んできよった！

　奇しくも、チャルディランの戦からちょうど2年後の同日同日。
　アル＝ガウリ王率いるマムルーク軍は、シリア（A/B-3/4）に軍を進め、両軍はマルジュ＝ダービク（A-4）に布陣します。
　オスマン軍、6万5000。
　対するマムルーク軍は8万。
　数の上ではマムルークが優勢。
　そのうえ、オスマンには遠征軍たる不利があります。
　しかし、オスマン軍が最新鋭の大砲500門を擁し、銃武装した歩兵軍団なのに対し、マムルーク朝は、旧態依然とした弓・槍・刀を武器とした騎兵部隊。
　2年前の「チャルディラン」の再現です。
　さらに、両国の国情を鑑みれば(*03)、オスマンの優位は揺るがない、と思われました。
　ところが。
　翌24日早朝、いざ戦端が開かれるや、オスマン軍はいきなり劣勢に立たされます。

(*03) もちろん、オスマン帝国が「破竹の勢い」、マムルーク朝が「断末魔の悶え」という国情にあることを指しています。

207

このアル＝ガウリ王は、よほど戦上手だったと見えて、マムルーク軍右翼の猛攻に、オスマン軍左翼が崩壊しはじめたのです。
「まずい！！
　左翼が崩れはじめたぞ！
　ハーイルベイは何してやがる！？」
　じつは、開戦前、マムルーク将軍のハーイルベイが内通し、裏切りの約定を取ってあったのです。(＊04)
　にもかかわらず、ハーイルベイはちっとも動かない。
　まるで、小早川秀秋のごとく。
　セリム1世は焦ります。
「くそっ！！
　このままヤツが裏切らないとなると、アンカラの二の舞にもなりかねん！
　まだ余力のあるうちに退却命令を出すか！？」

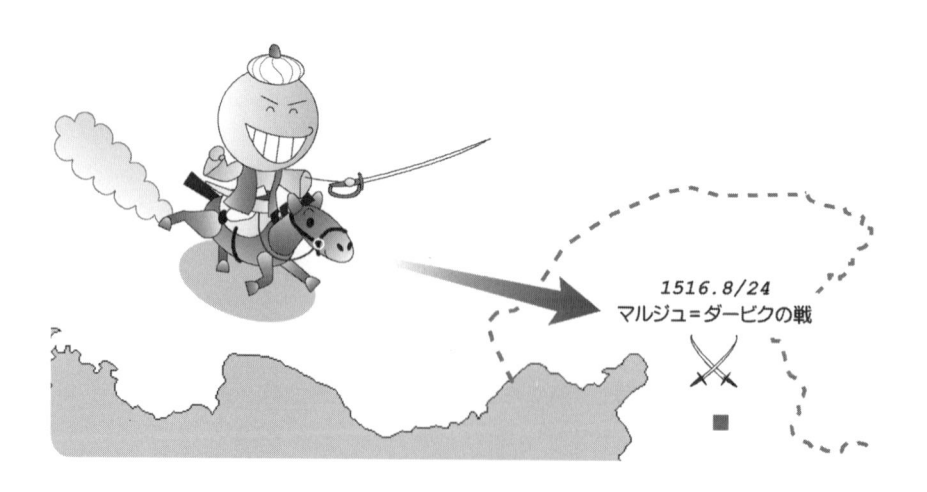

1516.8/24
マルジュ＝ダービクの戦

(＊04) アレッポ太守のハーイルベイは、アル＝ガウリ王の自分に対する待遇に不満を抱いており、セリム1世は、ここにつけ込みました。

ハーイルベイが裏切るまで踏んばるか。
それとも、余力のあるうちに撤退するか。
セリム1世は、ひとつ間違えば、命をも落としかねない決断に迫られます。
しかし、ギリギリのところでハーイルベイ将軍が裏切ってくれました。
これで一気に形勢逆転!!^(*05)

マムルーク王(スルタン)アル゠ガウリは、勝利を目前にして、突如自軍が崩壊していく様に、屈辱と怒りで憤死(ふんし)^(*06)してしまいます。

ひとたびここを突破することに成功したオスマン軍は、あとは堰(せき)を切ったようにして、アレッポ(A-4)、ダマスクス(B-3/4)、イェルサレム(B/C-3)、そして、首都カイロ(C-2/3)と、何もなき野を征(ゆ)くが如く驀進(ばくしん)、アッという間にマムルーク朝を亡ぼしてしまいます。

マムルーク朝最後の王(スルタン)アシュラフ゠トゥーマ゠バーイ(D-1/2)も捕縛され、処刑されました。

1517年のことでした。

一時はオスマンを総崩れ
寸前まで追い込んだのに!
突如、左翼のアレッポ太守
ハーレルベイが裏切りやがった!

マムルーク朝 第54代
アシュラフ
カーンスーフ゠アル゠ガウリ

(*05) このへんは、日本なら「関ヶ原の戦」、オスマンなら「アンカラの戦」の再現です。
いつの世も、「外敵」よりも「獅子身中の虫」の方がよっぽどこわい。

(*06) 激情のために、急激に血圧が上がり、心臓麻痺や脳溢血などを起こしたことが死因となった死に方のこと。彼の場合は、症状からみて、おそらく脳溢血を起こしています。

こうして、マムルーク朝250有余年の長い歴史は幕を閉じました。
　しかし、これは単に「マムルーク朝というひとつの王朝が亡んだ」ということを意味するのではありません。
　以下に列挙するように、それはたいへん深い「歴史的意義」を孕んでいました。(C-4/5)

① [歴史面] オスマン帝国による旧ビザンツ帝国領の再現
　ビザンツ帝国を滅ぼし、君府（コンスタンティノープル）に帝都を構えたオスマン帝国が、ビザンツ

　　　　　[歴史] 旧ビザンツ帝国領の再現
　　　　　[軍事] 東地中海が「オスマンの海」に
　　　　　[経済] 陸海交易路（シルクロード・海の道）を独占
　　　　　[宗教] カリフを保護下に置き、宗教的権威を包括

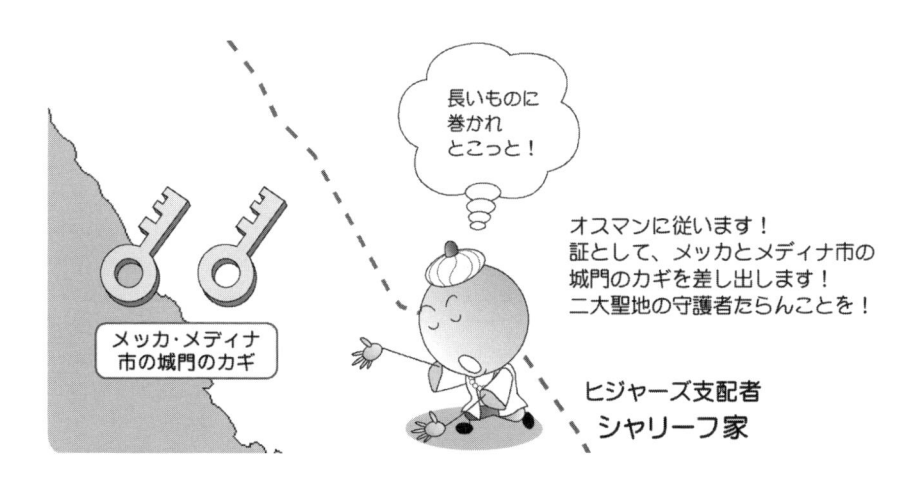

第3幕 オスマン帝国 vs マムルーク朝

> 長いものに巻かれとこっと！

オスマンに従います！
証として、メッカとメディナ市の城門のカギを差し出します！
二大聖地の守護者たらんことを！

ヒジャーズ支配者
シャリーフ家

メッカ・メディナ市の城門のカギ

帝国の旧領をそっくりそのまま再現したことになり、まさに「オスマン帝国こそ、ビザンツ帝国の後継者」と位置づけることもできます。

② [軍事面] 東地中海が「オスマンの海」に

東地中海沿岸の港湾がすべてオスマン帝国の手に落ちたことになり、古代・中世までの「ローマの海」（マーレ・ノストロ）は、近世からは「オスマンの海」（ビジム・デニス）に。

③ [経済面] 陸海交易路（シルクロード・海の道）をオスマン帝国が独占

そのことは、「東方貿易」（レヴァント）がオスマンによって独占されることを意味します。以後、オスマン帝国には莫大な富が流れ込むことになります。

④ [宗教面] カリフを保護下に置き、宗教的権威を手に入れた

メッカ・メディナの「聖地」を手に入れた（D-4）だけではない、マムルーク朝が保護していた「カリフ」をも、その懐（ふところ）に収められたのは、オスマンに安定的な長期政権がもたらされることを意味します。

このように、マムルーク朝が滅亡した年1517年は、西アジア世界において重要な意味を持つ年ですが、これは同時に、ヨーロッパにおいては、ヴィッテンベルク大学の神学教授であったM.ルター（マルティン）が、大学付属教会の門の前に「95ヶ条の論題」を貼り出した年、すなわち、宗教改革が始まった年でもあり、尚且（なおかつ）、東アジア世界においては、ヨーロッパ（ポルトガル）と中国（明朝）が初めて接触した（明帝に使節を送った）年でもあります。

ところで、さきほども触れましたが、オスマンがカリフを保護下に置いたのは、『三國志』でいえば、曹操が後漢王朝の最終皇帝(ラストエンペラー)・献帝を保護下に置いたことに似ています。
ちなみに曹操は、たしかに献帝を自分の支配(コントロール)下には置きました。
自分の命令を「詔勅(＊07)」として全国に発し、漢室の権威(＊08)を笠に着ました。
しかし、ついにその帝位を奪うことはありませんでした。
それを「禅譲(＊09)」という"形式"を取って簒奪したのは、子の曹丕になってからです。
この点を比較してみても、オスマン帝国とそっくりです。
オスマンにおいても、最終法王(ラストカリフ)ムタワッキル3世を保護下に置いたのはセリム1世でしたが、彼はカリフ位を奪うことはせず、その地位を「委譲」という形をもって簒奪したのは、子のスレイマン1世になってからでした。(＊10)
「歴史は繰り返す」とはよく言ったものです。

私の保護者が亡んでしまって
私はこれからどうなるのだ？

アッパースカリフ　第54代
ムタワッキル3世

(＊07)「詔勅」とは、皇帝が公務で行った意志表示のこと。
(＊08)「権力」と「権威」の違いについては、本幕コラム「権力と権威」を参照のこと。
(＊09)「禅譲」とは、皇帝が自らの意志で平和的に帝位を譲ること。
　　　これに対して、武力をもって王朝を倒し、帝位を簒奪することを「放伐」と言います。
(＊10) このことに関して、詳しくは次ページのコラム「スルタンカリフ制」を参照のこと。

Column スルタンカリフ制

　イスラーム世界では、政治的支配者（王／皇帝）のことを「スルタン」、宗教的指導者（法王）のことを「カリフ」と言います。

　オスマン帝国では、すでに第3代ムラート1世のころから「スルタン」を自称していました。

　しかし、第10代スレイマン大帝の御世(みよ)になって「最後のカリフ・ムタワッキル3世からカリフ位を委譲(いじょう)」され、これをもって、オスマン君主は「皇帝(スルタン)」であると同時に「法王(カリフ)」となります。

　日本でいえば、徳川家康が「将軍」のまま「天皇」を兼位したようなもので、これを「スルタンカリフ制」と呼びます。

　しかし、これが事実だとすると、ひとつ、不自然なことが。

　ほんとうに16世紀ごろから「スルタンカリフ制」が成立したのなら、その時代の史料に、「スルタンカリフ制」についての記述がたくさん見つかって然(しか)るべきですが、じつは、1箇所たりとも発見されていません。

　そこで、歴史家の中からは、「そもそも"スルタンカリフ制"など存在していなかったのではないか？」という疑念が湧いてきます。

　じつは、文献上「スルタンカリフ制」という言葉がさかんに出てくるようになるのは、18世紀末。

　オスマン帝国が「瀕死(ひんし)の病人」などと揶揄(やゆ)される時代のことです。

　つまり。

　「権力」の衰え甚(はなは)だしいオスマン帝国が、なんとか「権威」にすがろうとして捏造(ねつぞう)した話ではないか、と疑われるようになったのです。

　とはいえ、「ミッレト制」がそうであったように、その社会にとって"空気"のように当たり前に存在しているものには、「名」も付かず、わざわざ語られることもない、という現実があり、それが「18世紀末まで文献上に現れなかった」理由かもしれません。

　現在のところ、歴史学者の中では「捏造説」が有力のようですが、筆者は「空気説」に心が動いています。

Column 権力と権威

よく混同されますが、「権力」と「権威」はまったく違うものです。

- 「権力(パワー)」は、"相手の意志を無視して従わせる強制力(パワー)"のこと。
振るうは易いが、その支配が長続きすることはありません。
- 「権威(オーソリティ)」は、"相手が自発的に従う気になってしまう影響力(オーソリティ)"のこと。
会得(えとく)は難(かた)いが、その支配は永くつづきます。

たとえば、新興勢力が既存王朝を「権力(パワー)」で打ち倒すことは比較的容易ですが、問題はそのあとです。

新王朝の樹立後、「権威(オーソリティ)」の構築が難しく、これに失敗すれば、その王朝は短期政権に終わります。

たとえば、中国の『三國志』においては、魏や晋。

日本の戦国時代においては織田政権や豊臣政権。

これらの王朝は、一時期どれほど強大な「権力(パワー)」を振るおうとも、結局は開祖のカリスマのみで結束していた政権でしたから、その死とともにたちまち崩壊していくことになります。

「権威(オーソリティ)」の獲得に失敗した王朝など、こんなものです。

逆に「権威(オーソリティ)」さえ手に入れれば、たとえ開祖亡き後だろうとも、「権力(パワー)」が衰えようとも、永く王朝を保つことができます。

中国の周王朝しかり、イスラームのアッバース朝しかり、ヨーロッパのビザンツ帝国しかり、日本の天皇家しかり。

王朝だけではありません、家庭における父親もしかり。

父親も、若いうちは「腕力(パワー)」で妻子を統制(コントロール)下に置くこともできるかもしれませんが、そこに「威厳(オーソリティ)」が伴っていないならば、老いて「腕力(パワー)」を失ったとき、たちまち妻子に叛逆(はんぎゃく)されます。

そういう男にかぎって、妻子に怨み節。

怨むのは、「威厳(オーソリティ)」を持つことができなかったくせに「腕力(パワー)」を振るった自分だ、と気がつかないのです。

歴史を学ぶことで、崩壊家庭の原因まで透けて見えてきます。

第4章 イスラーム三國志（興隆期）

第4幕
「押さば退け、退かば押せ！」
スレイマン大帝　イラク戦線

東地中海を「オスマンの海」にすることに成功したセリム1世。彼は、すぐに次なる遠征の準備を始めたものの、その直後、急死してしまう。ただちにその息子が即位するも、当初、まだ若いこの新帝に対して不安視する向きもあった。しかし、この彼こそが、オスマン帝国の絶頂期の帝となるスレイマン大帝（スルタン）である。

オスマン帝国　第10代
スレイマン1世

〈スレイマン大帝 イラク戦線〉

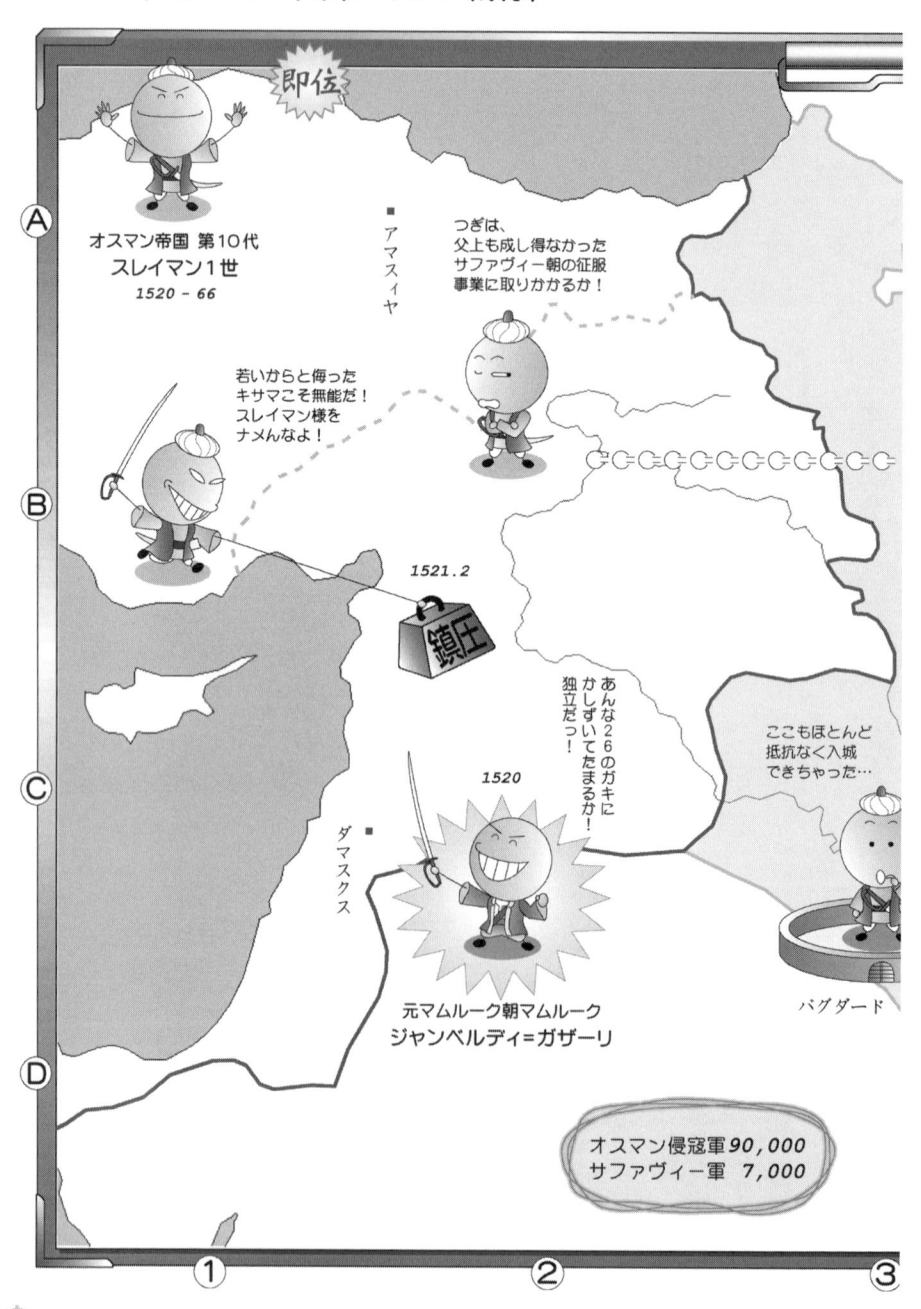

オスマン帝国 第10代
スレイマン1世
1520 - 66

即位

■アマスィヤ

つぎは、
父上も成し得なかった
サファヴィー朝の征服
事業に取りかかるか！

若いからと侮った
キサマこそ無能だ！
スレイマン様を
ナメんなよ！

1521.2
鎮圧

あんな26のガキに
かしずいてたまるか！
独立だっ！

1520

■ダマスクス

元マムルーク朝マムルーク
ジャンベルディ=ガザーリ

ここもほとんど
抵抗なく入城
できちゃった…

バグダード

オスマン侵寇軍 90,000
サファヴィー軍 7,000

第4幕 スレイマン大帝 イラク戦線

16世紀中葉

カスピ海

や～や～我こそは！
…って、あれ？
何の抵抗もなく
帝都タブリーズに
入城できちゃったぞ？

からっぽ

タブリーズ

オスマンが攻めてきたなら
たとえ帝都でも棄てる！
ガズヴィーンまで撤退だ！
なんなら遷都も厭わぬ！
押さば退く！
退かば押す！

1548 遷都

1534 第1次遠征
48 第2次
54 第3次

ガズヴィーン

ちゃんと
戦えよっ！

焦土作戦

軍事力が違いすぎる
オスマンと正面から
戦っては勝てん！

戦争は極力避け
外交で勝負だ！

サファヴィー朝 第2代
タフマースブ1世
1524 - 76

それより
フマーユーンを操って
ムガールを属国にして…

1534 ~

アマスィヤ条約による国境ライン
1555.5/29 ~

④ ⑤

第1章 オスマン帝国の勃興
第2章 オスマン帝国の隆盛
第3章 サファヴィー朝・ムガール帝国の勃興
第4章 イスラーム三國志（興隆期）
第5章 イスラーム三國志（絶頂期）

217

東 地中海を「我らが海(ビジム・デニズ)」(＊01)としたセリム１世。

すでに、帝国領は、彼(セリム)が即位してわずか５年で、なんと３倍近くにも膨れあがっていましたが、これに満足することなく、ただちに、次なる遠征の準備に取りかかっています。

しかし、ここで彼(セリム)は、病にかかり、マムルーク朝を陥(お)としたそのたった３年後に亡くなってしまいました。

享年54歳。

跡を継いだのは、その息子、スレイマン。

即位

**オスマン帝国 第10代
スレイマン１世**

彼(スレイマン)は、1494年生まれでしたから、即位したとき、まだ弱冠25歳。

これまでも見てまいりましたように、

- 組織が急激に大きくなったときは危うい。
- そして、「強力な指導者」を急に失ったときは危うい。

（＊01）ローマ人たちは、地中海のことを「我らが海」と呼びましたが、これでは「我らって誰？」となりかねません。そこで、これを敢えてラテン語のまま訳さずに「マーレ・ノストロ」と表記することで「ローマの海」を暗示させることがあります。
　同様の手法を使って、ここではトルコ語で「ビジム・デニズ」と表記することで、「オスマンの海」を暗示させています。

- そのうえ、「新君が若い」ときはさらに危うい。
 セリム1世の死は、上記のような「三重苦(トリプルディストレス)」をもたらし、帝国にはかなりの動揺が走ります。
 先君が偉大であればあるほど、新君は何かにつけて先君と較べられ、実際以上に評価を下げられるものです。(＊02)
 宮廷では、「あんな若い皇帝でだいじょうぶだろうか？」と不安視され、
 領内では、「あんな若造など、こわくもないぞ！」と叛乱が相次ぎます。
 しかし。
 さきにも触れましたように、「ピンチはチャンス」です。
 たとえば、古代マケドニアにおいて、アレキサンドロス大王が即位したときも、まさにこの「三重苦(トリプルディストレス)」でした。
 彼もまた、即位当初は、宮廷からの不安視と、叛乱に悩まされています。
 しかし、それさえ乗り越えれば、長期政権が期待でき、逆に「大王」「大帝」として、後世に名を残すことすら少なくありません。

1520

■ダマスクス

あんな26のガキにかしずいてたまるか！独立だっ！

元マムルーク朝マムルーク
ジャンベルディ＝ガザーリ

(＊02) 偉大な創業社長が亡くなり、その息子が2代目社長に就任すると、幹部たちが何かにつけ先代社長と比較して、必要以上に不安視するのと同じです。

そして、このときのオスマン帝国の「若き皇帝」こそが、オスマン帝国600年の悠久の歴史の中で「絶頂期」を現出するスレイマン1世です。
　彼(スレイマン1)が即位したその年（1520年）、この「若き皇帝」を侮り(あなど)、ジャンベルディ＝ガザーリなる人物（旧マムルーク朝の軍人奴隷）(C/D-2)が、さっそくダマスクス(C-1/2)で叛乱を起こしています。
　しかしスレイマン1世は、狼狽える(うろた)ことなく、冷静に、あっさりとこれを鎮圧(B-1/2)し、「そこらの若造とはひと味違うぞ！」というところを内外に示すことができました。
　これにより、宮廷には安堵感(あんど)が拡がり、領内は沈静化します。
　しかし、まだまだ。
　ほんとうに父君(セリム1)の幻影から脱却するためには、父上(セリム1)以上の業績を上げねば！
　そこで彼(スレイマン1)は、国内を安定化させるや否や(いな)、まずは1520年代いっぱいかけて、ヨーロッパ戦線へと軍を進めます。(＊03)

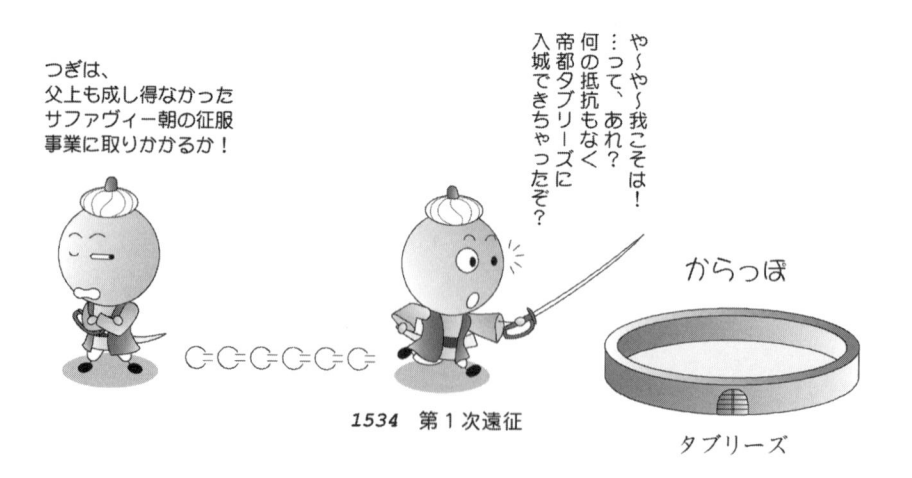

つぎは、
父上も成し得なかった
サファヴィー朝の征服
事業に取りかかるか！

や〜や〜我こそは！
……って、あれ？
何の抵抗もなく
帝都タブリーズに
入城できちゃったぞ？

1534　第1次遠征

からっぽ

タブリーズ

(＊03) 時代の流れが前後してしまいますが、パネル構成の都合上、ヨーロッパ戦線に関しての解説は、次幕に譲り、本幕ではイラク戦線の解説をいたします。

そして、30年代以降になると、イラク戦線へと軍を進めるようになります。

先帝セリム1世は、チャルディラン（A/B-2/3）でサファヴィー朝を撃破し、タブリーズ（B-4）占領まではしたものの、サファヴィー朝が"焦土作戦"に切り替え、決戦に応じなくなってしまったため、兵站が維持できず、撤退を余儀なくされていました。

これに決着をつけようというわけです。

このとき、サファヴィー朝では、初代イスマーイール1世はすでに亡く、その息子のタフマースブ1世（D-5）の御世となっていました。

1534年、ヨーロッパ戦線が一段落したスレイマン1世が、ついに9万もの大軍で敵都タブリーズに軍を進めると、なんと、タフマースブ1世は、あっさりと帝都を棄て、戦わずしてガズヴィーンに逃げ出します。

このとき、サファヴィー朝が準備できた軍がわずかに7000。

これでは、まともに戦って勝てるはずもありません。

タフマースブ1世は考えます。

「父上は、晩年、自暴自棄となって酒に溺れてしまったが、対オスマン戦に関して、よい教訓を残してくださった。

軍事力に差がありすぎるオスマン軍と正面から戦うのは賢くない。

オスマンが攻めてきたなら、たとえ帝都を棄ててでも退く。

そして、オスマンの主力が退いていったら、背後を突く！

押さば退け、退かば押せ！だ」

押さば退く！
退かば押す！

オスマンが攻めてきたなら
たとえ帝都でも棄てる！
ガズヴィーンまで撤退だ！
なんなら遷都も厭わぬ！

1548
遷都

ガズヴィーン

ロシアのように町を焼き払うことまではしませんでしたが、町を空っぽにして兵を退かせるこのやり方は、「敵の兵站を延ばし、その補給を断つ」という戦略精神において、まさに「焦土作戦」そのものです。
　オスマン軍は、抵抗なく、タブリーズに無血入城を果たしますが、これではセリム1世の二の舞です。
「ならば、ガズヴィーンまで攻め込めばよいではないか！」
…という単純な話でもありません。
　オスマン軍は、ここに来るまで、すでに2000kmを行軍(*04)してきており、士気の衰えは甚だしく、兵は望郷の念に駆られ、浮き足だちはじめます。
　そのうえ、ガズヴィーンは、標高1800mの山岳地帯で、攻めにくい。
　苦労してそこまで進軍したところで、どうせ今度はテヘランまで退かれるだけだし、テヘランまで攻めれば、イスファハンまで退かれるに決まっています。
　そして、そんなところまで兵の士気も兵站も保たないことは明白です。
　ラチがあかない。

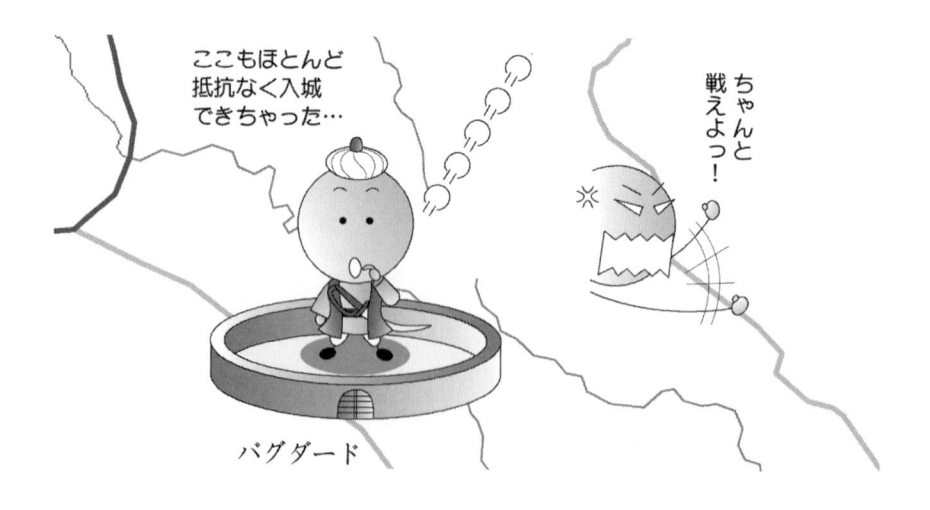

(*04) 2000kmというと、札幌から鹿児島までの行軍距離（直線距離ではなく）に匹敵します。9万もの大軍が2000kmを踏破するだけでもたいへんなことでした。

そこで、ガズヴィーンを諦めて、南のバグダードに向かうことにしました。

バグダードは、交通と商業と農業の要衝であり、さすがにここを"タダ取り"させるわけにはいかず、敵(サファヴィー)も戦に応じてくれるかもしれない。

しかし、いざ、バグダードに着いてみると、やはりもぬけの殻。

オスマン軍は、またしても戦わずして入城を果たします。

「よもや、バグダードまで棄(す)てるとは…」

敵軍が近づいてくると、帝都だろうが要衝の地だろうが、ためらいなくこれを棄てて撤退。

まるで、ナポレオンがロシア遠征したときのロシアの焦土作戦を見ているようです。(＊05)

どんなに無敵を誇るナポレオン軍もオスマン軍も、敵が戦ってくれないことにはどうしようもありません。

結局、兵站(へいたん)が維持できずにオスマン軍が退いていくと、タブリーズもバグダードも取り返されて元の木阿弥(もくあみ)。

そこで、1548年、第2次タブリーズ遠征をかけましたが、結果は同じ。

焦土作戦

戦争は極力避け
外交で勝負だ！

軍事力が違いすぎる
オスマンと正面から
戦っては勝てん！

サファヴィー朝 第2代
タフマースブ1世

(＊05) このときナポレオンが率いたフランス軍は、なんと60万。これほどの大軍を維持するだけでもたいへんなのに、パリからモスクワまでの行軍距離は、なんと2700km。
そのうえ、ロシアは戦ってくれず、「焦土作戦」に徹したため、大軍は単なる「お荷物」と化し、しかも「冬将軍」が襲い、ナポレオンはさんざんな敗北を喫しています。
こうしてみると、オスマンが深手を負う前に撤退を決意したのは賢明でした。

いや、それどころか、タフマースブ1世は、これを機に、正式に帝都をガズヴィーンに遷してしまいます。

こうして、3度目の遠征が行われたのちの1555年、アマスィヤ条約が結ばれ、タブリーズを中心としたアゼルバイジャン地方（B-3/4）、バグダードを中心とした南メソポタミア地方（C/D-3/4）をオスマン帝国に割譲することが定められました。（D-3/4）(＊06)

これにより、サファヴィー朝は広大な領地を失い、オスマン帝国はこれを手に入れたことになりましたので、一見すると、「オスマンの大勝利！」に思えます。

しかし、そもそもオスマン帝国は、サファヴィー朝を滅ぼすつもりで大軍を3度も動かしたのにこの程度。

サファヴィー朝は、「9万vs7000」(＊07)と、滅ぼされかねないほどの決定的劣勢にありながら、この程度で済んだのですから、これは「外交の勝利」と言っても過言ではありません。

「今はオスマンに勢いがありすぎる。

ここはグッと我慢のとき。

臥薪嘗胆。

時期を待ち、形勢が逆転したとき、捲土重来、取り返せばよいのだ。

そのときこそ、汚名返上、失地回復、名誉挽回だ！」

このような遠大な計画に基づき、耐え難きを耐え、忍び難きを忍び、あとの者に託す。

実際、第5代アッバース1世のとき、こたびの失地をほぼ奪還することに成功しています。

彼（タフマースブ1）がきわめて優秀な政治家であることがわかります。

(＊06) 本幕のパネル地図でいうと、中央のうすく塗りつぶされた部分です。
(＊07) 前にも触れましたように、この差は、古代ギリシアの「テルモピュレーの戦（10万vs7000）」、ヨーロッパの「コンスタンティノープル包囲戦（10万vs7000）」、中国の「官渡の戦（10万vs1万）」「合肥の戦（10万vs7000）」と同等の戦力差でした。

第4章 イスラーム三國志（興隆期）

第5幕

冬将軍、襲来！
スレイマン大帝　ヨーロッパ戦線

即位直後の混乱を瞬く間に鎮めたスレイマン1世は、ただちにその軍をヨーロッパへと北上させる。
当時、オスマン帝国領に覆いかぶさるようにして存在していた大国・ハンガリー王国を滅ぼさんがため。
しかし、その「玄関(おお)」ともいうべきベオグラードは、メフメト2世すら陥とせなかった要塞都市であった。

「ベオグラードはヨーロッパの玄関」

祖父メフメト2世すら成し得なかったベオグラード征服を成し遂げちゃるぜ～っ！

オスマン帝国　第10代
スレイマン1世
1520 – 66

〈スレイマン大帝 ヨーロッパ戦線〉

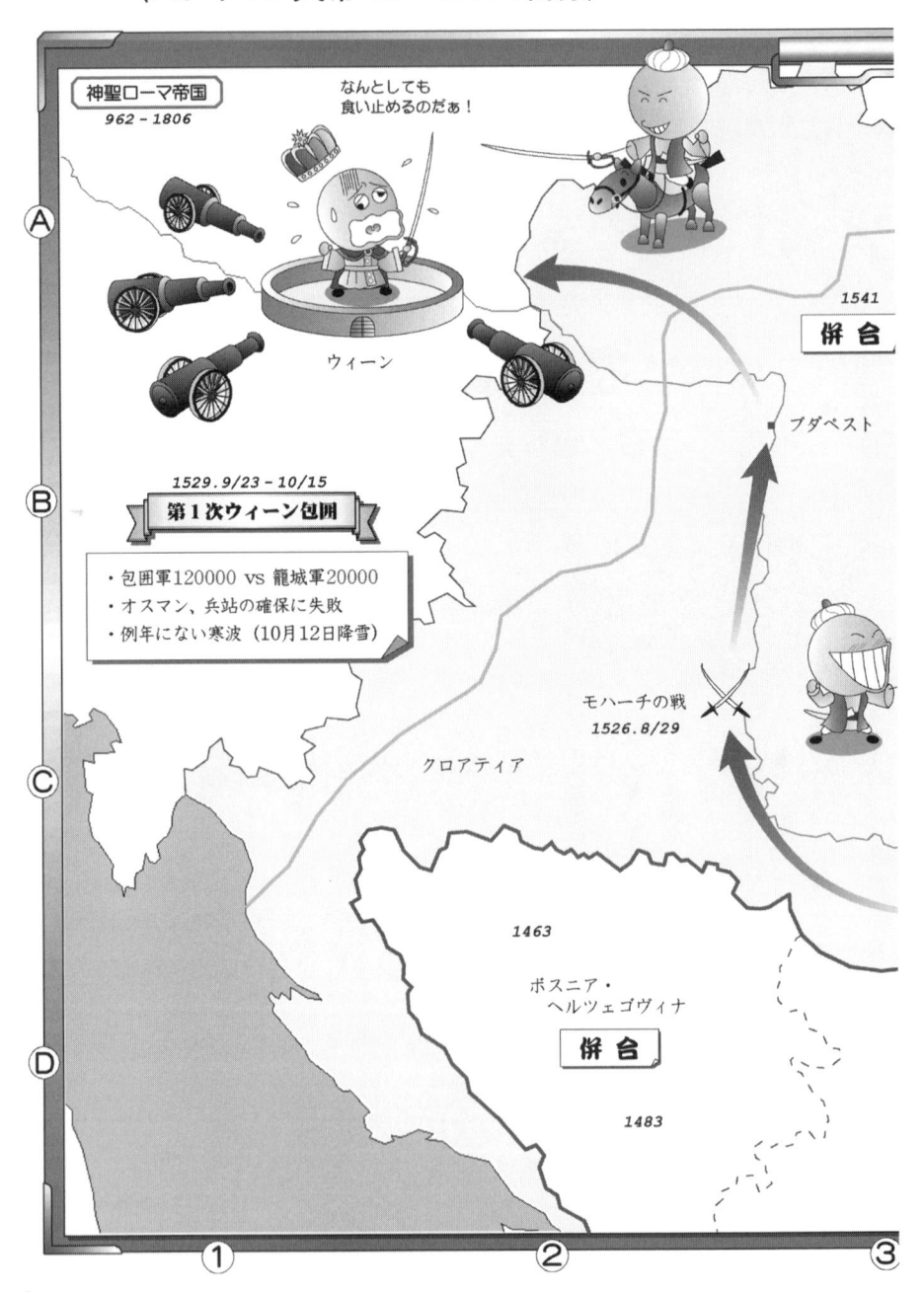

神聖ローマ帝国
962 - 1806

なんとしても食い止めるのだぁ！

ウィーン

第1次ウィーン包囲
1529.9/23 - 10/15

- 包囲軍120000 vs 籠城軍20000
- オスマン、兵站の確保に失敗
- 例年にない寒波（10月12日降雪）

1541 併合

ブダペスト

モハーチの戦
1526.8/29

クロアティア

1463
ボスニア・ヘルツェゴヴィナ
併合
1483

第 5 幕　スレイマン大帝　ヨーロッパ戦線

1520 年代

ヤゲヴォ朝ポーランド王国
1386 - 1572

ポドリア
1672

c.1000 - 1918
ハンガリー王国

1541

属国

トランシルヴァニア

併合

モルダヴィア
1513

ぐぁぁ…善戦むなしくやられてもたぁっ！これでハンガリーのヤゲヴォ朝も終わりだぁ…

がはははは！我が軍は無敵なり〜っ！

戦死

ヤゲヴォ朝ハンガリー王
ラヨシュ2世
1516 - 26.8/29

ベオグラード
1521

1460
ワラキア

属国

祖父メフメト2世すら成し得なかったベオグラード征服を成し遂げちゃるぜ〜っ！

「ベオグラードはヨーロッパの玄関」

1459
セルビア

オスマン帝国 第10代
スレイマン1世
1520 - 66

併合

第1章　オスマン帝国の勃興

第2章　オスマン帝国の隆盛

第3章　サファヴィー朝・ムガル帝国の勃興

第4章　イスラーム三國志（興隆期）

第5章　イスラーム三國志（絶頂期）

227

まず本幕パネルの地図をご覧ください。

パネルの中央にうすく塗りつぶされた、半円の形をした国がすべて「ハンガリー王国」です。

「ハンガリー」といっても、現在のハンガリー共和国とは比較にならないほど、領土も広く、軍事力も強大な大国でした。(＊01)

そして、その南東部分がすべてオスマン帝国領。

地図を見ていますと、まるで、ハンガリー王国が大きなフタとなって、オスマン帝国の発展を封じているかのようです。

実際そうでした。

じつは、メフメト2世のときにも、これを突破しようと、ベオグラード攻撃（C/D-3）を行っていますが、ここは難攻不落の要塞であり、あえなく失敗しています。

スレイマン1世は、言います。

「ベオグラードはヨーロッパの玄関である！」（D-4/5）

■ ベオグラード

祖父メフメト2世すら成し得なかったベオグラード征服を成し遂げちゃるぜ～っ！

「ベオグラードはヨーロッパの玄関」

オスマン帝国 第10代
スレイマン1世
1520－66

（＊01）当時のハンガリー王国は、現在の国家群でいえば、ハンガリーを中心として、クロアティア、セルビア北部、トランシルヴァニア、スロヴァキアを包括する大国でした。

そこには頑丈なカギがかけられており、そこを通過するのはなかなか困難だが、そこさえ突破してしまえば、あとは何もなき野を征くが如しである！
…と。

こうして彼（スレイマン）は、即位の翌年（1521年）に、ベオグラード攻めに入るや、あっけなくこれを陥落させます。

ようやく「玄関（ベオグラード）」をこじ開けることに成功したオスマンは、ドナウ川を駆け昇るようにして勢力を拡大、ハンガリーは、モハーチ平原（C-2/3）で決戦を挑みます。

今回は、ハンガリー軍もオスマン軍も5〜6万もの大軍を率い、数の上ではほぼ互角。

オスマン帝国は遠征軍の不利があり、ハンガリー側にも不安材料が。

それは、ハンガリー国王のラヨシュ2世（B/C-4）がまだまだ若輩[*02]で、血の気が多くて経験不足であったことです。

そして、その不安は的中、このラヨシュ2世の「若さ」と「経験不足」が露骨に勝敗を決してしまう戦（いくさ）となります。

オスマン軍がモハーチ平原に姿を現すや、ラヨシュ2世は自分の興奮を抑えることができず、まだ自軍の戦闘準備が整っていない[*03]にもかかわらず進軍命令を発してしまいます。

しかし、遠征軍のオスマンにしてみれば、短期決戦は望むところ！

これで遠征軍の不利も解消できました。

ところが、「オスマン有利か？」と思われたこの戦（いくさ）、開戦後まもなく、敵陣（オスマン）中央が後退しはじめます。

これを見たラヨシュ2世は狂喜します。

（*02）このとき、まだ20歳の誕生日を迎えたばかりでした。

（*03）じつは、このときはまだ、ハンガリーへの援軍がモハーチ平原に向かっている最中でした。血気にはやったラヨシュ2世が、援軍の到着を待たずに開戦してしまったため、ようやくその援軍が駆けつけたときには、戦争は終わっていました。

「よしっ！　敵はひるんだぞ！
このまま一気に中央突破せよっ！！」
　勝利を確信し、喜び勇んだラヨシュ２世は、一気にカタをつけようと、なんと国王御自ら先陣に立って、敵本陣への突撃命令を発します。
　しかし、これはスレイマンの罠でした。(＊04)
　オスマン軍の陣中奥深くまで誘い込まれ、そこで包囲され、ラヨシュ２世はあえなく戦死してしまいます。
　大混乱に陥ったハンガリー軍は、あとは済し崩し的に崩壊。
　時、1526年。(＊05)

(＊04)「ハンガリーを盟主としたヨーロッパ連合軍（ジギスムント）」と「オスマン帝国軍（バヤジット１世）」の決戦「ニコポリスの戦」とほとんど同じパターンです。
　　　どうやら、ハンガリーは、あの手痛い敗北から、何も学ばなかったようです。
　　　歴史に学ばない者は、かならず亡んでいきます。

(＊05) これは、ムガール帝国が建国された年（第１次パーニパットの戦）と同じ年です。

オスマン帝国はそのまま北上し、王都ブダペスト(B-2/3)を押さえると、ここでいったん帰国していきます。
　ところで、ハンガリー王国では、ラヨシュ2世が子なく戦死してしまったため、王朝(ヤギェウォ朝)が断絶。
　誰を新王に迎えるかで、ハンガリー貴族の推すトランシルヴァニア公ヤーノシュ1世と、神聖ローマ帝国の推すフェルディナントで対立が生まれるや、劣勢に立たされたヤーノシュ1世は、オスマンに援軍を請います。(＊06)
　オスマン帝国は、ヤーノシュ1世の要請に応じ、ふたたびハンガリーに軍を進め、神聖ローマ帝国の帝都(ウィーン)を包囲します。
　このとき、オスマン包囲軍12万に対し、ウィーン籠城軍はわずかに2万。
　オスマンは、ウィーンを包囲するのに、君府(コンスタンティノープル)包囲のときと同じくらいの軍を動員してきたのです。
　オスマンの「本気」を前にして、あの難攻不落の君府(コンスタンティノープル)ですら陥ちたのですから、当時チャチな城壁しか持たなかったウィーンなど、「風前の灯火(ともしび)」に見えました。
　しかし、ここはあくまでも「ウィーン」であって「君府(コンスタンティノープル)」ではありません。
　帝都(イスタンブール)から1500kmもの彼方(かなた)にあるのです。
　単に「遠い」というだけでなく、途中、ぬかるみ・悪路が数え切れないほどあるため、どうしても君府(コンスタンティノープル)で活躍した巨砲を運ぶこと叶わず、中小の大砲しか持ってくることができませんでした。
　そのうえ、1529年9月23日ごろから包囲が始まったのですが、そのわずか20日後(10月12日)には、季節外れの寒波が襲い、大雪が降りはじめる、という不運も重なります。

(＊06)「国内問題」で他国に支援を要請するというのは、これ以上ない「愚挙」であり、「売国行為」に他なりません。民間レベルならいざ知らず、「国家」が「国家」に支援をするとき、「おもいやり」や「やさしさ」から支援することはけっしてなく、かならず「支援以上の国家利権」をゴッソリ奪っていきます。「他国の支援」によって、支援された国が発展することなどけっしてなく、それは衰亡へと直結するのです。

あまりにも早すぎる降雪。

暖かい地方で生まれ育ち(＊07)、なおかつ、防寒着など持ってきていなかったトルコ兵たちは、バタバタと凍え死んでしまいます。

これを見たスレイマン1世の決断は早いものでした。

ただちに、「キズが深くなる前に整然と撤退」することを決意、その3日後には兵を退いていきます。

形の上では「ヨーロッパ軍、オスマン軍の撃退に成功！」ということになりますが、今回は、あくまでも「季節外れの大雪」に助けられただけのこと。

もし、この年が例年どおりの気候であったなら、ウィーンは間違いなく陥ちていたことでしょう。

それを思えば、自分たちに背を向けて撤退していくオスマン軍を見ながらも、オーストリア軍は勝ち鬨の声を上げる気にはなれませんでした。

――ふぅ！　た、助かった！
――だけど、こんど春に攻めて来られたら、防ぎきれないぞ？
…と震えあがるのみ。

オスマン軍が撤退したというのに、敗れたような雰囲気が国中を覆います。

じつは、この出来事がヨーロッパにとって「幼児体験」となり、以後、極力オスマン陸軍を刺激することを避けるようになります。(＊08)

「触らぬ神に祟りなし！」

たとえ、それから100年が過ぎようとも、150年が過ぎようとも。

オスマン帝国が、政治・軍事・経済・社会すべてに深く腐敗が浸透し、昔日の面影をなくして弱体化しようとも。

ヨーロッパでは、「オスマンこわい」のイメージだけが先行しつづけます。

(＊07) トルコ人たちが多く住むアナトリア地方は、地中海性気候。
　　　夏は暑く、冬も比較的温暖なので、平野部で雪が降ることはあまりありません。

(＊08) 「陸軍」には"白旗"を振ったヨーロッパでしたが、「海軍」なら！
　　　当時のオスマン海軍はまだ弱体でしたので、このあと、スペインがオスマン海軍に挑戦しています。このことについては、「第5章 第1幕」にて。

ところが。

第1次ウィーン包囲から数えて、154年後の1683年。

ふたたびオスマン軍がウィーンを包囲してきました。

これが「第2次ウィーン包囲」です。

「幼児体験」を持つオーストリアは戦々恐々となります。

しかし、いざ戦ってみると…???

── あれ？ 弱い？ 弱い！ 弱〜〜い！！

── なんだ、この弱さは!?

── オスマン帝国はこれほど弱りきっていたのか！！

　オスマン帝国は、みずから自軍の弱体をさらけだし、まさに"墓穴を掘る"結果となり、以降、死肉に群がるハイエナの如く、ヨーロッパ諸国はオスマン帝国の利権をむさぼり喰らうようになります。

「第1次ウィーン包囲」は、オスマン絶頂の象徴的な事件でしたが、

「第2次ウィーン包囲」は、オスマン衰亡の象徴的な事件となったわけです。

　逆にいえば、第1次ウィーン包囲の"恐怖"は、ヨーロッパを150年にわたって縛りつづけるほど強烈であったのでした。

Column　聖イシュトヴァーンの王冠

　本幕で登場するハンガリー王国は、西暦1000年ごろに生まれて以来、第一次世界大戦で敗れて滅びるまで、なんと900年以上にわたって存続した、とんでもなく伝統ある王国です。

　その初代国王イシュトヴァーン1世が、時のローマ教皇からハンガリー国王として戴冠(たいかん)を受けたのが1000年12月25日といわれています(「1001年1月1日」説もあります)。

　このときに教皇から授かった王冠(クラウン)は「聖イシュトヴァーンの王冠」と呼ばれ、宝珠(オーブ)(十字架の付いた球体)・王笏(セプター)(杖)とともに、日本でいうところの「三種の神器(じんぎ)」のような位置づけとなり、ハンガリーからの持ち出しを固く禁じられ、これらを纏(まと)った者でなければ「ハンガリー王」とは認められなくなります。

　ところで、モハーチの戦(1526年)ののち、トランシルヴァニア公ヤーノシュ1世と神聖ローマ皇帝(カール5世)の弟フェルディナントがハンガリー王位を巡って争ったときのこと。

　「どちらが正統か」を争うことになったとき、当然、この「"聖イシュトヴァーンの王冠"をかぶった者こそが正統」ということになりますので、「王冠争奪戦(クラウン)」の様相を呈しましたが、結局、王冠(クラウン)はフェルディナントの手に落ちてしまいます。

　こうなると、フェルディナントの背後(バック)には、神聖ローマ帝国が控えているため、もはやヤーノシュ1世では手が出せません。

　これを奪還するためには、オスマン帝国の軍事力にすがるより他なく、スレイマン大帝はヤーノシュ1世の要請を受けて出陣、それが「ウィーン包囲」へとつながっていったのでした。

　ちなみに、このハンガリー王国は、第一次世界大戦でいったん滅んだあと、1920～46年に一時的に復活しています。

　しかし、その間、王が即位したことは一度もなく、つねに「空位」でしたので、これを「王国の復活」と呼んでよいものかどうか…。

第4章 イスラーム三國志（興隆期）

第6幕
そしてひとりの亡命者が現る
サファヴィー朝の試練

サファヴィー朝は建国から13年間は「無敗」であった。しかし、チャルディランの戦に敗れてからというもの、対オスマン戦の西部戦線では試練がつづくことになる。とはいえ、「無敗」がサファヴィー朝を慢心させ、「試練」こそがサファヴィー朝を鍛えあげた側面もあり、東部戦線ではつねに優勢に駒を進めていく。

〈サファヴィー朝の試練〉

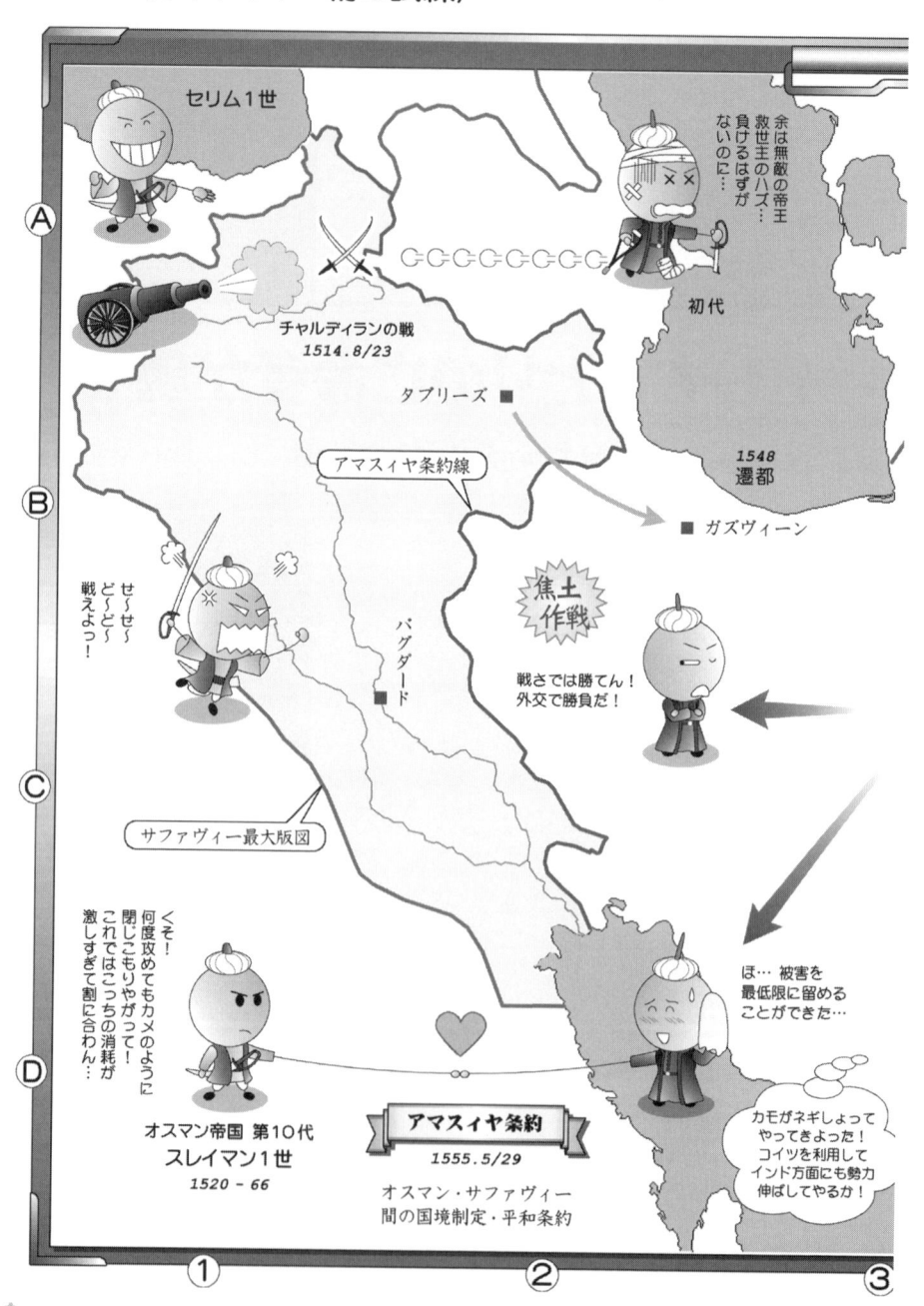

セリム1世

チャルディランの戦
1514.8/23

余は無敵の帝王救世主のハズ…負けるはずがないのに…

初代

1548
遷都

タブリーズ

アマスィヤ条約線

ガズヴィーン

焦土作戦

バグダード

戦さでは勝てん！
外交で勝負だ！

せ～せ～ど～ど～戦えよっ！

サファヴィー最大版図

ほ…被害を最低限に留めることができた…

くそ！何度攻めてもカメのように閉じこもりやがって！これではこっちの消耗が激しすぎて割に合わん…

オスマン帝国 第10代
スレイマン1世
1520 - 66

アマスィヤ条約
1555.5/29

オスマン・サファヴィー間の国境制定・平和条約

カモがネギしょってやってきよった！コイツを利用してインド方面にも勢力伸ばしてやるか！

第6幕 サファヴィー朝の試練

16世紀中葉

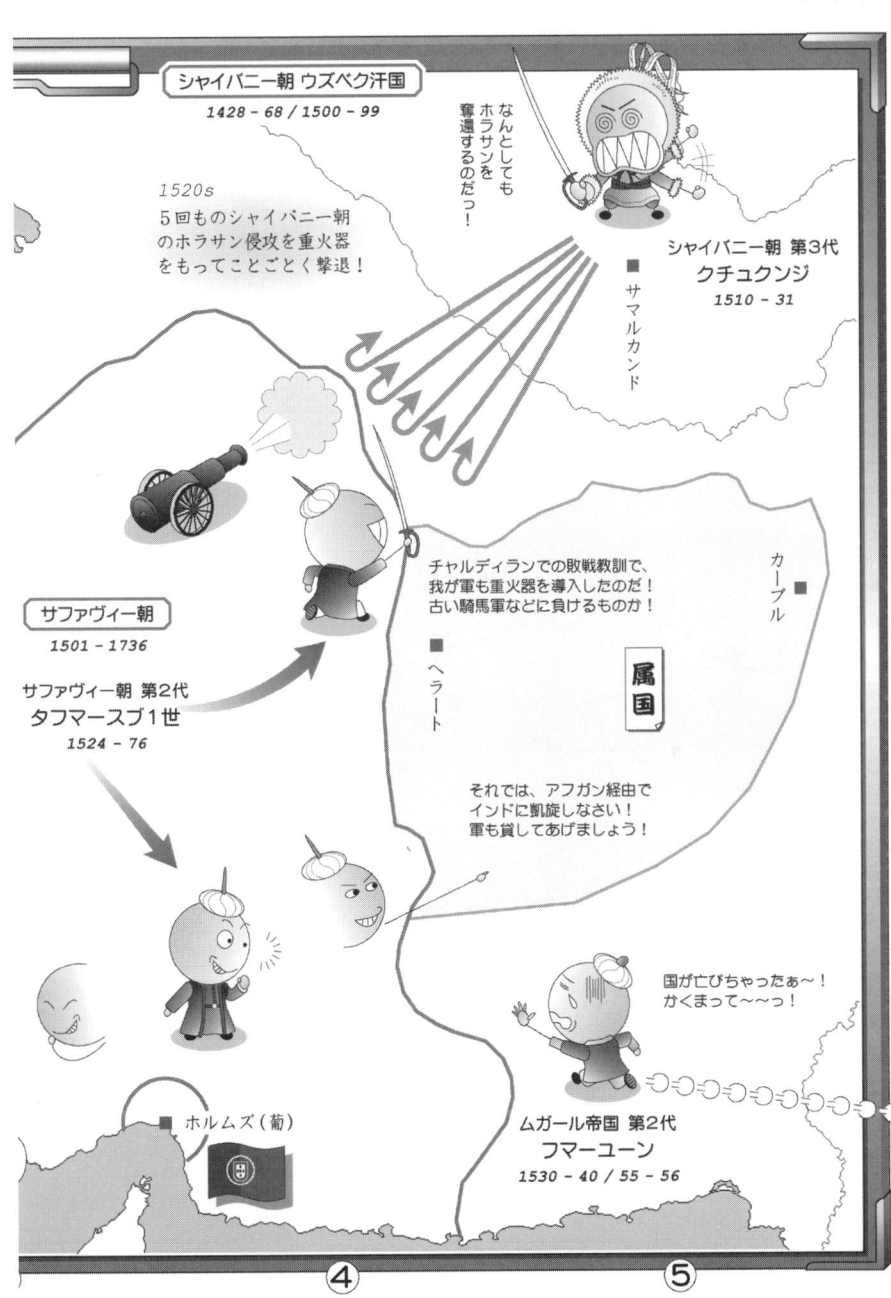

シャイバニー朝 ウズベク汗国
1428 - 68 / 1500 - 99

なんとしてもホラサンを奪還するのだっ！

1520s
5回ものシャイバニー朝のホラサン侵攻を重火器をもってことごとく撃退！

シャイバニー朝 第3代
クチュクンジ
1510 - 31

■ サマルカンド

チャルディランでの敗戦教訓で、我が軍も重火器を導入したのだ！
古い騎馬軍などに負けるものか！

■ ヘラート

■ カーブル

属国

サファヴィー朝
1501 - 1736

サファヴィー朝 第2代
タフマースブ1世
1524 - 76

それでは、アフガン経由でインドに凱旋しなさい！
軍も貸してあげましょう！

国が亡びちゃったぁ～！
かくまって～～っ！

ホルムズ (葡)

ムガール帝国 第2代
フマーユーン
1530 - 40 / 55 - 56

④　　　⑤

第1章 オスマン帝国の勃興
第2章 オスマン帝国の隆盛
第3章 サファヴィー朝・ムガール帝国の勃興
第4章 イスラーム三國志（興隆期）
第5章 イスラーム三國志（絶頂期）

237

さて、ここで、ふたたびオスマン帝国から離れ、サファヴィー朝に目を向けてみましょう。

ここまでのサファヴィー朝の歴史をもう一度簡単に振り返ってみます。

この国は、建国以来13年間「無敗」を誇っていました。

チムール帝国を亡ぼし、中央アジアで気勢をあげていたシャイバニー軍をいとも簡単に撃破、ムハンマド＝シャイバニーの首を討ち取ったほど。

しかし、その「不敗神話」こそが慢心を招き、「チャルディランの戦」では、大敗北を喫することになります。(A-1/2)[*01]

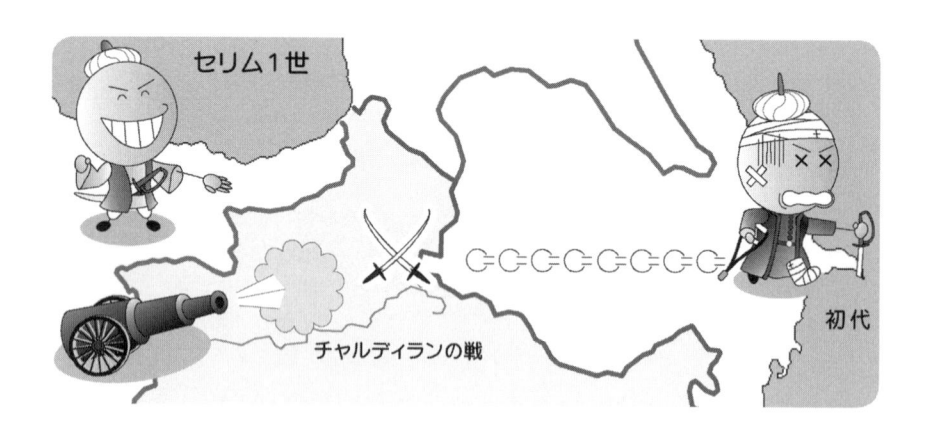

![チャルディランの戦 セリム1世 初代]

そして、これを境として、サファヴィー朝は、「試練」の時代へ。

若いころ、挫折を経験したことのない者ほど、打たれ弱い。

初代皇帝イスマーイール1世は、「たった一度の敗戦」に打ちのめされ、酒に溺れ、自堕落な生活を送った挙句、体を壊して亡くなります。

まだ37歳の若さでした。

(＊01) 日清・日露戦争で大勝利を収めたことで「神国日本」などと慢心が始まり、日中戦争・太平洋戦争で大敗北を喫した戦前の日本を彷彿とさせます。

第6幕　サファヴィー朝の試練

　その跡を継いだのが、息子のタフマースブ、本幕の主人公です。
　彼は、「押さば退け、退かば押せ」の焦土作戦で、辛抱強くオスマン戦をしのぎ、1555年、アマスィヤ条約（D-2）で「アゼルバイジャンとメソポタミアを喪失」した程度の損害に切り抜けたところまでご説明いたしました。

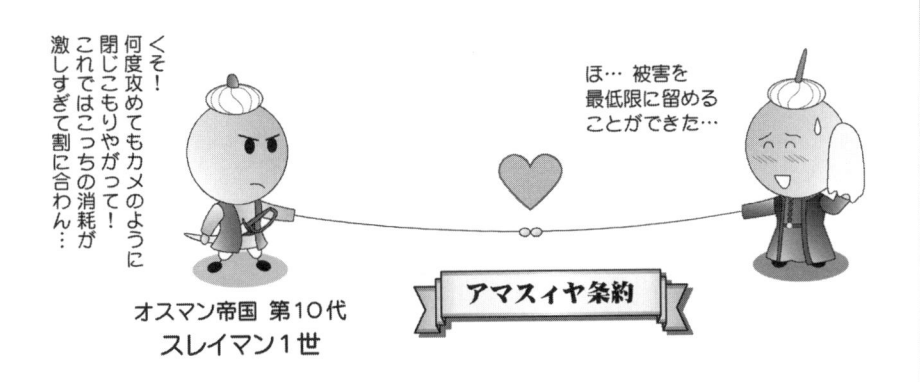

くそ！
何度攻めてもカメのように閉じこもりやがって！
これではこっちの消耗が激しすぎて割に合わん…

オスマン帝国　第10代
スレイマン1世

アマスィヤ条約

ほ…　被害を最低限に留めることができた…

　しかし。
　世の中なにごとも「塞翁が馬」。
　「楽は苦の種、苦は楽の種」。「禍福はあざなえる縄の如し」。
　この「試練」こそが、サファヴィー朝を鍛えあげ、のちの発展の基盤となってゆくのです。
　オスマン帝国との敗戦の経験から、「大砲などの重火器を使った軍」を前にしては「自慢の騎馬軍」など時代遅れであることを、その身をもって学びました。
　そこで、サファヴィー軍も、旧い「騎馬軍」中心の軍編制から、最新の「重火器」を用いた近代的な軍編制に切り替えていきます。(＊02)

(＊02) 口で言うのは簡単ですが、「改革」ほど困難なものはありません。「軍制改革」を成し遂げたということだけでも、このタフマースブ1世が「名君」であることを示しています。

ところで。

　1520年代は、オスマン帝国の皇帝がスレイマン大帝に代わり、ヨーロッパ戦線に釘付けになった時代です。(＊03)

　そのおかげで、サファヴィー朝も、その西部国境にしばしの安定がもたらされ、これで一息つくことができる…かに思えました。

　しかし、そのヒマは与えられません。

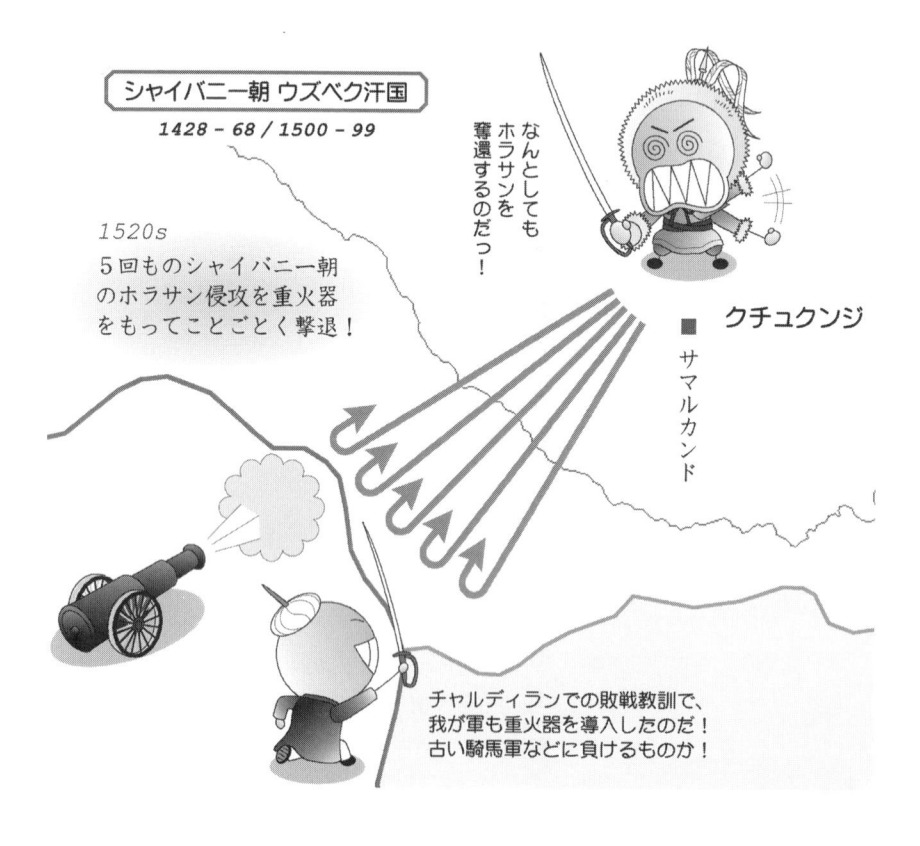

シャイバニー朝 ウズベク汗国
1428 － 68 ／ 1500 － 99

1520s
5回ものシャイバニー朝のホラサン侵攻を重火器をもってことごとく撃退！

なんとしてもホラサンを奪還するのだっ！

■ クチュクンジ

サマルカンド

チャルディランでの敗戦教訓で、我が軍も重火器を導入したのだ！古い騎馬軍などに負けるものか！

(＊03) 前幕で解説いたしました、「ベオグラードの戦（1521年）」から始まり、「モハーチの戦（1526年）」、そして「第1次ウィーン包囲（1529年）」などの一連の動きのことです。

これとタイミングを合わせるようにして、東からの脅威を受けるようになったからです。

甥(ムハンマド)を殺され、領土を奪われ、復讐と失地回復に燃える、第3代クチュクンジ(A-5)(＊04)率いるシャイバニー朝が間断なく侵寇してきました。

チムール帝国の旧都サマルカンドを拠点とし、1520年代に5回も。

さきにも触れましたように、この国は、モンゴル帝国の系統の国でしたから、モンゴル帝国ゆずりの屈強な騎馬軍を動員してきます。

ところが、そのことごとくが失敗に終わります。(A/B-4/5)(＊05)

けっしてシャイバニー騎馬軍が弱かったわけではありません。

現に、サファヴィー朝以外の国には、無敵の強さを誇っています。

敗因はもちろん、サファヴィー軍が、オスマンから学びとった「重火器」をもって迎え撃ったからでした。

サファヴィー朝は、まさに自分が「チャルディラン」でオスマンにやられたことを、そっくりそのままシャイバニー戦で再現したわけです。

チャルディランでの敗北はムダではありませんでした。

この有様をカーブル(B/C-5)の地から目(ま)の当たりにして、衝撃(カルチャーショック)を受けていた人物がいます。

彼こそが、バーブルです。(＊06)

バーブルは、自分が逆立ちしても敵(かな)わない、あのシャイバニー騎馬軍が、何度挑んでも撃破されていく姿に驚き、サファヴィー朝に接近し、自軍にも大砲などの重火器を導入します。

それが、第1次パーニパットの戦いでの大勝利、そして、ムガール帝国の成立へとつながっていったのですから、チャルディランの戦でオスマンが勝利したことが巡(めぐ)り巡って、ムガール帝国を産んだということになります。

(＊04)先君ムハンマド＝シャイバニーの叔父（父親の弟）にあたる人物。

(＊05)このことに関しては、本幕コラム「理性と感情」を参照のこと。

(＊06)本書「第3章 第3幕」を思い出してください。

ところで。

　サファヴィー朝は、シャイバニー朝を撃退してホッと胸をなでおろす間もなく、1530年代に入ると、ヨーロッパ問題に一段落したオスマン帝国が、ふたたびサファヴィー西部国境を脅かすようになります。(＊07)

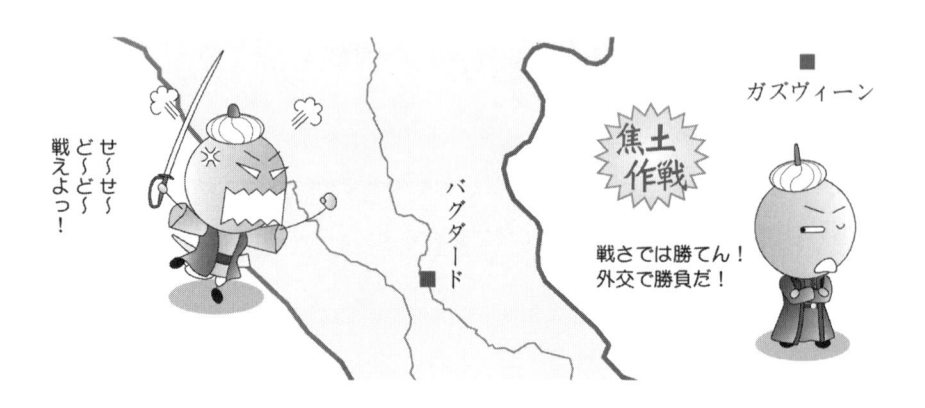

「こちら(オスマン)」が落ち着いたと思ったら「あちら(シャイバニー)」、「あちら(シャイバニー)」が落ち着いたと思ったらまた「こちら(オスマン)」。

　サファヴィー朝が「世界の半分(ネスフェ ジャハーン)」と謳(うた)われるようになる繁栄の時代はもう少し先のことで、「試練」はまだしばらくつづきます。

　ところで。

　まさに、そんなころ、東の国から、ひとりの亡命者が現れます。

　それが、さきほども登場したバーブルの息子、フマーユーンです。(D-5)

　彼(フマーユーン)は、父帝が「挫折」と「再起」を繰り返し、心血を注いで創りあげた「ムガール帝国」をいともあっさりと滅ぼして、友好関係にあったサファヴィー朝に

(＊07) これが、第4章第4幕でご説明いたしました「第1次(1534年)」「第2次(1548年)」「第3次(1554年)タブリーズ遠征」のことです。

保護を求めてきたのでした。
　彼（フマーユーン）に対してタフマースブはやさしく声をかけます。

［図中］
サファヴィー朝 第2代
タフマースブ

それでは、アフガン経由でインドに凱旋しなさい！軍も貸してあげましょう！

国が亡びちゃったぁ～！かくまって～～っ！

ホルムズ（葡）

ムガール帝国 第2代
フマーユーン

「それはそれは難儀でしたな。
　よろしい！　そなたに軍を貸し与えましょう。
　その軍で"帝国"を再建するとよいでしょう。
　まずは、父帝（バーブル）の勃興地であるカーブルを制圧してはいかがかな？」
── あ、ありがとうございますぅ！！！
　フマーユーンは彼（タフマースブ）のやさしい言葉に感激しますが、もちろん、彼（タフマースブ）は、フマーユーンに同情してこんなやさしい言葉をかけたのではありません。
　彼（タフマースブ）の与えた軍によってムガール帝国が再建されれば、その国は、サファヴィー朝の属国となるからです。
　それでは、次幕では、彼フマーユーンがなぜこんなことになってしまったのかについて見ていくことにいたしましょう。

Column 理性と感情

　サファヴィー朝は、「チャルディラン」で敗れた反省から、ただちに軍制改革を図り、重火器を導入し、これをのちの発展の礎(いしずえ)とします。
　しかし、シャイバニー朝は、同じように重火器を前にして完敗しながら、頑(がん)として騎馬軍での突撃にこだわりつづけます。
　その結果が、短期間のうちに5連敗、国が傾いてしまいました。
　この差はどこから来るのでしょうか。
　人間には、「感情」と「理性」があります。
　歴史上の人物について学んでおりますと、すぐれた人物は「理性」を重んじ、無能な輩は「感情」に左右されて決断を誤ることがわかります。
　後者は、「理性」でちゃんと真実を理解していても、「感情」がそれを圧(お)し殺してしまうのです。
　長篠(ながしの)の戦での武田勝頼(かつより)も、"理性"では「鉄砲が当たれば、いかな屈強な武田騎馬でもひとたまりもない」とわかっていたでしょうが、"感情"がどうしてもそれを認めてくれません。
「我が武田騎馬は無敵だ！　敗けるはずがない！」
「あんなちっぽけな鉛玉なんぞに我が武田騎馬が倒されるものか！」
　1930年代の日本もそうでした。
　実際、"理性"で考えれば、「アメリカなんかに勝てるはずがない」ということは、子供でもわかることでしたが、当時の日本軍部は、
「神国日本が、どんな国が相手だろうが敗けるはずがない！」
…という"感情"をどうしても抑えることができなかったのです。
　そして、その結果があのザマです。
　戦前の日本軍の行為を非難する人は多い。
　しかし、その人たちは、もちろん自分は「感情よりも理性を重んずる」ことがちゃんとできているのでしょうか。
　もしできていないのなら、それは「目くそ鼻くそを笑う」です。
　我々は、こうした歴史に学び、再思三省しなければなりません。

第4章 イスラーム三國志（興隆期）

第7幕

父帝の歩んだ苦難をふたたび
ムガール帝国の滅亡と再興

バーブルは、若いころから挫折と再起を何度も繰り返し、ついに北インドに「帝国」を打ち立てた。しかし、その帝国は息子フマーユーンがあっけなく滅ぼしてしまう。とはいえ、父帝バーブルだって何度も国を滅ぼしながらこの「帝国」を築き上げたのだ。「息子の私にできないはずがない！」フマーユーンの本当の戦いが始まる。

ムガール帝国 第2代
フマーユーン

〈ムガール帝国の滅亡と再興〉

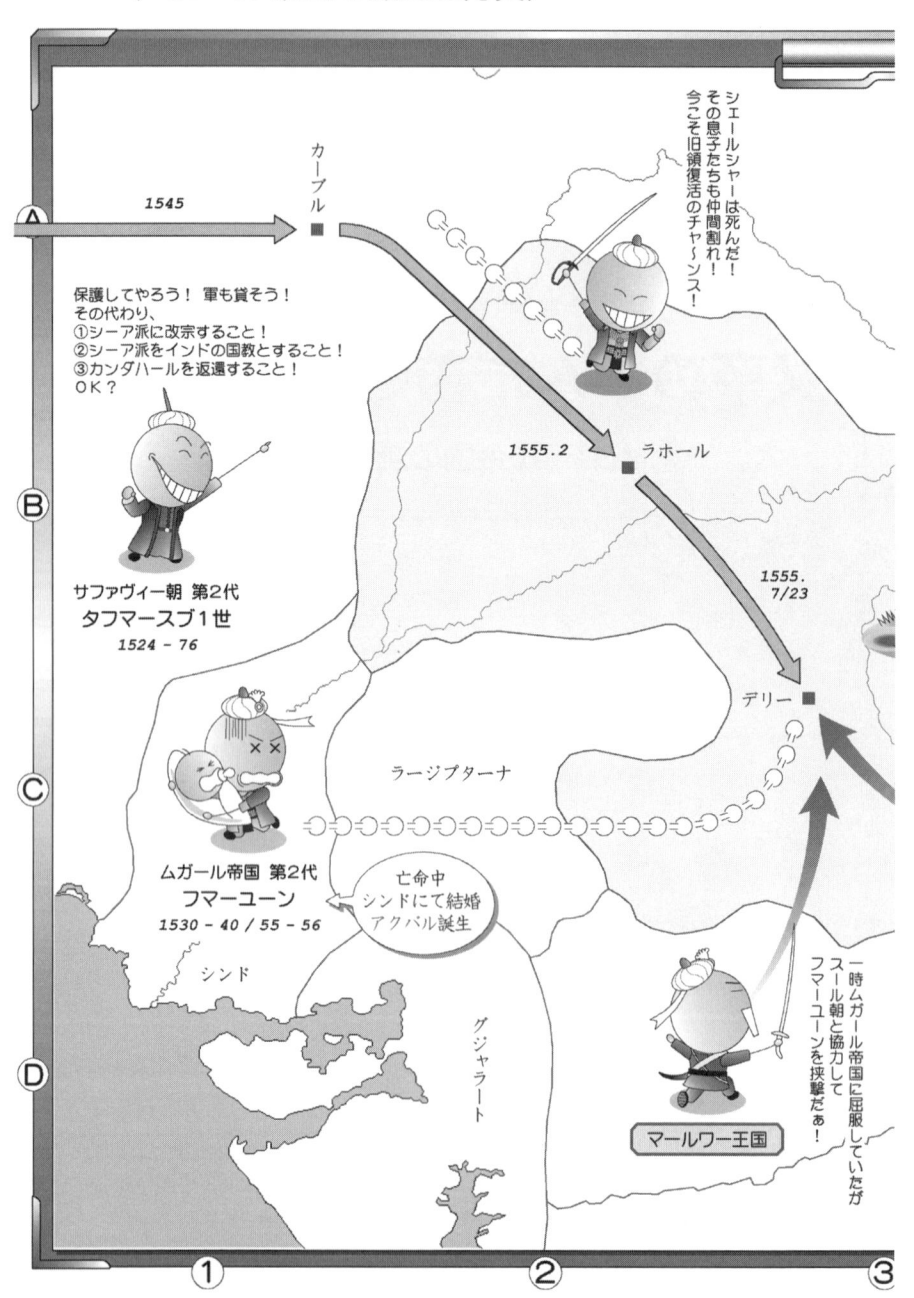

1545 カーブル

保護してやろう！ 軍も貸そう！
その代わり、
①シーア派に改宗すること！
②シーア派をインドの国教とすること！
③カンダハールを返還すること！
OK？

サファヴィー朝 第2代
タフマースブ1世
1524 - 76

1555.2 ラホール

1555.
7/23

デリー

シェールシャーは死んだ！
その息子たち仲間割れ！
今こそ旧領復活のチャ～ンス！

ムガール帝国 第2代
フマーユーン
1530 - 40 / 55 - 56

亡命中
シンドにて結婚
アクバル誕生

ラージプターナ

シンド

グジャラート

マールワー王国

一時ムガール帝国に屈服していたが
スール朝と協力して
フマーユーンを挟撃だぁ！

第7幕 ムガール帝国の滅亡と再興

16世紀中葉

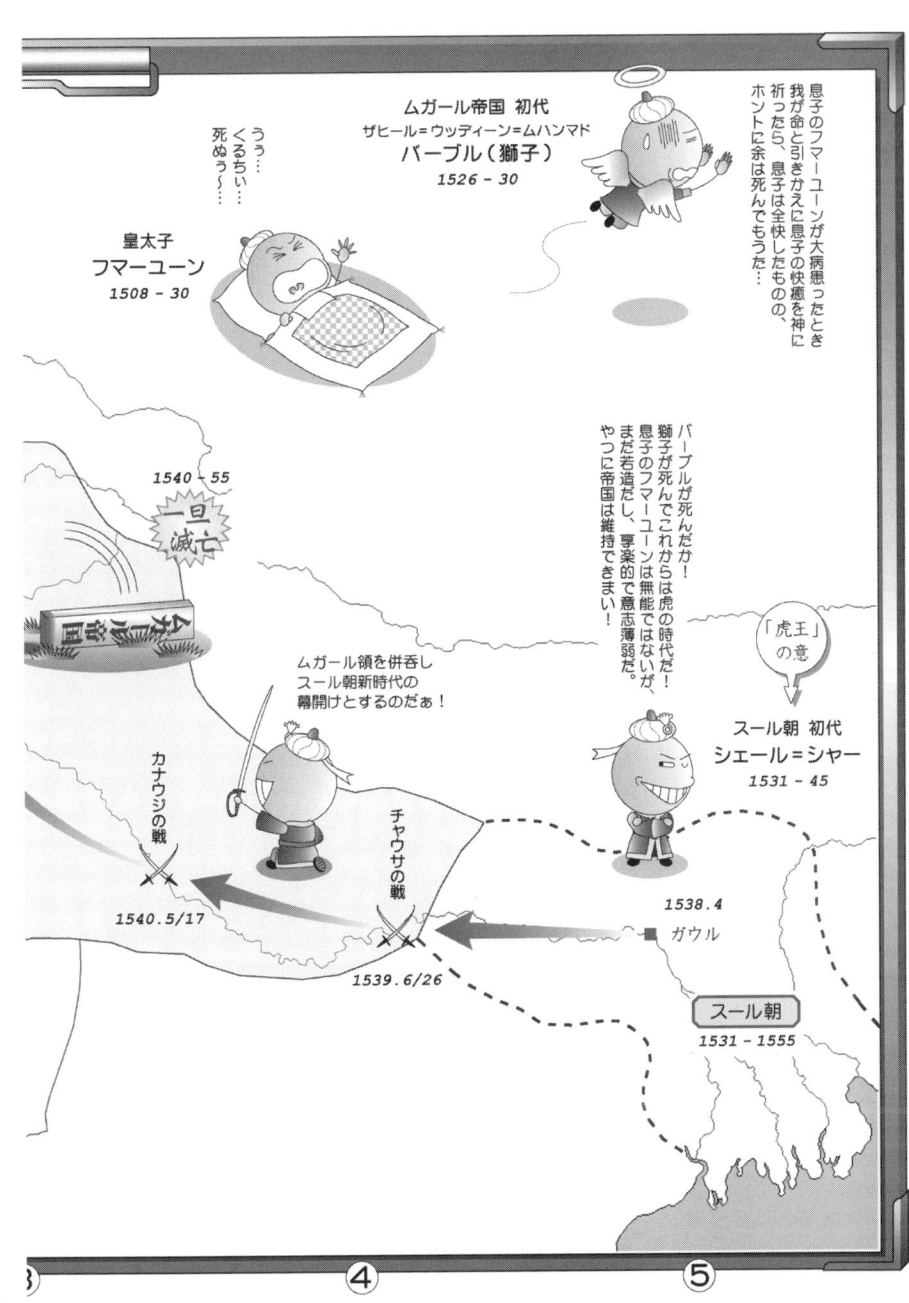

ムガール帝国 初代
ザヒール＝ウッディーン＝ムハンマド
バーブル（獅子）
1526 - 30

息子のフマーユーンが大病患ったとき我が命と引きかえに息子の快癒を神に祈ったら、息子は全快したものの、ホントに余は死んでもうた…

皇太子
フマーユーン
1508 - 30

うう…
くるちぃ…
死ぬう〜…

1540 - 55
旦滅亡

バーブルが死んだか！獅子が死んでこれからは虎の時代だ！息子のフマーユーンは無能ではないが、まだ若造だし、享楽的で意志薄弱なやつに帝国は維持できまい！

「虎王」の意

ムガール領を併呑しスール朝新時代の幕開けとするのだぁ！

スール朝 初代
シェール＝シャー
1531 - 45

カナウジの戦
1540.5/17

チャウサの戦
1539.6/26

ガウル
1538.4

スール朝
1531 - 1555

第1章 オスマン帝国の勃興
第2章 オスマン帝国の隆盛
第3章 サファヴィー朝・ムガール帝国の勃興
第4章 イスラーム三國志（興隆期）
第5章 イスラーム三國志（絶頂期）

247

ム　ガール帝国を建国したバーブルは、たいへん波乱に満ちた人生を送り、何度となく、挫折と再起を繰り返し、そしてようやく「帝国」を築き上げていった、その過程についてはすでに見てまいりました。(＊01)
　本幕では、バーブル亡きあと、その息子フマーユーンの時代を見ていくことにいたします。
　じつは、フマーユーンは皇太子時代22歳のとき、命に関わる大病をしたことがありました。
　このとき、父帝(バーブル)の狼狽(ろうばい)ぶりは、家臣ですら驚き、フマーユーンの生母マハムですら、夫君(バーブル)をたしなめるほどであったといいます。
──陛下。陛下は皇帝であらせられます。
　皇帝ともあろう御方が、息子のひとりやふたり、病気になったくらいのことで家臣を前にしてそんなに動揺を顕(あら)わにしてはなりませぬ。
　陛下には、他にもたくさん御子がいらっしゃるではありませんか。(＊02)
　この子(フマーユーン)は私にとっては"たったひとりの息子"ですが、陛下にとっては、たくさんの御子(おこ)のうちのひとりにすぎませぬではありませんか。
　その言葉を聞いたバーブルは答えます。
「おぉ、マハムよ！！　それは違う、それは違うぞ！
　たしかに余にはたくさん子がおる。
　じゃが、どれほどたくさんの子がいようが、この子(フマーユーン)ほど愛した子はいない！
　余は、余の帝国のすべてをこの子に譲ってやりたいと熱望しておるのじゃ！
　余の命よりもこの子(フマーユーン)の方が大切じゃ！
　そのフマーユーンが明日をも知れぬ命じゃというのに、これが狼狽(ろうばい)せずにおれようか！！」

(＊01)「挫折」というものを一度も知らず大人になった"お坊ちゃん"のサファヴィー朝初代皇帝（イスマーイール1世）と、若いころから「挫折」「挫折」「挫折」の連続を乗り越えてきた"叩き上げ"のムガール帝国初代皇帝（バーブル）とでは、必然的に「人間の器」がまるで違います。

(＊02) わかっているだけで、9人います。

そこで、彼(バーブル)は、今まさに死の床にあるフマーユーンの周りをぐるぐる廻りながら、神(アッラー)に祈りを捧げつづけます。
「おお、偉大なる神(アッラー)よ！！
どうか、我が子フマーユーンの命を救い給え！
もし我が子(フマーユーン)の命を救ってくださるならば、我が命、あなた様に捧げても構いませぬ！！」
すると！
なんということでしょう！
まだ祈りを捧げきらないうちに、バーブルは体に異変を感じ、そのまま病に伏せ、まもなく亡くなってしまいます。
そして、彼(バーブル)が亡くなった直後、明日をも知れぬ命であったフマーユーンは、憑きものでも落ちたかのように、ケロッと全快してしまった、と伝えられています。(＊03)

ムガール帝国 初代
ザヒール＝ウッディーン＝ムハンマド
バーブル（獅子）

皇太子
フマーユーン

うう…
くるちぃ…
死ぬぅ〜…

息子のフマーユーンが大病患ったとき我が命と引きかえに息子の快癒を神に祈ったら、息子は全快したものの、ホントに余は死んでもうた…

(＊03)「史実」かどうかは別問題として、あくまで「伝承」として。
　ひょっとしたら、たまたまフマーユーンの病が治った時期と、バーブルが亡くなったころが近かったのかもしれませんが、そのあたりをかなり"盛って"、このような「お話」を作ったのかもしれません。「史実」にしてはあまりにもできすぎた話です。

こうして即位したのが、第2代皇帝フマーユーン。

しかし、彼の前途は多難です。

フマーユーンが即位したとき、まだムガール建国4年目で、地盤が固まっていなかったのに、突然「強力な指導者」を失い、さらに、新君(フマーユーン)が若い。

オスマン帝国における、メフメト2世が急死したあとのバヤジット2世、セリム1世が急死したあとを受けたスレイマン1世のときと似た状況です。(＊04)

当然、不穏な動きが起こります。

「はん！
あんな小便クセェ若造にかしずいてたまるかよ！」

シェール＝シャー(＊05)は、バーブルが死んだ翌年には、早くもビハール州（C/D-4/5）において、ムガール帝国からの独立を宣言。

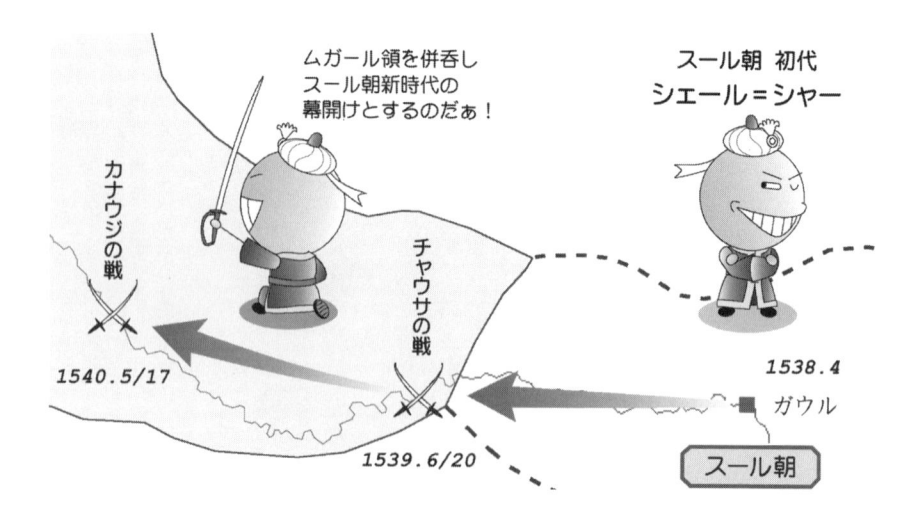

(＊04) 本書「第4章 第2＆4幕」を参照のこと。

(＊05) 彼の統一後の治世はたった「5年（1540〜45年）」しかなかったにもかかわらず、「インド史上、最高の英主」と謳われることがあるほどの名君。
彼の「5年」がなければ、のちのムガール帝国の繁栄もなかったとすらいわれます。

250

これがスール朝（D-5）です。
　最初の数年は、ベンガル州（D-5）の制圧に力を注ぎましたが、それが完了するや、デリーに向かって進軍をはじめます。
　ムガール親征軍をチャウサ（C-4）、カナウジ（C-3/4）でつぎつぎと撃破し、そのままデリー（C-3）入城を果たします。
　バーブルが人生をかけ、心血を注いで創りあげた帝国は、彼の死後、わずか10年であっけなく瓦解、フマーユーンは、サファヴィー朝に亡命します。

ムガール帝国　第2代
フマーユーン

デリー■

　しかし。
　そんな絶望的状況の中で、一条の「希望の光」が差し込みます。
　フマーユーンがサファヴィー朝に向かって亡命中、シンド地方に滞在しているとき、彼に子供が生まれたのです。（C-1）(＊06)
　その赤ん坊こそが、のちのアクバル大帝です。

(＊06) フマーユーンは、亡命先の地シンドで、ひとりの小柄な少女に一目惚れし、会ったその日に求婚しています。当時、フマーユーン33歳、少女ハミーダは13歳。
　　少女は、40日間にわたって強硬に結婚を拒みつづけましたが、ついに結婚します。
　　じつは、この少女には、すでにフマーユーンの弟が目をつけており、これを恨みに思った弟は、フマーユーンと懐を分かつことになってしまいます。

その後、サファヴィー朝のタフマースブ1世に保護され、軍を与えられたことはすでに触れました。

もちろん、タダではありません。

タフマースブは、フマーユーンに条件を出します。

① フマーユーンはシーア派に改宗すること
② ムガール帝国再興の暁には、シーア派を国教とすること^(＊07)
③ 帝国再興の足場としたカンダハール（アフガニスタン）は返還すること

こうして、父帝(バーブル)が足がかりとしたカーブルを拠点として、パンジャブ地方（A/B-2/3）に攻め込みます。（1555年）

まさに、30年ほど前の父帝(バーブル)の再現です。

しかし。

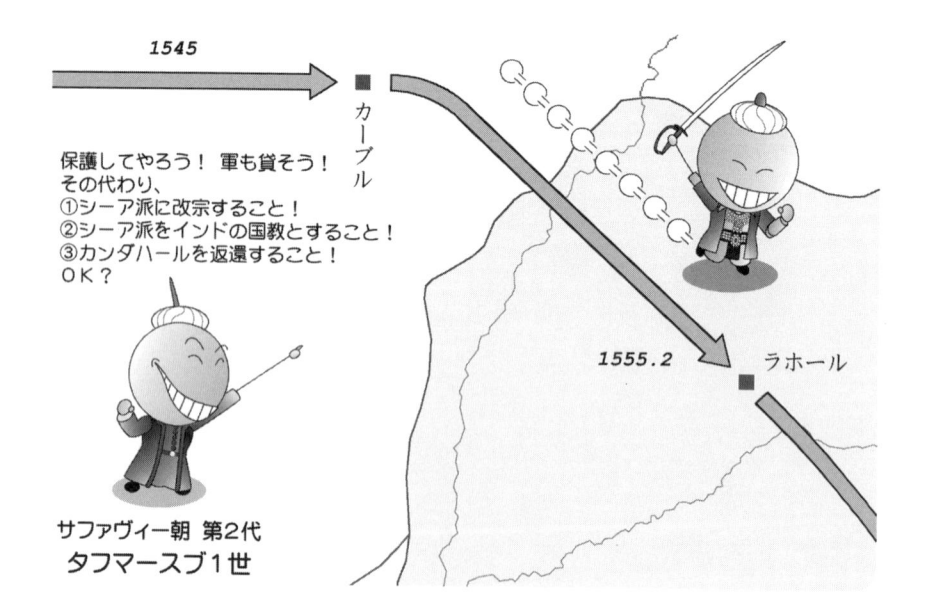

```
1545 ───────→ ■カーブル

保護してやろう！軍も貸そう！
その代わり、
①シーア派に改宗すること！
②シーア派をインドの国教とすること！
③カンダハールを返還すること！
OK？

サファヴィー朝 第2代
タフマースブ1世

                    1555.2 ■ラホール
```

（＊07）もっとも、フマーユーンは、これらの条件を結局反故にしてしまいますので、再興されたムガール帝国は、おもいっきり「スンニ派」王朝です。

こんなこともあろうかと、シェール＝シャーは、ちゃんと先手を打ってありました。
　あらかじめ、パンジャブ地方の中枢地点に「ロータス＝フォート」と呼ばれる大要塞を築いておいた（1541年）のです。^(＊08)
　さすがはシェール＝シャー。
　やることにソツがない。
　ところが。
　フマーユーン軍は、何もなき野を征くが如く、これ（ロータスフォート）を突破！
　これはいったいどうしたことでしょうか？
　じつは、名君シェール＝シャーは、これに先立つこと10年前（1545年）、砲弾の暴発という不慮の事故によって、あっけなくこの世を去っており、「巨星」を突如失ったスール朝もまた、大混乱に陥（おちい）っていたのです。
　どんなに立派な要塞も、肝心の国が乱れていたのでは、役に立ちません。
　こうして、ムガール帝国は見事、再興を成し遂げました。
　ここから、ムガール帝国の本当の発展が始まります。
　ムガール帝国同様、オスマン帝国も、シャイバニー朝も、いったん滅亡しながら見事に復興を果たし、サファヴィー朝は「滅亡」にこそ至らなかったものの、チャルディランの戦のあと、帝都（タブリーズ）が陥落するほどの壊滅的打撃を受けていますが、なんとかこれを凌（しの）ぎ、そして、そのいずれも、"ほんとうの発展"は「再興後」に来ています。
　王朝に限らず、人も、「挫折」を乗り越えた先にこそ、「ほんとうの成功」が待っているものです。
　イスマーイール１世のように、挫折を経験したことのない「成功」ほど危ういものはありません。

（＊08）その厚さは10〜13m、高さは10〜18mと、コンスタンティノープルの「テオドシウスの壁」に匹敵する城壁を擁し、周囲の長さ4km、3万人もの兵を駐兵させることができるという、難攻不落の大要塞でした。1997年、世界遺産にも登録されています。

Column　フマーユーンは無能か？

　父帝から帝国を引き継いだとたん、各地に反乱が起こり、10年と保たすことができずに帝国を崩壊させたフマーユーン。
　これをもって、「無能」の烙印が押されがちな人物ですが、果たしてそうでしょうか。
　「玉座を追われる」程度のことなら、父帝（バーブル）だって何度も経験しています。
　それに、彼が帝国を継いだとき、建国してから4年しか経っておらず、まだぜんぜん地盤が固まっていませんでした。
　こんなときに強力な先帝を失い、しかも新帝が若造…ということになれば、見くびられて各地で蜂起が起こるのは当然であり、これはフマーユーンのせいではありません。
　名君の誉れ高いスレイマン大帝のときにだって、即位時に叛乱は起こっています。
　しかし、その叛乱を鎮圧できず、チャウサの戦・カナウジの戦と、シェール＝シャー率いる叛乱軍に連戦連敗したのは、やっぱりフマーユーンが無能だったからではないでしょうか。
　でも、フマーユーンが若さゆえに経験不足なのは仕方のないことですし、しかも、相手は齢50を越えた、経験豊富で、老獪で、「インド史上最高の名君」と言われるほどの大人物。
　相手が悪すぎました。
　諸葛亮に何度もしてやられたからといって、それをもって司馬懿が無能だということにはならないのと同じです。
　フマーユーンは、帝国滅亡後もそこで諦めることなく兵をかき集め、15年の臥薪嘗胆ののち、見事、ムガール帝国を再建しています。
　「絶望のドン底から再起する」というのは、「無能」ではできません。
　人間、敗れること、失敗すること、挫折することが恥なのでもなければ、無能なのでもありません。
　諦めることが恥であり無能なのです。

第5章 イスラーム三國志（絶頂期）

第1幕

海賊に委ねられた艦隊を前に
スレイマン大帝　地中海戦線

陸では無敵を誇り、イェニチェリの軍靴（ぐんか）の音が聞こえてくるだけで、ヨーロッパ軍は浮き足立つほどであった。しかし、アナトリア半島の内陸に生まれ、陸軍国として発展してきたオスマン帝国は、海においては苦戦を強いられる。交易路の安全を確保するために、エーゲ海に屯（たむろ）する海賊どもの撲滅（ぼくめつ）は最優先課題となる。

くそ！善戦したんだがな！

多勢に無勢は如何ともしがたかったか！今に見てろ！

〈スレイマン大帝 地中海戦線〉

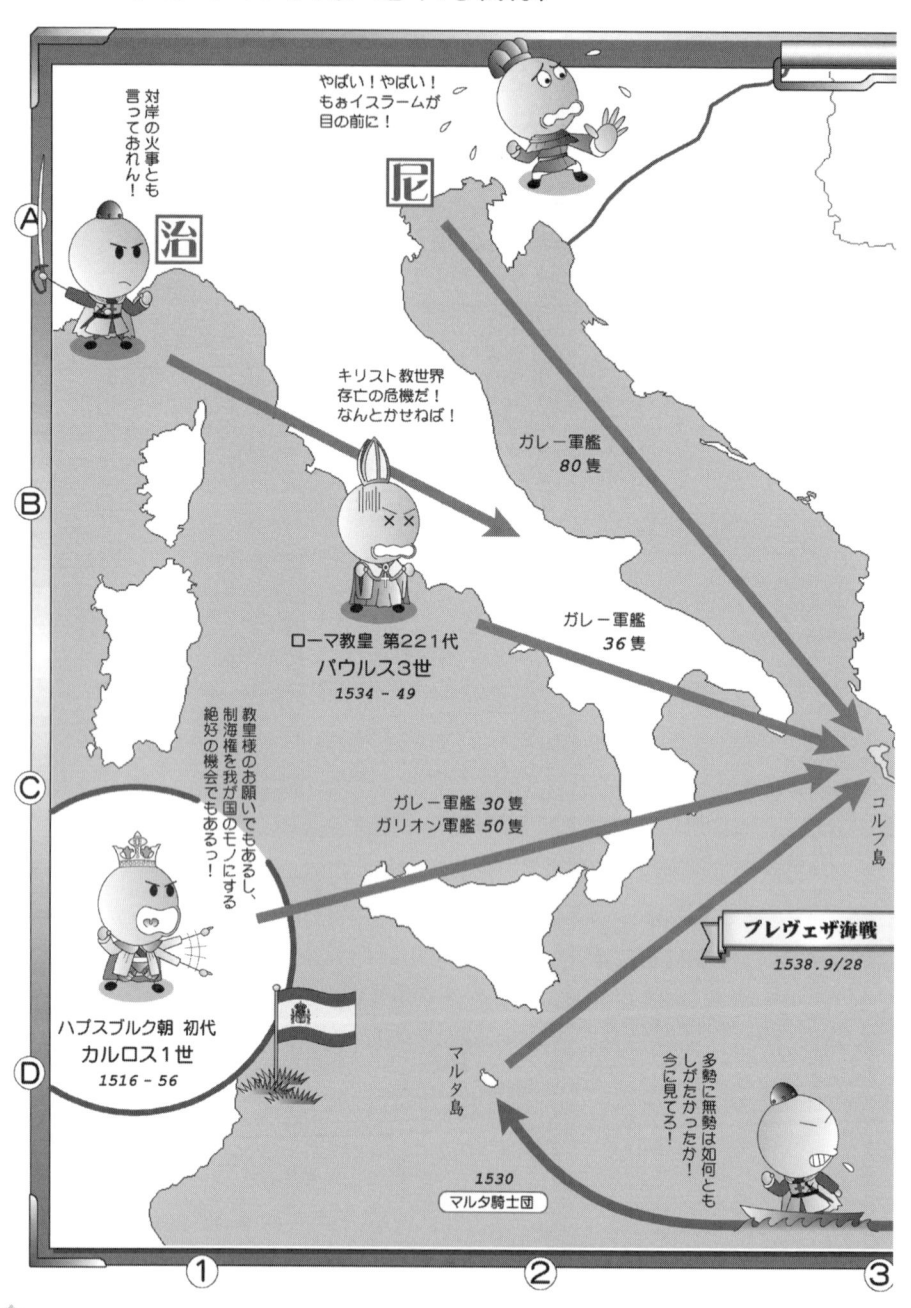

対岸の火事とも言っておれん！

治

やばい！やばい！もぅイスラームが目の前に！

尼

キリスト教世界存亡の危機だ！なんとかせねば！

ローマ教皇 第221代
パウルス3世
1534 - 49

ガレー軍艦 80隻

ガレー軍艦 36隻

教皇様のお願いでもあるし、制海権を我が国のモノにする絶好の機会でもあるっ！

ガレー軍艦 30隻
ガリオン軍艦 50隻

コルフ島

プレヴェザ海戦
1538.9/28

ハプスブルク朝 初代
カルロス1世
1516 - 56

マルタ島

1530
マルタ騎士団

多勢に無勢は如何ともしがたかったが…今に見てろ！

256

第1幕　スレイマン大帝　地中海戦線

1520～30年代

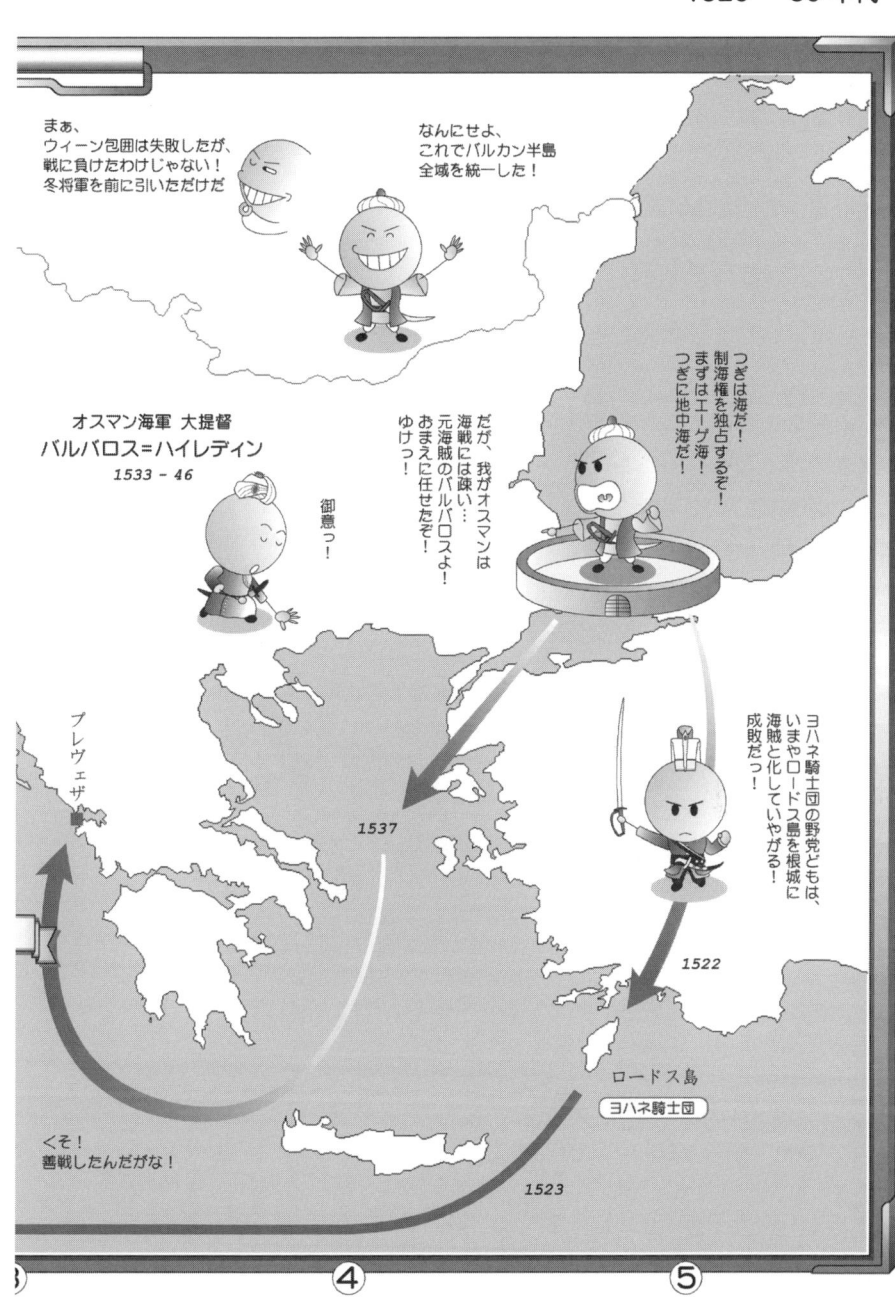

スレイマン大帝が即位してから最初の10年、1520年代は、おもに「ヨーロッパ戦線」に尽力し、その後、30年代以降は「イラク戦線」に尽力してきたことはすでに見てまいりました。

　しかし、スレイマンの戦いは「陸」だけでなく、「海」でも並行して行われています。

　もともとトルコ人(*01)というのはアジア内陸の民であり、オスマン帝国も当初はアナトリア半島内陸の山岳に囲まれた地方に生まれた、小さな地方勢力にすぎませんでした。

　したがって、当然のことながら、初めのころは海軍など持っていませんでしたし、のちに海軍を持つようになっても、所詮は"付け焼き刃"、実戦にはほとんど役に立たないような弱体海軍でした。(*02)

　それでも、まだ帝国が小さかったころは大した弊害もありませんでしたが、マムルーク朝を併呑し、東地中海沿岸の港湾をことごとく制圧するようになると、そうも言ってはいられません。

　せっかく東方貿易(レヴァント)を独占でき

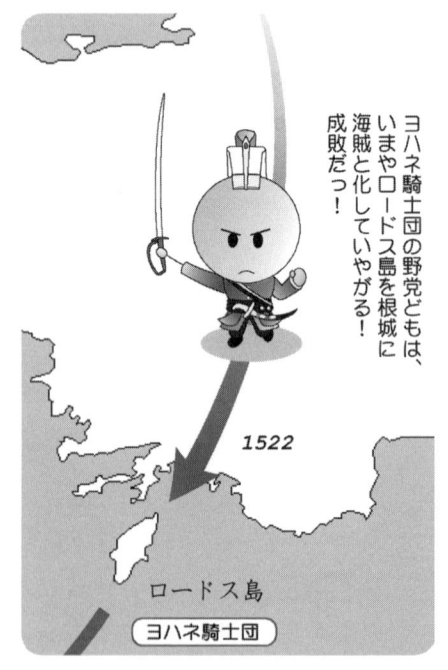

ヨハネ騎士団の野党どもは、いまやロードス島を根城に海賊と化していやがる！成敗だっ！

1522

ロードス島
ヨハネ騎士団

(*01) 中央アジアからモンゴル高原あたりに現れ、各地に拡がっていったテュルク語を話す民族のことを「テュルク人(Türk)」と呼びますが、その中からとくに、現在のアナトリア半島に移住してきた人々を「トルコ人(Türk)」と表記だけ変えて区別することがあります。

(*02) メフメト2世による「コンスタンティノープル包囲」の際も、オスマン海軍のあまりの不甲斐なさに、メフメト2世の怒りが爆発したことがあります。

る体制が整ったというのに、東地中海には「海賊」が出没していたからです。

これではほんとうの意味で「我らが海(ビジム・デニス)」とは言えません。

だからこそ、セリム１世は、マムルーク朝を亡ぼすや否や、ただちに"海賊どもの根城"となっていた「ロードス島(D-5)(*03)征伐」を準備したのでした。

もっともこれは、セリム１世が急死したため、ウヤムヤになっていたもので、スレイマン１世は、これを再開します。

ロードス島に立て籠もるヨハネ騎士団は、7000。

これを10万とも20万ともいわれる大軍で包囲しましたが、高く分厚い城壁に囲まれた要塞に手こずります。(*04)

5ヶ月もの熾烈な攻防戦の末、力押しではラチが明かないとみたスレイマン大帝は"外交戦"に切り替えました。

「このまま素直に降伏するなら、武器を携えたまま退去することを許そう」

この懐柔(かいじゅう)策に、すでに籠城(ろうじょう)も限界に達していたヨハネ騎士団の心は折れ、ただちにこれを受諾、ようやくロードス島は陥(お)ちました。

マルタ島

1530
マルタ騎士団

多勢に無勢は如何ともしがたかったか！今に見てろ！

くそ！善戦したんだがな！

(*03) 当時、ロードス島を根城として海賊行為をしていたのは「ヨハネ騎士団」です。
もともとは第１次十字軍の際、「野戦病院」のような役割を担って誕生したもの。
その後は、ロードス島に逃れてきて、ここを根城に「海賊」と成り下がっていました。

(*04) 10～20万 vs 7000という数の上でも、大城壁に手こずったという点も、まさに「コンスタンティノープル包囲」の再現です。

「力押し」でダメなら、「外交戦」。(＊05)

　先にも触れましたように、すぐれた人物というのは、状況に応じて、臨機応変にサッと対応・方策を切り替えることができます。

　こうした柔軟性・寛容性がスレイマンのすぐれたところといえましょう。

　こうして、ロードス島から追われたヨハネ騎士団は、しばしの放浪の末、マルタ島（D-2）に新たな拠点を得ました。

　しかし、これで終わったわけではありません。

　むしろ、海上支配権を確固たるものにするために、その"スタートライン"に立ったばかりといえます。

　これから「海戦」は欠かせませんが、如何せん、オスマン海軍は弱い。

　どうしたものか。

　ところで、ちょうどそのころ、西地中海では悪名を轟かせていた大海賊がいました。

　バルバロス＝ハイレディン（B-3/4）です。

　そこで、スレイマン大帝（B-5）は、彼を呼び寄せ、言い渡します。

オスマン海軍 大提督
バルバロス＝ハイレディン

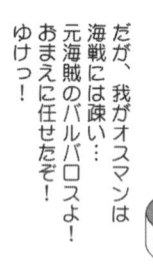

御意っ！

だが、我がオスマンは海戦には疎い…元海賊のバルバロスよ！おまえに任せたぞ！ゆけっ！

つぎは海だ！制海権を独占するぞ！まずはエーゲ海！つぎに地中海だ！

（＊05）「小牧長久手の戦（羽柴秀吉ｖｓ徳川家康＆織田信雄）」のときも、初めは「決戦」を試みた秀吉でしたが、膠着状態に陥ったことを悟るや、ただちに「外交戦」に切り替え、家康の「御輿」であった織田信雄を舌先三寸で丸めこんでしまいます。
　これにより、大義名分を失った家康は、兵を退かざるを得なくなります。
　筆者なら、まちがいなく徹底抗戦にこだわってしまっているところです。

Column ヨハネ騎士団

　マルタ島に拠点を移したあとのヨハネ騎士団は、いったいどうなったのでしょうか？

　じつはなんと、現在でもその命脈を保っています。

　その拠る地から「マルタ騎士団」とも呼ばれるようになったあとも、海賊行為をつづけ、オスマン海軍と何度も戦っていましたが、1798年、ナポレオン＝ボナパルトがエジプト遠征に向かう途上にここを攻め、征服されてしまいます。

　マルタ島を追われたマルタ騎士団は、諸国を転々としながらも、しぶとく生きつづけ、1822年には「領土なき国家」として国際承認を受けるまでになります。

　1834年には、ローマに本部を設置し、イタリア政府より、治外法権と自治が認められるに至ります。

　のみならず、切手が発行され、パスポートが発行され、世界100ヶ国近くから国際承認され、国連にも名を連ねるようになります。

　じゃあ、これはもう立派な「独立国家」？？？

　しかしながら。

- 治外法権も自治も与えられているのは確かですが、その土地は「領土」としては認められていませんし、
- 切手も「建物敷地内のみでしか通用しない」ものですし、
- パスポートといっても単なる「建物入館許可証」程度のものですし、
- 世界100ヶ国近くから承認されているとはいっても、"主要国"はロシア以外ひとつも認めておりませんし（日本も認めていません）、
- 国連に名を連ねているといっても、オブザーバーだし、そのうえ、「国家として」ではなく、「国際組織として」です。

　これが「国家」として認められるならば、ヴァティカン市国よりも小さな、いや、小さいというより領土ゼロの"世界最小国家"となるところですが、これを「国家」と呼んでよいものかどうか…。

「そちをオスマン海軍の大提督(カプタンパシャ)に任ず！」

　海賊を「打首獄門(うちくびごくもん)」にするのではなくて、「大提督(カプタンパシャ)」に？？？

　じつは、正確には、彼は「海賊の船長(キャプテン)」ではなく、オスマン帝国の「私掠船(しりゃくせん)(＊06)の船長(キャプテン)」でした。

　したがって、それまでの「私設海軍」のような立場から、正式に「大提督(カプタンパシャ)」に大抜擢(ばってき)して、彼にオスマン海軍を鍛えあげてもらおうというわけです。

　オスマン帝国のすぐれたところは、優秀な人材なら、肌の色・宗教・出自、いっさい関知せず抜擢する点です。

　さっそく、ハイレディンを大提督(カプタンパシャ)として、オスマン海軍の刷新、特訓が行われ、強化されました。

　これを背景として、まもなく、エーゲ海にあったヴェネツィアの拠点をつぎつぎと陥落させ、この制海権を手に入れます。(C-4)

　ヴェネツィア(A-2)は、危機感を募らせます。

　つい先日、オスマン帝国がハンガリーを呑(の)み込み、ヴェネツィア領の目と鼻の先まで迫ってきても、それでもヴェネツィアは「他人事(ひとごと)」のように振る舞っていたものです。

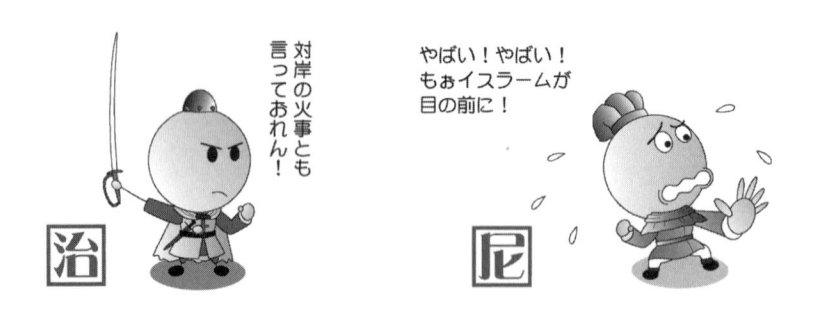

対岸の火事とも言っておれん！

治

やばい！やばい！
もぉイスラームが目の前に！

尼

（＊06）国家から正式に「特定の国の船に対して海賊行為を行ってもよい」という免許が与えられていた個人の海賊船のこと。したがって、免許を授けた国にとっては"合法的"でしたが、しかし、やっていること自体は「完璧な海賊行為」でした。
　略奪品の何割かは、免許を与えてくれた国に上納しなければなりませんでしたが、その国からの取り締まりを受けない、または保護を受けることができるメリットがありました。

「商売のジャマさえ、されなければよい」
　オスマンとは敵対しようとせず、むしろ友好関係を築くことで、国土を護り、商圏を護ろうという立場でした。
　しかし、いまや、オスマン帝国は自分たちの商圏を脅かしはじめたのです。
　これは何とかしなければなりませんが、さりとて、もはや単独で勝てる相手ではありません。
　そこで、ヴェネツィアは、ローマ教皇（B-1/2）に泣きつきます。

「教皇様！
　このままでは我がキリスト教世界は、陸に海に、ことごとく呑み込まれてしまいますぞ！なんとかしてください！！」
――そんなこと私に言われても…。
　当時、ローマ教皇も一応は軍隊を持っていましたし、このイスラームの快進撃は苦々しく思ってもいました。
　しかし、軍事力の差は如何ともし難い。
　そこで、教皇パウルス３世は、今度はスペイン国王に泣きつきます。
「そちの力で何とかならんじゃろか…」
　そう泣きつかれた当時のスペイン国王カルロス１世（C/D-1）(＊07)は、ついさきごろ「ウィーン包囲」でオスマンには痛い目にあったばかりで、気が進みません。
　とはいえ、教皇の頼みを断りにくい立場にもありました。
　それに、「陸」では勝てなくても「海」なら勝機もあります。

キリスト教世界
存亡の危機だ！
なんとかせねば！

ローマ教皇　第221代
パウルス３世

（＊07）当時、彼はスペイン国王（カルロス１世）であると同時に、神聖ローマ皇帝（カール５世）、ナポリ国王（カルロ４世）、シチリア国王（カルロ２世）、ブルゴーニュ公（シャルル）、ルクセンブルク公、他にも諸々、たくさんの国・地域の支配者であり、のみならず、大西洋の向こう、地球の裏側アメリカ大陸に広大な植民地を保有していました。

オスマン海軍はついこの間まで弱体だったのに、バルバロス゠ハイレディンが「大提督(カプタンパシャ)」となってから、急速に力をつけてきたにすぎません。
つまり。
「ハイレディンさえ、裏切ってくれれば！！」
幸い、ハイレディンの祖先はギリシア人とも噂され、母親はキリスト教徒。
彼が裏切りの誘いに乗ってくれる可能性は充分にある！
こたびの海戦に勝利できれば、地中海の貿易覇権を握ることも可能となる。
そこで、教皇からの要請を受け、出兵することにします。

教皇様のお願いでもあるし、
制海権を我が国のモノにする
絶好の機会でもあるっ！

ハプスブルク朝 初代
カルロス1世

こうして、アンドレア゠ドーリア提督率いるスペイン艦隊（ガレー船30隻・ガレオン船50隻(*08)）が出撃します。
ヴェネツィア、ジェノヴァ(A-1)、ローマ教皇軍、マルタ騎士団(D-2)も艦隊を率いてコルフ島(C-3)に結集してきました。
ところが。
そんなとき、ドーリア提督の下に、驚きの伝令がやってきます。

(＊08) ガレー船・ガレオン船については、本幕コラム「ガレー船とガレオン船」を参照のこと。

「なるべく開戦するな。たとえ開戦しても勝ってはならない！」。
　スペイン提督ドーリアは、問い糾します。
── なんじゃと？？？
　　勝ってはならぬ、じゃと!?
　　敗けてはならぬ、の間違いじゃないのか？
　伝令は答えます。
「いえ、陛下は、"勝ってはならぬ"との仰せです。
　ただし、被害は最小限に留めよ、と」
── 陛下は、このわしに負け戦の茶番を演じろと申すか？
　ドーリアは天を仰ぎます。
・バルバロスを裏切らせるための説得工作の失敗。
・ヴェネツィアとの確執。
・そして、オスマンを刺激することへの潜在的恐怖。
　こうした条件が、一時は開戦を決意したカルロスをして、土壇場で翻意させたのでした。
　そこにオスマン海軍到来！
　ヨーロッパ連合艦隊は、開戦したと思ったら、いくらかも戦わぬうちにすぐに撤退命令が出され、「敗北」しました。
　じつは、戦う前から敗けていたのです。
　しかし、その裏事情を知らないヨーロッパ諸国に敗戦の報が伝わるや、「陸」に「海」にいいところなく敗れたことに大きな失望感が拡がることになります。

Column　ガレー船とガレオン船

　古代に現れた軍船が「ガレー船」。
（正確には「ガレー」が正しいのですが、慣習的に「船」をつけます）
　大砲のない時代ですから、船頭には「衝角(ラム)」と呼ばれる突起物があり、これを敵船の横腹にぶつけて沈める戦法をとります。
　そのため、スピーディかつ自在に動ける機動力が重視され、船体は比較的小型で、両舷にはずらりと櫂(オール)が並ぶ形になります。
　もっと速く！　もっと自在に！
　サラミス海戦時には櫂(オール)の列が「3列」、ポエニ戦争時には「5列」と、櫂(オール)の数はどんどん増えていきました。
　ところが、やがて「大砲」という新兵器が生まれ、大洋の向こうに植民地を建設する近代に入ると、両舷には「櫂(オール)」の代わりに、「大砲(キャノン)」がずらりと並ぶ「ガレオン船」が生まれます。
　大砲を積むため、また、大洋を越えるために船は大型化しますが、大きいが故に櫂(オール)で進むのが困難となり、「帆船(はんせん)」になります。
　ガレーでは、大砲は積めず、大洋を越えるのも困難で、徐々に時代に取り残されていくようになります。
　とはいえ、大洋ならいざ知らず、凪(なぎ)の多い地中海では、櫂(オール)で進むガレーは欠かせず、しばらくは、「ガレオン」が戦艦、「ガレー」が駆逐艦のような役割分担が生まれ、併用されました。
　映画の中では、『トロイ』の中で登場した軍船が「ガレー船」で、『パイレーツ・オブ・カリビアン』の中に登場した海賊船が「ガレオン船」です。
　ディズニー・シーの中に実物大展示されている「ルネサンス号」なども典型的なガレオン船ですが、この船に搭載された大砲には「1538」と刻まれています。
　これは、この船が所属する「S.E.A.（探検者冒険者組合）」の設立年ですが、奇しくも、本幕の「プレヴェザ海戦」と同じ年です。

第5章 イスラームミ國志（絶頂期）

第2幕

「勝利の太鼓はまだ鳴らぬ…」
ヨーロッパ国際関係に組み込まれていくオスマン

こうして「陸」に「海」に、ヨーロッパを圧倒しつづけるオスマン帝国。初めこそ、「イスラームどもを叩き出せ！」と息巻いていたヨーロッパ諸国も、「もはやオスマンを駆逐するなど不可能」と悟るに至る。そうして、オスマンも「ヨーロッパの一国」としてこの複雑なヨーロッパの国際関係に組み込まれていくこととなる。

どうだ！
この壮麗なモスクは！

スレイマンモスク

〈ヨーロッパ国際関係に組み込まれていくオスマン〉

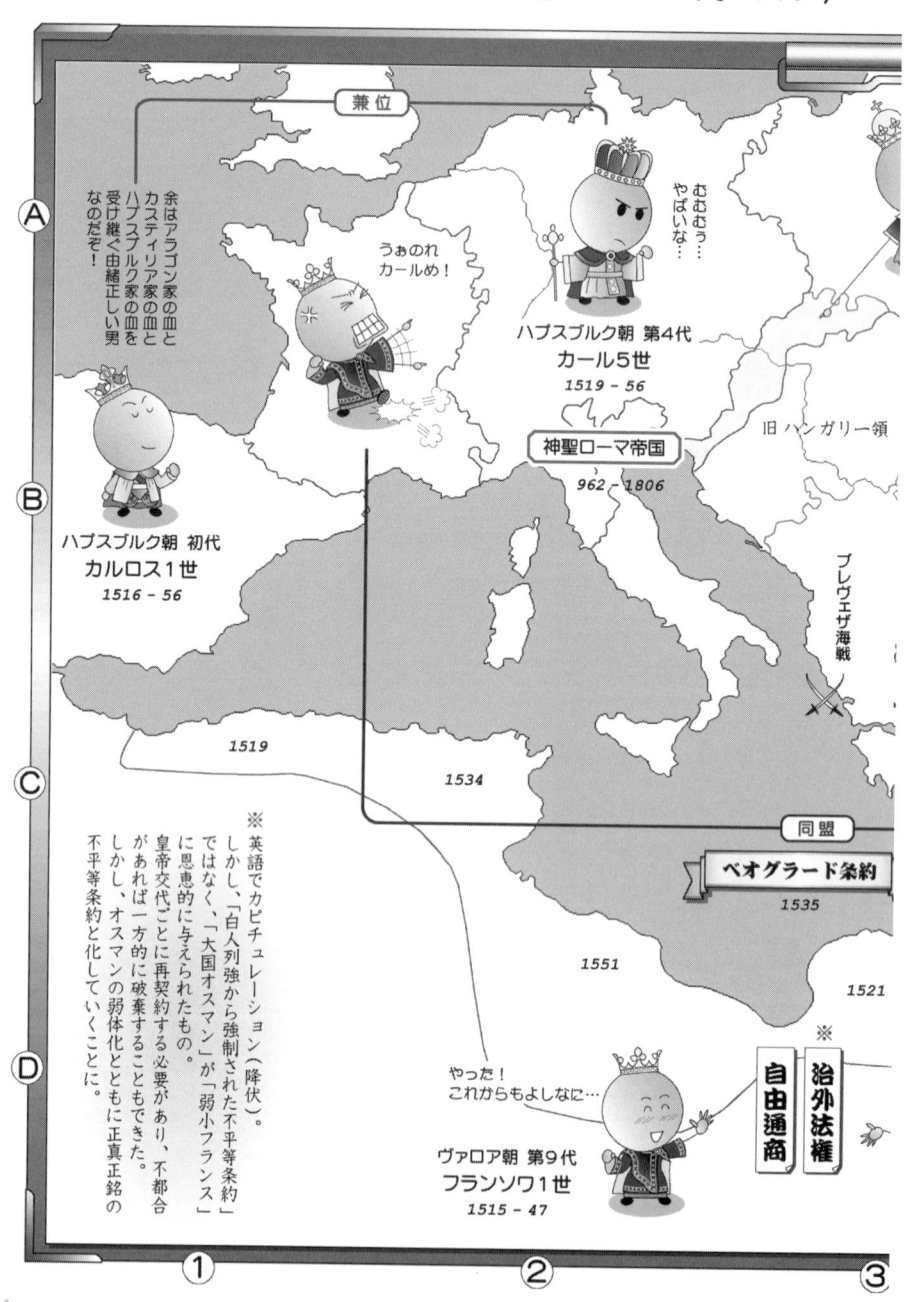

兼位

うぉーれ
カールめ！

むむむぅ…
やばいな…

ハプスブルク朝 第4代
カール5世
1519 - 56

神聖ローマ帝国
962 - 1806

旧ハンガリー領

プレヴェザ海戦

余はアラゴン家の血とカスティリア家の血とハプスブルク家の血を受け継ぐ由緒正しい男なのだぞ！

ハプスブルク朝 初代
カルロス1世
1516 - 56

1519

1534

同盟

ベオグラード条約
1535

1551

1521

※英語でカピチュレーション（降伏）。しかし、「白人列強から強制された不平等条約」ではなく、「大国オスマン」が「弱小フランス」に恩恵的に与えられたもの。皇帝交代ごとに再契約する必要があり、不都合があれば一方的に破棄することもできた。しかし、オスマンの弱体化とともに正真正銘の不平等条約と化していくことに。

やった！
これからもよしなに…

ヴァロア朝 第9代
フランソワ1世
1515 - 47

治外法権
自由通商

A　B　C　D

① ② ③

268

第2幕　ヨーロッパ国際関係に組み込まれていくオスマン

16世紀中葉

うぅ…
我がハンガリー領が
こんなセイベイみたいな
ペラッペラな国に…

従います…

もぅダメ…

アストラハン汗国
1466 - 1556

クリム汗国
c.1441 - 1783

どうだ！
この壮麗なモスクは！

スレイマンモスク

オスマン帝国 第10代
スレイマン1世
1520 - 66

自国：立法者
欧州：壮麗者

サファヴィー朝
1501 - 1736

「勝利の太鼓はまだ鳴らぬ…」
（臨終の言葉）

が…

1566.9/5

フランス商人は帝国領内の港湾で自由に商売してよいぞ！安心して商売できるようにカピチュレーションも与えよう！

④　　　　　⑤

第1章 オスマン帝国の勃興
第2章 オスマン帝国の隆盛
第3章 サファヴィー朝・ムガール帝国の勃興
第4章 イスラーム三國志（興隆期）
第5章 イスラーム三國志（絶頂期）

269

アナトリア半島の辺境に生まれた小さな小さな君侯国(ウジ)にすぎなかったオスマンは、何度も挫折を味わいながらも、そのたびに不死鳥の如く復活してきました。

　メフメト2世のころまでに、アナトリア半島（B/C-4）、バルカン半島（B-3）、黒海（B-4）を、

　セリム1世のころまでに、シリア（C-4/5）からエジプト（D-4）、アルジェリア（C-1）を、

　そして、スレイマン大帝のころまでには、ハンガリー（A/B-3）、イラク・アゼルバイジャン（C-5）、チュニジア（C-2）、トリポリ（C/D-2）、キレナイカ（C/D-3）、さらに東地中海（C-3）を支配下に収め、ヨーロッパ大陸・アジア大陸・アフリカ大陸と、三大陸を股にかけた大帝国にまで成長しました。(＊01)

　まさに、初代オスマン1世が若いころに見た「夢(＊02)」が、200年の時を経て「正夢」となったのです。

うぅ…
我がハンガリー領が
こんなセイベイみたいな
ペラッペラな国に…

旧 ハンガリー領

従います…

（＊01）このあたり、読み飛ばすのではなく、本幕パネル地図と照らし合わせながら、オスマン帝国領を(皇帝ごとに)色鉛筆で塗っていただきますと、よりその巨大さが実感しやすくなり、歴史理解がグッと深まります。

（＊02）第1章 第2幕のコラム「オスマン1世の正夢」を参照のこと。

第2幕 ヨーロッパ国際関係に組み込まれていくオスマン

　当初、オスマンをヨーロッパから叩き出そうと息巻いていたヨーロッパ諸国は、度重なる敗戦に、ついにそれが不可能だと悟ります。
　ヨーロッパ大陸は、西から順番に、スペイン・フランス・ドイツ（神聖ローマ帝国）・オスマンという4つの"大国"が並ぶ形となり、もはや、好むと好まざるとにかかわらず、オスマン帝国を無視したヨーロッパの国際秩序は考えられなくなります。
　その4大国の各国君主の治世を見ていきますと、

- スペイン国王　　カルロス1世（B-1）　　　の治世は、1516～56年。
- フランス国王　　フランソワ1世（A/B-1/2）の治世は、1515～47年。
- 神聖ローマ皇帝　カール5世（A-2）　　　　の治世は、1519～56年。
- オスマン皇帝　　スレイマン大帝（B/C-4/5）の治世は、1520～66年。

余はアラゴン家の血と
カスティリア家の血と
ハプスブルク家の血を
受け継ぐ由緒正しい男
なのだぞ！

ハプスブルク朝 初代
カルロス1世

うぉのれ
カールめ！

ヴァロア朝 第9代
フランソワ1世

　この「4人」（＊03）が4人とも16世紀前半を占める長期政権で、16世紀前半のヨーロッパは、この4人を中心に動きます。

（＊03）ここでは便宜上「4人」と書きましたが、これは「のべ」であって、カルロス1世とカール5世は同一人物ですので、実際には「3人」です。

そして、フランスは東西のハプスブルク朝（スペインとドイツ）から挟み撃ちを受けている形となって危機感を募らせていました。
「目には目を、歯には歯を」と申します。(＊04)
「挟み撃ちには、挟み撃ちを！」

そこで、フランスが接近する相手といえば、オスマン帝国しかありません。

たとえ、それが「ムスリム国家」であろうとも！

さきに、「モハーチの戦（1526年）」、「第1次ウィーン包囲（1529年）」について解説しましたが、じつはあのとき、フランスはオスマン帝国の動きとタイミングを合わせるようにして（1526／29年）、ドイツの背後を突いていたのです。

ドイツがオスマンに苦戦した理由のひとつに、「東西両面作戦で戦わなければならなかった」という裏事情もあったわけです。

こうして、急接近したフランスとオスマンは、1535年、ついに協商を結びました。

それが、ベオグラード条約（C-3）です。

東地中海沿岸を手に入れたオスマン帝国にしてみれば、これからドンドン貿易を発展させていきたい。

そのために、できるだけたくさんのヨーロッパ商人にやってきてもらいたい。

むむむぅ…やばいな…

**ハプスブルク朝 第4代
カール5世**

(＊04) 有名なこの言葉は、現在では、一般的に「やられたら、やりかえせ！」という意味合いで使用されていますが、もともとの「ハンムラビ法」では、そのような意味ではありません。本来は、「犯した罪を償うには、同じ行為をもって償うより他に方法はない」という、きわめてまっとうな法精神を謳ったものです。
　けっして「復讐精神を説いた言葉」ではありません。

ところが、これがなかなか捗(はかど)りません。

ヨーロッパはキリスト教文化圏、オスマンはイスラーム文化圏で、宗教から文化、社会規範、習慣、法体系、価値観、すべてが根底から違うからです。

ヨーロッパ商人がムスリム社会に足を踏み入れたとき、「自分たちがなんの悪気もなくしたこと」が、ムスリム社会では「逆鱗に触れる行為」かもしれません。

その結果、鞭(ムチ)打ち、石叩き、斬首刑に処せられたんではたまりません。

これが原因となって、なかなかヨーロッパとの商業が活性化しない。

そこで、スレイマンは提案します。

「よろしい！

それでは、フランス商人がオスマン帝国領内の港湾で安心して商売ができるように計らおうではないか！」

── 具体的にはどのように？

「我が帝国(オスマン)領内において罪を犯し、逮捕された者があっても、その者は、我が国の司法に引き渡すことなく、貴国(フランス)の領事に引き渡すことにしよう。

そして、貴国の法に則(のっと)ってフランス領事が裁判を行う権利を与えよう」

なるほど、これなら安心です。

これを「領事裁判権」と言い、他にも、居住の自由、商業活動の自由、税の免除などの諸権利も与え、これが「治外法権」の走りとなる、所謂(いわゆる)「カピチュレーション」です。

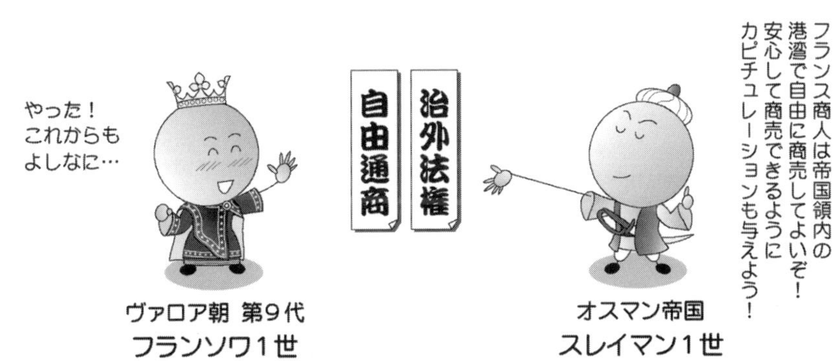

やった！
これからも
よしなに…

ヴァロア朝 第9代
フランソワ1世

自由通商　治外法権

フランス商人は帝国領内の港湾で自由に商売してよいぞ！安心して商売できるようにカピチュレーションも与えよう！

オスマン帝国
スレイマン1世

273

とかく「治外法権」というと、「白人列強がアジア諸国にムリヤリ押しつけてきた不平等条約」というイメージがありますが、それは、18～19世紀になってからのことです。
　このときは、「超大国オスマン」が「辺境弱小国フランス」に"恩恵的"に与えたものでした。
　しかし、これがのちに、正真正銘「不平等条約」としてオスマン帝国を苦しめることになっていきます。
　スレイマン大帝は、そうなってしまうことを予知できなかったのでしょうか。
　もちろん、そんなことにならないように、皇帝が交代するたびに再契約の必要がある「時限立法」にしておきましたし、たとえ皇帝の交代時でなくても、「何か不都合があれば、ただちに一方的に破棄すればよいだけのこと！」とスレイマンは考えていました。
　しかし。
　それができるのは、「オスマン帝国が軍事的に圧倒的に優位にある」間だけ。
　さすがのスレイマンも想像がつきませんでした。
　この「偉大なるオスマン帝国」にも、やがては"落日の日"がやってくることを。
　「諸行無常、盛者必衰の理（ことわり）、どんなに栄えた国もかならず滅びは来るもの。
　スレイマンはそんなこともわからんバカだったのか？」
…などと言う勿（なか）れ。
　人間、「繁栄・絶頂のまっただ中」にいるとき、すでにそれが亡びに向かっている、ということをなかなか理解できないものなのです。(＊05)

(＊05) 1991年バブル景気が崩壊し、以後、一部上場企業だろうがお構いなしに倒産していった時代、大企業を倒産させた社長がインタビューに応じてこう言っていました。
　　　「まさかバブルが崩壊するなんて、夢にも思わなかった」
　　　歴史を紐解けば、「高度な好景気のあとにはかならず大不況がくる」のは自明のこと。
　　　しかし、「そのまっただ中」にいると、どうしてもそのことを理解できなくなるのです。

つまり。

オスマン帝国は、まさにその「絶頂のまっただ中」において、自ら没落の原因を作ってしまっていたのです。

オスマン帝国に限らず、没落の原因は「絶頂のまっただ中」で生まれていることがひじょうに多いものです。(＊06)

さて。

彼(スレイマン)自身にも、やがて"落日の日"がやってきました。

時、1566年、享年71歳。(D-5)

臨終の言葉は、「勝利の太鼓(たいこ)はまだ鳴らぬ…」。

彼の死とともに、オスマンの"華(はな)やかなる時代"も終わりを告げます。

16世紀前半、ヨーロッパの歴史を彩(いろど)った主人公たち、フランソワ1世も、カール5世もすでに亡く、ひとつの時代が終わった象徴的な出来事となります。

「勝利の太鼓はまだ鳴らぬ…」
（臨終の言葉）

がく…

1566.9/5

(＊06) 本書において、オスマン帝国と比較された「魏」もまた、その絶頂のまっただ中において、すでに「滅亡の原因」は生まれていました。諸葛亮率いる蜀の侵寇から「魏」を守り抜いた「司馬氏」。魏の繁栄を支えたこの一族こそが、のちに「魏」を亡ぼすことになります。これを鑑みれば、自分の人生の中でも「何もかもうまくいっているとき」こそ、「次代の没落原因」がすでに生まれていないか、注意深く足下を見ることが大切だ、とわかります。

Column　治外法権と領事裁判権

「治外法権」と「領事裁判権」は、よく混同されますが、じつは微妙に違います。

治外法権　…ひとつの主権国家の国内において、外国の法によって治めることができる特権のこと。

領事裁判権…在留外国人が犯罪を犯した場合、その国から派遣された領事が自国の法に則って裁判することができる権利のこと。

　ちょっとわかりにくいと思いますので、例を挙げて説明いたしますと、たとえば、アメリカ大使館の敷地は「日本国」の領内にあっても、その敷地内に一歩足を踏み入れれば、たとえ日本人であっても、アメリカ合衆国の法に則って裁かれることになります。

　しかし、大使館を一歩出れば、大使館員であろうとも、日本の法律で裁かれます。

　これは「治外法権」であって「領事裁判権」ではありません。

　逆に、幕末日本がアメリカに結ばされた「日米修好通商条約」で認めさせられたのは、「領事裁判権」であって「治外法権」ではありません。

　これはアメリカ人が日本のどこにいようが、その者が犯罪を犯し、お縄にされても、日本の奉行所（司法）に引き渡すことはできず、アメリカ領事に引き渡さなければならない、というものです。

　このような違いがあるとはいえ、どちらも「効果」はあまり変わらないため、「領事裁判権」と「治外法権」を区別なく書いている書物も多い。

　ちなみに、日本にある米軍基地内は「治外法権」です。

　だから、米兵が基地外に出てきては、たびたび日本人を殺し、強姦を繰り返そうとも、犯行後すぐに基地内に逃げ込んでしまえば安心。

　日本は彼らを逮捕することも罰することもできません。

　そして米軍は、「アメリカ合衆国の法に従って厳正に断罪する」として、「微罪」の判決を下すのです。

　米兵も、それがわかっているから、犯罪は繰り返されます。

第5章 イスラーム三國志（絶頂期）

第3幕

「イスファハーンは世界の半分」
サファヴィー朝 絶頂期

第2代皇帝タフマースブのころ、サファヴィー朝は大いなる試練を迎えていたものの、よくこれを凌いだ。しかし、3代・4代と、ジリ貧状態がつづく。オスマンに敗れてグルジア・ルリスタンを失ったのみならず、シャイバニー朝にすら敗れ、ホラサンを失う有様。アッバース1世はそんなときに即位した皇帝だった。

イスファハーンは世界の半分
（イスファハーン・ネスフェ・ジャハーン）

サファヴィー朝 第5代
アッバース1世

〈サファヴィー朝　絶頂期〉

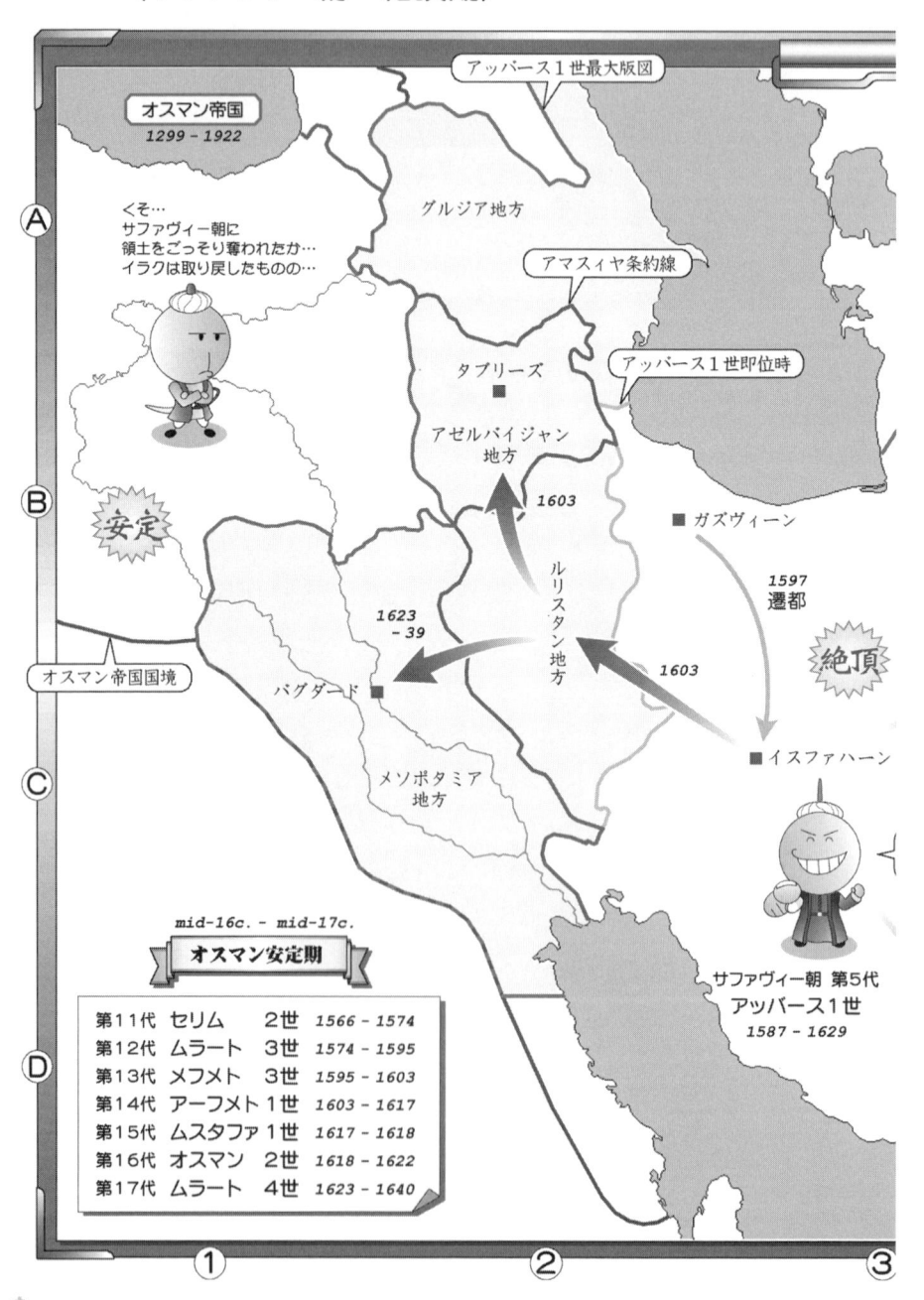

オスマン帝国
1299 - 1922

くそ…
サファヴィー朝に
領土をごっそり奪われたか…
イラクは取り戻したものの…

アッバース1世最大版図

グルジア地方

アマスィヤ条約線

アッバース1世即位時

タブリーズ

アゼルバイジャン地方

安定

1603

ルリスタン地方

オスマン帝国国境

1623 - 39

バグダード

1603

メソポタミア地方

ガズヴィーン

1597 遷都

絶頂

イスファハーン

サファヴィー朝 第5代
アッバース1世
1587 - 1629

mid-16c. - mid-17c.
オスマン安定期

第11代	セリム	2世	*1566 - 1574*
第12代	ムラート	3世	*1574 - 1595*
第13代	メフメト	3世	*1595 - 1603*
第14代	アーフメト	1世	*1603 - 1617*
第15代	ムスタファ	1世	*1617 - 1618*
第16代	オスマン	2世	*1618 - 1622*
第17代	ムラート	4世	*1623 - 1640*

第3幕　サファヴィー朝　絶頂期

16世紀後葉〜17世紀前葉

1599 - 1756
アストラハン朝ボハラ汗国

1599 王朝簒奪

シバン裔のシャイバニー朝からオルダ裔の俺様が政権簒奪だ！都もボハラに遷都する！父上がアストラハン汗国からの娘婿としてこっちに入婿してきたのがキッカケだ！

母の私はシバン裔よ

■ ボハラ　■ サマルカンド

失地回復 1598

第3代・第4代と国乱れ領土もごっそり減った！我が治世でこれをすべて奪還するのだっ！

近代的常備軍創設
- ゴラーム軍　　　（歩兵）イェニチェリ相当
- コルチ軍　　　　（騎兵）スィパーフ相当
- トゥファングチ軍（銃兵）
- トプチ軍　　　　（砲兵）　**40,000**

ムガール帝国最大

ムガール帝国
1526 - 1858

人口40万人
イスファハーンは世界の半分
（イスファハーン・ネスフェ・ジャハーン）
…などと言われておるそうじゃの！

cf.　北京　100万人
　　　君府　70万人
　　　江戸　70万人

1622
ホルムズ

絶頂

ムガール帝国の絶頂期！「偉大」なる皇帝アクバル様だあ、俺様のこったあ！

ムガール帝国 第3代
ジャラール＝ウッディーン＝ムハンマド
アクバル（偉大）
1556 - 1605

④　⑤

第1章　オスマン帝国の勃興
第2章　オスマン帝国の隆盛
第3章　サファヴィー朝、ムガール帝国の勃興
第4章　イスラーム三國志（興隆期）
第5章　イスラーム三國志（絶頂期）

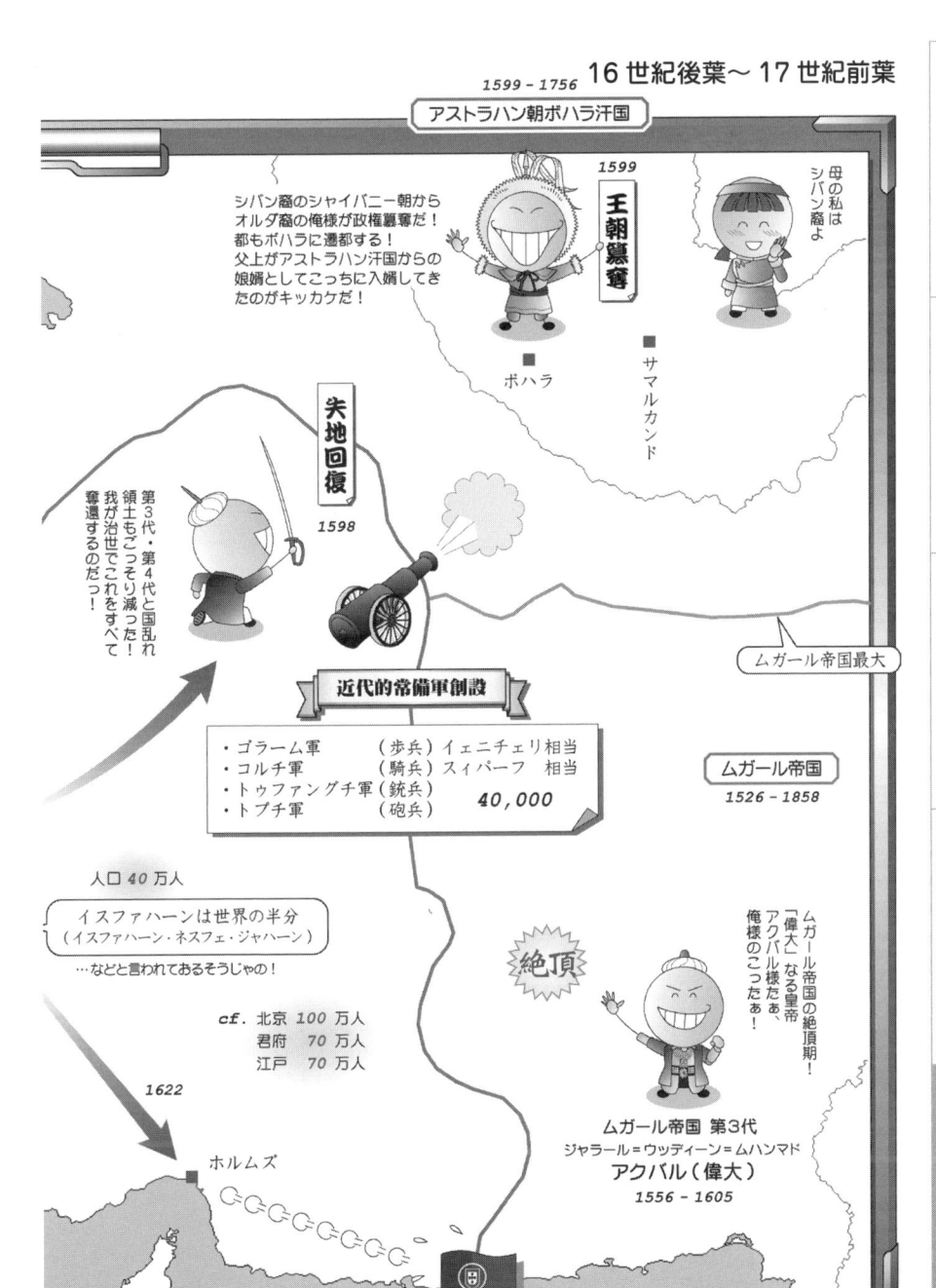

279

スレイマン1世が身罷（みまか）られたあと、「オスマン帝国は衰亡の一途をたどった」と説明している本を見かけることがありますが、これは間違いです。

　スレイマンの死を境に、それ以前までの「勢い」「急激な領土拡大」「華やかさ」はなくなったものの、以降100年間は「安定成長」といってもよい時代であり、けっして「衰亡」しているわけではありませんでした。

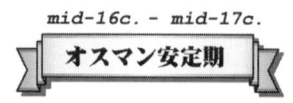

mid-16c. - mid-17c.
オスマン安定期

第11代	セリム	2世	1566 - 1574
第12代	ムラート	3世	1574 - 1595
第13代	メフメト	3世	1595 - 1603
第14代	アーフメト	1世	1603 - 1617
第15代	ムスタファ	1世	1617 - 1618
第16代	オスマン	2世	1618 - 1622
第17代	ムラート	4世	1623 - 1640

　ほんとうの意味で「オスマン帝国の衰亡」が始まるのは、1683年の「第2次ウィーン包囲」以降ですが、「帝国最大版図」を形成していたのは、まさにその1683年であって、スレイマン大帝の治世ではありません。

　彼（スレイマン）の死後もゆるやかに領土は拡大しており、たとえば、東の地では、サファヴィー朝から、新たにグルジア地方（A-2）・ルリスタン地方（B/C-2）を加えています。(*01)

（*01）オスマン帝国600年の歴史を、大きく3つの時代に区分すると、
　　　第1期（1299～1571年）：拡大期 … すさまじい勢いで領土を拡大していく時代
　　　第2期（1571～1683年）：安定期 … 安定的ゆるやかに領土を拡大していく時代
　　　第3期（1683～1922年）：衰亡期 … またたく間に　領土を縮小していく時代
　　　…といった感じになります。

280

しかし、これにより、サファヴィー朝では危機感が募っていました。
　ルリスタン地方を取られたことで、オスマン帝国との国境が、帝都ガズヴィーン（B-2/3）まで、直線距離にしてわずか100kmにまで迫ることになったからです。
　これでは、いつ何時、帝都（ガズヴィーン）がオスマン軍に急襲されるかわかったものではなく、おちおち枕を高くして寝ていられません。
　そこで、時の皇帝アッバース1世（C/D-3）は、帝都をさらに500km南東のイスファハーンに遷すことにしました。
　1597年のことです。
　新帝都（イスファハン）は、山岳を乗り越えた海抜1500mの高原にあり、砂漠気候（夏の昼間は酷暑/冬の夜間は極寒）で、周りは荒野で囲まれており、けっして住みやすいところではありません。
　その代わり、これら自然要害に護（まも）られているため、さしものオスマン帝国も、ここまでは軍を進めることはできまい。
　そして。
　じつはこの「遷都」を境として、ジリ貧だったサファヴィー朝の"反転攻勢"が始まります。（＊02）
　まずは、軍事改革です。
　サファヴィー朝がこんな為体（ていたらく）になったのも、軍事力に劣っているからです。
　オスマン帝国は、とっくに近代的「常備軍」を備えていたのに、サファヴィー朝にはいまだにそれがありませんでした。
　「中世的軍隊」と「近世的軍隊」の戦（いくさ）になってしまっていましたから、これでは勝てっこありません。

（＊02）本書にて、「蜀」に準えられたサファヴィー朝ですが、「蜀」もまた、長く苦しい苦難の時代を乗り越え、ようやく「蜀」の地を得、成都に遷都してからというもの、一転、「魏」への攻勢が始まっています。成都もまた、イスファハーン同様、周りを山岳地帯に囲まれた自然要害の地でした。一時は、定軍山をはじめ、「魏」の拠点をつぎつぎと陥としていった「蜀」ですが、それでは、サファヴィーにとっての「定軍山」はどこでしょうか。

そこで、アッバース1世は、「オスマン軍」を模範(モデル)として、軍事改革、とくに「常備軍」の創設を断行します。

オスマン自慢の歩兵(イェニチェリ)軍をマネて「ゴラーム軍」、騎兵軍をマネて「コルチ軍」、他にも、銃兵に「トゥファングチ軍」、砲兵に「トプチ軍」。(B/C-4)

こうして新軍が完成すれば、その"力量"を試したくなるのが人情。

小手調べとして、シャイバニー朝に挑むことにします。

ジリ貧時代に、ホラサン地方(B-4)を取り返されていましたから、その奪還のためにも。

すると、見事に、失地回復(ホラサン)に成功します。(A/B-4)(＊03)

失地回復
1598

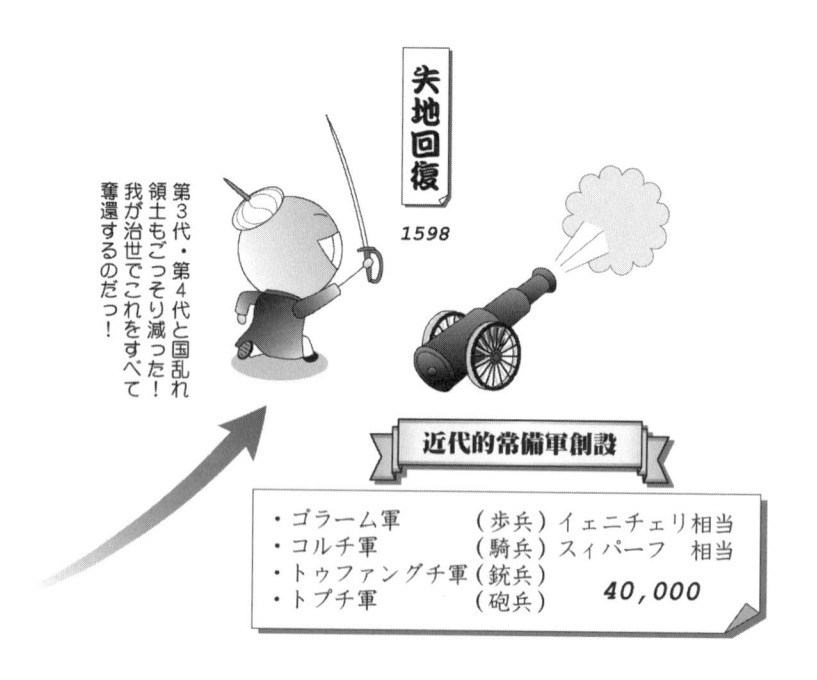

第3代・第4代と国乱れ領土もごっそり減った！我が治世でこれをすべて奪還するのだっ！

近代的常備軍創設

・ゴラーム軍　　　（歩兵）イェニチェリ相当
・コルチ軍　　　　（騎兵）スィパーフ　相当
・トゥファングチ軍（銃兵）
・トプチ軍　　　　（砲兵）　　40,000

(＊03) サファヴィー朝にホラサン地方を奪われたその翌年(1599年)、シャイバニー朝は王家がシバン裔からオルダ裔に代わり、「アストラハン朝」に王朝交替しています。
さらにその2年後(1601年)、首都をボハラに遷したため、その国名も「ボハラ汗国」に変わっています(A-4/5)。

第3幕　サファヴィー朝　絶頂期

よし！　自信がついた！
この「新軍」をもって、オスマンに目にモノを見せてくれるわ！
　つぎに、サファヴィー帝国の脅威となっていたルリスタン地方に侵寇するや、オスマン相手に、あっさりとその奪還に成功！
　勢いを駆って、そのまま北上、旧帝都のあったアゼルバイジャン（A/B-2）、さらにその北のグルジアの奪還にもつぎつぎと成功します。
　一時は、バグダード（C-1/2）まで陥落させるほどでした。
　さらに、1622年には、ホルムズ（D-3/4）に居座っていたポルトガルをも叩き出し、サファヴィー帝国周辺の脅威をことごとく制圧することに成功します。
　それに伴い、帝都イスファハーンは繁栄を極め、その人口たるや、40万とも50万ともいわれ、
　「イスファハーンは世界の半分」（C-3/4）（*04）
…などと呼ばれるようになったのは、このころのことです。

■イスファハーン

人口 40万人

イスファハーンは世界の半分
（イスファハーン・ネスフェ・ジャハーン）

…などと言われておるそうじゃの！

サファヴィー朝　第5代
アッバース1世

cf. 北京　100万人
　　君府　70万人
　　江戸　70万人

（*04）とはいえ、同時代の北京の都市人口は100万人、コンスタンティノープルが70万人、日本の江戸ですら70万人ですから、実際には、「世界の半分」どころか「世界一の大都市」ですらありません。「なんだよ、誇大広告かよ！」と言う勿れ。じつはこれ、あまり深い意味はない「ダジャレ」なのです。ペルシア語では「Esfahan Nesfe Jahan」。日本でいうところの「北海道はでっかい道！」くらいの言葉なのです。

ちなみに。

　サファヴィー朝がこのように絶頂を極めていたちょうどそのころ、時を同じうして、東隣のインドでも、アクバル大帝の下(もと)、ムガール帝国が絶頂期に入ります。(D-5)

　西隣のオスマン帝国はすでに絶頂の極みは越えていたとはいえ、盤石(ばんじゃく)の安定期に入っていました。(B-1)

　16世紀後半から17世紀前半にかけてのこの時代、ついに、オスマン帝国・サファヴィー朝・ムガール帝国が鼎立(ていりつ)する「イスラーム版三國志」が完成を見たのです。

　それでは、いよいよ本書の最後に、ムガール帝国の絶頂について見ていくことにいたしましょう。

ムガール帝国

絶頂

ムガール帝国の絶頂期！
「偉大」なる皇帝
アクバル様だあ、
俺様のこったあ！

ムガール帝国　第3代
ジャラール＝ウッディーン＝ムハンマド
アクバル（偉大）

284

第5章 イスラーム三國志（絶頂期）

第4幕

奇蹟の一矢
アクバル大帝の登場

一度は帝国を滅亡に追いやったムガール帝国第2代フマーユーン。しかし、苦節15年を経て、これを復興することに成功。これにて面目躍如、まさにこれからというとき、フマーユーンは急死してしまう。帝国再建の翌年のことであった。地盤も固まらぬ帝国の跡を継いだ息子のアクバルはまだ13歳。風雲は急を告げる。

うわ〜〜っ！
これから
という時に！

ムガール帝国 第2代
フマーユーン

〈アクバル大帝の登場〉

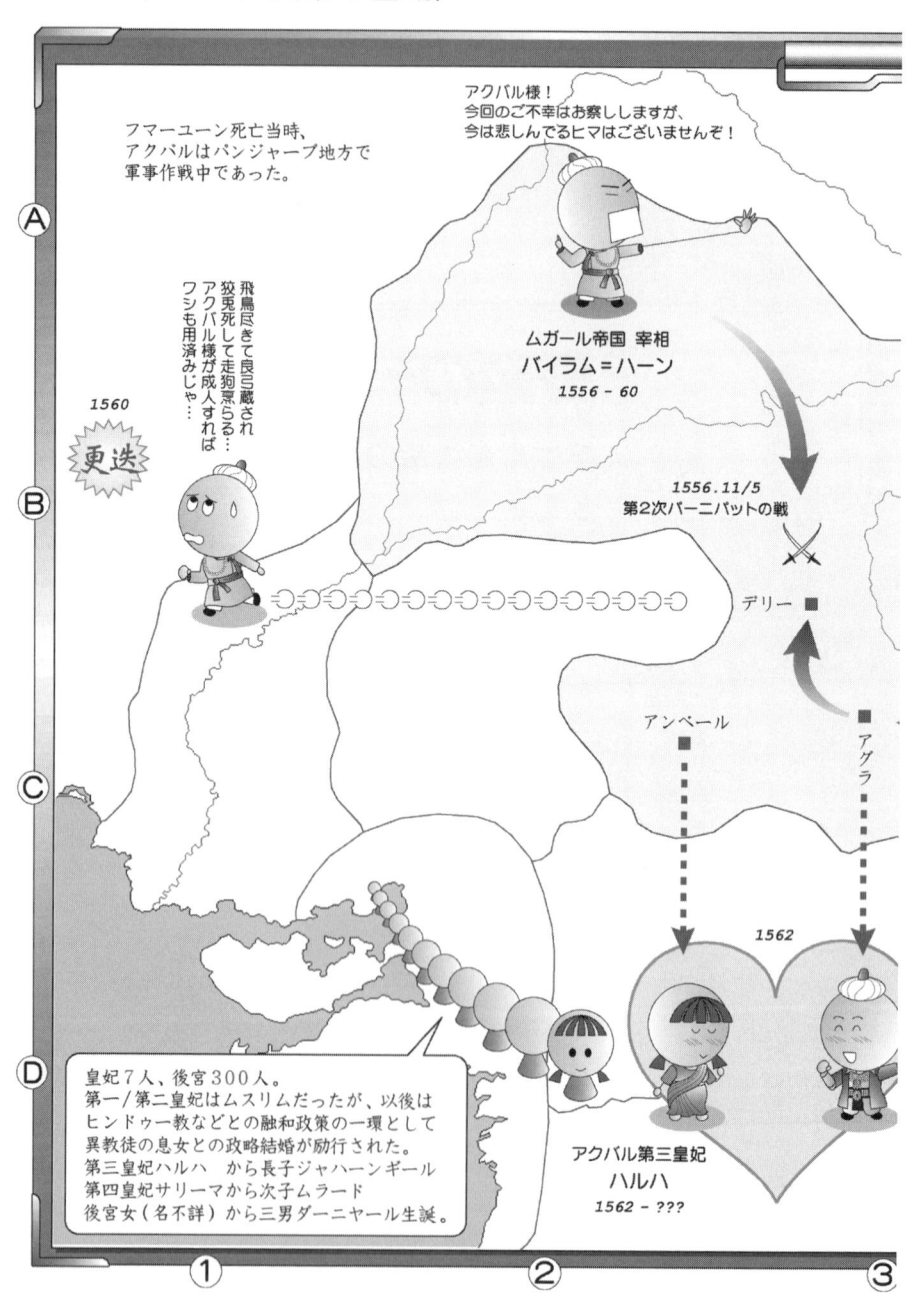

フマーユーン死亡当時、
アクバルはパンジャーブ地方で
軍事作戦中であった。

アクバル様！
今回のご不幸はお察ししますが、
今は悲しんでるヒマはございませんぞ！

ムガール帝国 宰相
バイラム＝ハーン
1556 - 60

1556.11/5
第2次パーニパットの戦

デリー

1560

更迭

飛鳥尽きて良弓蔵され
狡兎死して走狗烹らる…
アクバル様が成人すれば
ワシも用済みじゃ…

アンベール　アグラ

1562

アクバル第三皇妃
ハルハ
1562 - ???

皇妃7人、後宮300人。
第一/第二皇妃はムスリムだったが、以後は
ヒンドゥー教などとの融和政策の一環として
異教徒の息女との政略結婚が励行された。
第三皇妃ハルハ　から長子ジャハーンギール
第四皇妃サリーマから次子ムラード
後宮女(名不詳)から三男ダーニヤール生誕。

286

第4幕　アクバル大帝の登場

16世紀中葉

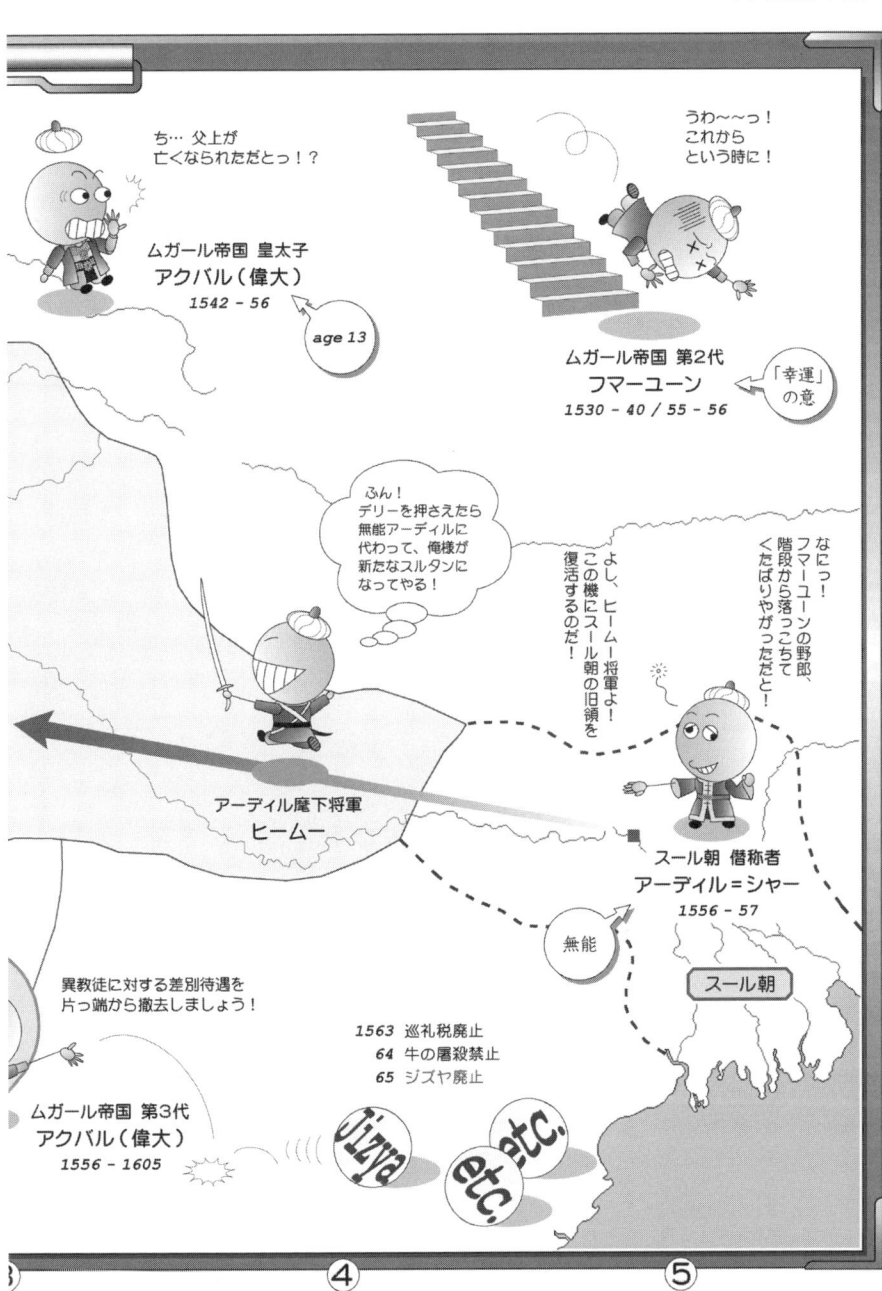

ち… 父上が
亡くなられただとっ！？

うわ〜〜っ！
これから
という時に！

ムガール帝国 皇太子
アクバル（偉大）
1542 - 56

age 13

ムガール帝国 第2代
フマーユーン
1530 - 40 / 55 - 56

「幸運」
の意

ふん！
デリーを押さえたら
無能アーディルに
代わって、俺様が
新たなスルタンに
なってやる！

よし、
フマー将軍よ！
この機にスール朝の旧領を
復活するのだ！

なにっ！
フマーユーンの野郎、
階段から落っこちて
くたばりやがっただと！

アーディル麾下将軍
ヒーム

スール朝 僭称者
アーディル＝シャー
1556 - 57

無能

スール朝

異教徒に対する差別待遇を
片っ端から撤去しましょう！

1563 巡礼税廃止
64 牛の屠殺禁止
65 ジズヤ廃止

ムガール帝国 第3代
アクバル（偉大）
1556 - 1605

Jizya　etc. etc.

④　⑤

287

さて、父帝から譲り受けた帝国を、一度は滅亡に追いやってしまった、第2代皇帝フマーユーン。

　しかし、15年の艱難辛苦を乗り越えて、見事、帝国を復興させたところまで、すでに見てまいりました。

「さあ！　いよいよこれから！」

…というとき、フマーユーンはあっけなくこの世を去ります。

　享年48歳。

　帝国を再建した翌年のことでした。

　まだ若いのに、どうしたことかと思いきや、階段から転げ落ちたことによる事故死でした。(＊01)

　なんたる不運。

　そもそも、若いころには死にかけるような大病を患い、若くして帝位に就かなければならなくなったことがケチの付きはじめ。

うわ～～っ！
これから
という時に！

ムガール帝国　第2代
フマーユーン　←「幸運」の意

(＊01) 図書館の屋上で、占星術師と金星がのぼる時刻について議論していたところ、アザーン（礼拝の時刻を知らせる声）が聞こえてきました。アザーンが終わるまでに階下に降りなければならないと急いだところ、足を取られて階段を転げ落ち、石段でしこたま頭を打ちつけて亡くなっています。不思議なことに、アッラーはまさに「神への礼拝に向かおうとしていた敬虔なる信者」の命を奪ったのでした。インシャラ～。

そして、彼が即位したときに起こった叛乱軍のリーダーが、選りにも選って、後世「インド史上最高の名君」と言われることになる虎王シェール＝シャーだったことも、彼にとって不運でした。

そして、臥薪嘗胆、ようやく帝国を再建したと思った途端、今回の事故死。

なんとも"不幸の星の下"に生まれた方のように感じます。

ちなみに、彼の名「フマーユーン」は「幸運」という意味。(＊02)

日本でいえば、さしずめ「幸男」くんといったところでしょうか。

なんとも皮肉な話です。

しかし、嘆いてばかりもいられません。

残された者は、これからたいへんです。

跡を継いだ息子のアクバルはまだ13歳。

またしても、「帝国の地盤も固まらぬうちに先帝急死、幼帝の即位」です。

帝国が動揺しないわけがありません。

たちまち、スール朝が復活し、反旗を翻してきます。

しかし、今回、アクバルにとって幸運だったのは、その帝国宰相が優秀だったこと。

なにっ！フマーユーンの野郎、階段から落っこちてくたばりやがっただと！

よし、ヒームー将軍よ！この機にスール朝の旧領を復活するのだ！

スール朝 僭称者
アーディル＝シャー

(＊02) もっというと、初代皇帝バーブルは「獅子」という意味（正確には「猫科猛獣」という意味だから、虎とか豹とかも含まれます）で、その名のとおり、勇猛果敢な人物でした。
第3代皇帝アクバルは「偉大」という意味で、その名のとおり偉大な皇帝となります。
しかし、フマーユーンだけが名前負けしています。

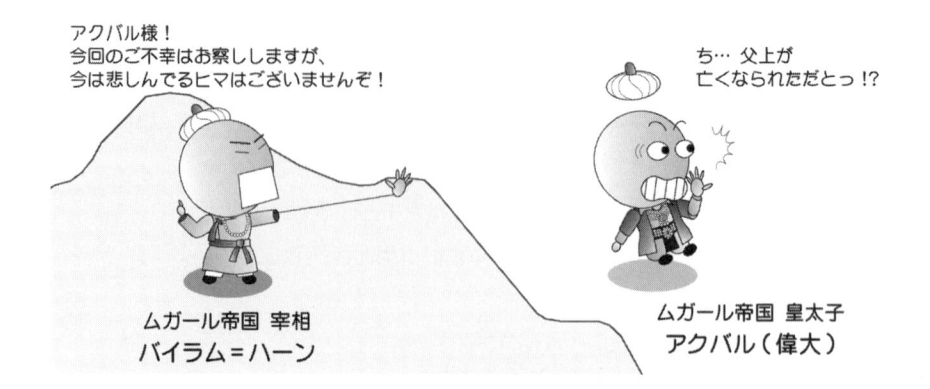

「アクバル様！
今回のご不幸はお察ししますが、
今は悲しんでるヒマはございませんぞ！」

ち… 父上が
亡くなられただとっ!?

ムガール帝国 宰相
バイラム＝ハーン

ムガール帝国 皇太子
アクバル（偉大）

「アクバル様！
　今回のご不幸はお察ししますが、今は悲しんでいる暇はございませぬぞ！」
　宰相バイラム＝ハーンは、ただちにアクバルを即位させ、宮廷内の引き締めを行います。
　つぎは、叛乱軍の鎮定です。
　滅亡したスール朝の王を僭称していたアーディル＝シャー（C-5）は取るに足らない無能な男だったので、この男はなんとでもなるとして、問題はこの男に仕えていた将軍ヒームー（B/C-4）。
　この将軍は、有能かつ野心家です。
　彼は、たちまちアグラ（B/C-3）を陥とし、そのままデリー（B-3）をも手に入れるや、ただちにスール朝にも反旗を翻し、ここに新王朝の建国を宣言、「ラージャ＝ヴィクラマーディティヤ（勇王）」と名乗り、気勢をあげます。
　このとき、ムガール帝国の支配地はパンジャブ地方（A/B-2）だけに縮小し、風前の灯火となっていました。
　家臣たちは口をそろえて進言します。
　――陛下！ もはやこれまでかと思われます！
　敵軍は10万にまで膨れあがっているとの報告が入ってきております！
　対して、我が軍は2万。
　まともに戦っては、我が軍は全滅です！

――そうですとも、陛下！
　ここはいったんカーブル(バーブル)に退(ひ)きましょう！
　祖父帝(バーブル)も父帝(フマーユーン)も、カーブルから捲土重来(けんどちょうらい)したではありませんか！
　陛下もこれに倣(なら)いますように！
　しかし、ひとり宰相バイラム＝ハーンだけが反対します。
「陛下！
　あのような者たちの世迷(よま)い言に耳を傾けてはなりません！
　やつらは、自分の命が惜(お)しいだけで、ああ言っておるのです。
　ここで退(ひ)いては未来はありませぬぞ！
　デリー北方のパーニパットでヤツと決戦するのです！」(＊03)
　パーニパット（B-3）。
　遡(さかのぼ)ること30年前、祖父帝(バーブル)が、わずか1万2000の軍勢で、ロディー朝軍10万を破った場所です。
　たいへん縁起がいい。
　しかしながら、あのときは、「大砲　ｖｓ軍象」という構図があったればこそ。
　今度はそうではありません。
　しかも、相手は有能・勇猛な、あのヒームーです。
　それでも、バイラム＝ハーンは、「断固決戦！」を主張します。
　もし、自分がアクバルの立場だったら？
…と考えたとき、どちらの意見を採用したでしょうか。
　アクバルは、決断します。
「決戦じゃ！　バイラム＝ハーンの策で行く！」
　こうして勃発したのが、「第2次パーニパットの戦」（B-3）です。

(＊03) 本書では「呉」に準えたムガール帝国ですが、その「呉」も、20万もの大軍で南下する魏軍を前にして臆し、家臣団の中でも「降伏」か「決戦」かで、揺れに揺れたものでした。
　さしずめ、ヒームーが「曹操」、アクバル大帝が「孫権」、決戦を主張したバイラム＝ハーンが「諸葛亮／魯粛」、降伏を主張したその他の家臣団が「呉の十賢人」といったところです。そして、このときの決断もまた、両国とも同じ「決戦」でした。

1556.11/5
第2次パーニパットの戦

デリー

アグラ

アーディル麾下将軍
ヒームー

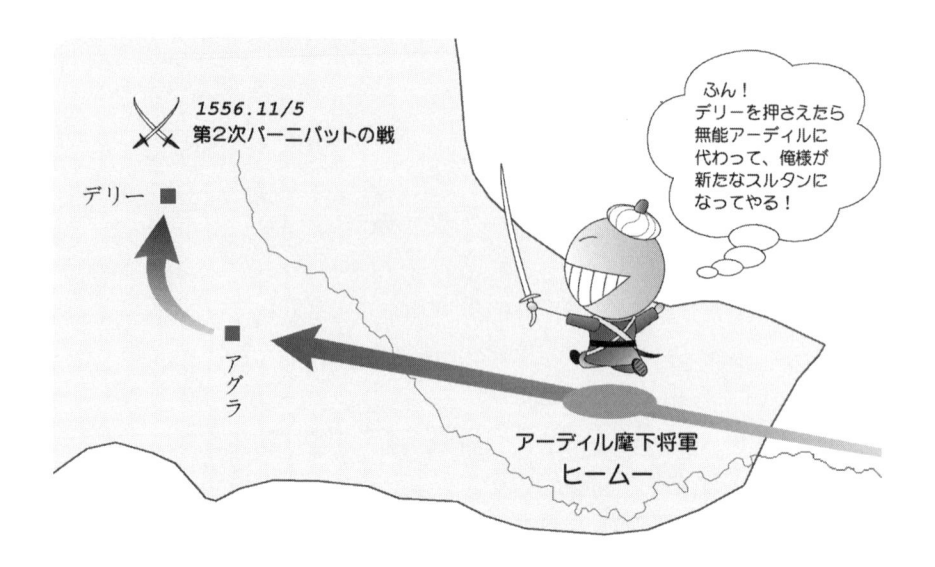

ふん！
デリーを押さえたら
無能アーディルに
代わって、俺様が
新たなスルタンに
なってやる！

　パーニパットにおいて、「10万 vs 2万」が正面からぶつかります。
　案の定、数に劣るムガール軍は、開戦まもなく、右翼・左翼ともにみるみる壊滅、本陣も敵軍10万に包囲され、もはや絶体絶命の苦境に陥ります。
　しかし。
　歴史を紐解きますと、どんな苦況にあろうとも、どんなに絶望的状況に陥ろうとも、最後の最後の最後まで諦めずに努力をつづけていると、ふっと"幸運の女神"が微笑むことが、よくあります。
　このときもそうでした。
　まさに敵軍10万に包囲され、万策尽き果て、刀折れ、矢尽きかけてもなお、諦めずに戦いつづけた結果、"奇蹟"が起こります。
　なんと、絶体絶命の中で味方兵が放った1本の矢が、吸い込まれるようにして勇王の目に命中、彼は、そのまま失神してしまったのです。
　勇王軍「10万」といっても、彼のカリスマ性のみでつながっている"烏合"にすぎません。
　——勇王様が戦死なされたぞ——っ！！
　——なにっ！？　勇王が死んだだとぉ！？
　カリスマに率いられた組織は強い。

しかし、そのカリスマを失った組織は、瞬間的に崩壊するものです。
　勇王（ヒーム―）というカリスマを失った途端、軍はアッという間に雲散霧消、散り散りバラバラ。
　"たった1本の矢"が、10万もの大軍を崩壊させ、逆転させてしまったのです。
　まさに「奇蹟」、まさしく"運命の一弾"。(＊04)
　こうしてアクバルは「人生最大の危機」を乗り切ることができました。
　もしあのとき、アクバルがカーブルに退いていたら、おそらく「ムガール帝国」は存在しなかったでしょう。
　こうして、北インド世界は、めでたくムガール帝国の支配下に戻りました。
　しかし、アクバルの気は晴れません。
　振り返れば、古代仏教王国のヴァルダーナ朝が崩壊して以来、北インドでは、つねに諸小国割拠の「戦国時代」か、たとえ統一王朝が現れたとしても、ことごとく「短期政権」に終わっています。
　そんなめまぐるしい短期政権を経て、ようやくムガール帝国が生まれたかと思いきや、たった14年でスール朝に滅ぼされ、そのスール朝もわずか15年で滅亡、ムガール帝国が再興したかと思ったら、その2年目で崩壊の危機。
　アクバルは考えます。
「何故（なにゆえ）、北インドには安定した統一王朝が現れないのじゃ？
　こうして苦労して守り抜いた余の帝国もまた、これまでの国のように、短期政権で終わってしまうのか！？」
　じつは、その大きな理由が宗教問題。
　インドでは、「イスラームvsヒンドゥー教」の宗教対立構造があります。
　これを解決しない限り、我が王朝も歴代短期王朝の二の舞だ。

(＊04) まさに日露戦争時の"運命の一弾"を彷彿とさせる出来事です。
　　　　もし、あのときの黄海海戦で、"運命の一弾"の奇蹟がなければ、あのまま日本は滅亡し、ロシアの奴隷国家となっていたことでしょう。
　　　　その詳細については、紙面の都合上、ここで解説するのはムリですので、興味のある方は拙著『世界史劇場 日清・日露戦争はこうして起こった』(ベレ出版)をご参照ください。

そう考えたアクバルは、宗教融和政策を断行します。
　彼は、戦後まもなくアグラ(C-3)に都を遷すと、1562年には、御自らヒンドゥー教徒の娘(D-2/3)(＊05)と結婚します。
　これは、宗教融和政策をアピールすると同時に、ヒンドゥー教の藩王の娘を娶ることで、体よく娘を「人質」に取った形となり、藩王はおいそれと叛乱を起こすことができなくなる効果もありました。
　そのうえ、「娘がアクバルの子を孕めば、自分の孫がつぎのムガール皇帝に即位することになるやもしれぬ」という期待を藩王に抱かせ、叛乱抑制に絶大な効果を生むことになります。
　さらに、その翌年1563年には「巡礼税」を廃止します。(D-4/5)
「巡礼税」とは、ヒンドゥー教徒が聖地巡礼の際に支払わなければならない税金。
　ヒンドゥー教徒から、
「神に祈りを捧げる者から税を取るなど、神への冒瀆行為もはなはだしい！」

異教徒に対する差別待遇を
片っ端から撤去しましょう！

アクバル第三皇妃　　ムガール帝国 第3代
　　ハルハ　　　　　アクバル（偉大）

（＊05）アンベール藩王国の王女様のハルハ。
　　　アクバルは、第一皇妃、第二皇妃までは同じムスリムと結婚しましたが、第三皇妃ハルハ以降は、異教徒の藩王の娘と積極的に政略結婚していきます。

…と、ひどく恨みを買っていた制度であり、これを廃止したのです。
　しかし、これに対して、宮廷内の法学者（ウラマー）たちは猛反発！！
── 陛下！
　これでは、たちまち国家財政が逼迫し、帝国の屋台骨を揺るがす事態にもなりかねませぬぞ！」
　アクバルは反論します。
「たわけ！！
　異教徒の恨み辛みを買ってまで国庫を満たすことが、帝国の安泰につながるものか！
　これまでのインド王朝がことごとくそうして潰えていったのを知らぬのか！
　たとえ、国庫が心細くなろうとも、民の心を摑むことが、結局は帝国の安泰につながるのだ！」(＊06)
　アクバルの言葉どおり、巡礼税が廃止されるや、虎視眈々と反逆を狙っていたヒンドゥー藩王たちが、ぞくぞくと挨拶に訪れるようになります。
「偉大なる皇帝（アクバル）陛下に拝謁いたしたく…」
　これにより、帝国は急速に安定していきます。
　さらには、1564年「牛の屠殺」禁止、1565年「人頭税（ジズヤ）」の廃止。

　　　　　　　　　1563　巡礼税廃止
　　　　　　　　　　64　牛の屠殺禁止
　　　　　　　　　　65　ジズヤ廃止

(＊06) 複数の人が集まって集団を形成するとき、それがうまくいくかどうかは、その集団のリーダーがその構成員の「心」を摑んでいるかどうかで決まります。それが、何千万何億もの集団である「国家」であろうが、「家族」などのような小さな組織であろうが、その規模の大小にかかわらず。心を摑むことに失敗した組織はかならず遠からず崩壊します。

つぎつぎにヒンドゥー教徒に対する差別政策を廃止していった結果、民の心を摑（つか）み、アクバル大帝の御世、急速に帝国は安定していきます。
　ところで、"帝国最大の功労者"ともいうべき、宰相バイラム＝ハーンは、その後、どうなったのでしょうか。
　じつは、第2次パーニパットの戦のあと、まもなくのこと。
　アクバルが、宰相（バイラム）に下問しました。
「ところでバイラムよ。そちは今年でいくつになる？」
── ははっ！　もうすぐ還暦にございます。
「うむ、そうか。永きにわたり余に忠節を尽くしてくれて、感謝しておるぞ」
── もったいなきお言葉！
「そうじゃのぉ、そちには何か礼をせねばのぉ。そうじゃ！
　暇（ひま）をやるから、気楽な聖地（メッカ）巡礼の旅でもしてきたらどうじゃ？」
　この言葉に、バイラムは愕然（がくぜん）とします。
　これは、「そちを更迭（こうてつ）する！」と通達されたも同然だからです。
　なぜ？？？　帝国最大の功労者なのに？
　これについては、韓信（かんしん）のこの言葉が、その理由を的確に教えてくれます。

「飛鳥（ひちょう）尽きて良弓（りょうきゅう）蔵（くら）され、狡兎（こうと）死して走狗（そうく）烹（に）られ、敵国敗れて謀臣（ぼうしんほろ）亡ぶ」
（鳥がいなくなれば、弓は要らなくなる。兎（うさぎ）がいなくなれば、猟犬は食べられる。国が安泰となれば、用済みとなった功臣は殺される）

飛鳥尽きて良弓蔵され
狡兎死して走狗烹らる…
アクバル様が成人すれば
ワシも用済みじゃ…

更迭

第5章 イスラーム三國志（絶頂期）

第5幕

大帝の治世は「戦場」にあり

ムガール帝国　絶頂期

国内問題を解決した国は、洋の東西を問わず古今を問わず、かならず膨張戦争に入るもの。宮廷内の実権を掌握し、行政改革、財政改革を断行し、国内を安定させたアクバル大帝も例外ではなかった。
以後、アクバル大帝は、治世の大半を対外膨張戦争に費やし、帝国領を拡大していくことになる。

祖父上と同じように余の「偉大」なる人生を回顧録として残しとこっと！

『アクバル＝ナーメ』

〈ムガール帝国 絶頂期〉

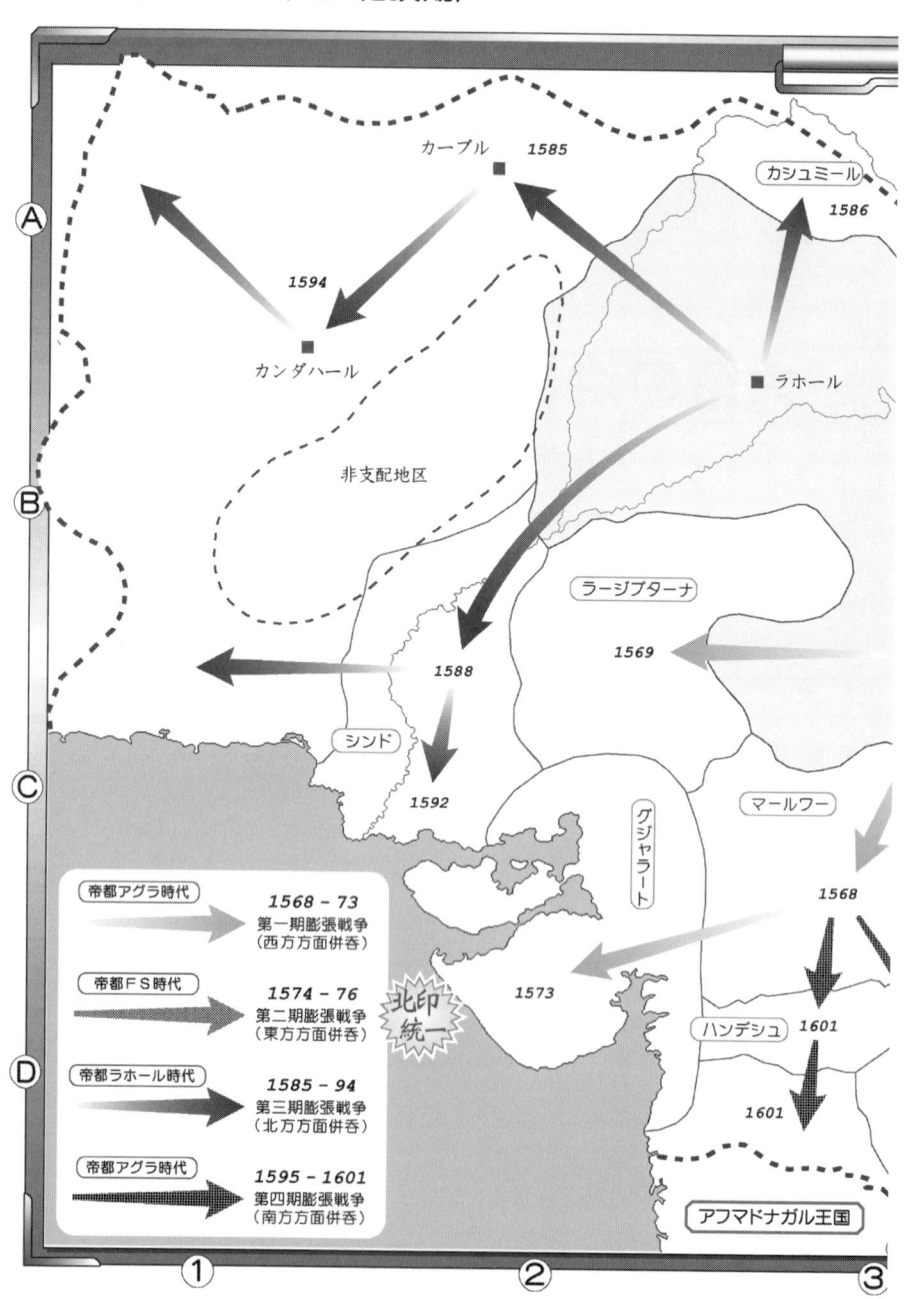

カーブル 1585
カシュミール 1586
1594
カンダハール
ラホール
非支配地区
ラージプターナ
1588
1569
シンド
マールワー
グジャラート
1568
1573
北印統一
ハンデシュ 1601
1601
アフマドナガル王国

帝都アグラ時代	1568 - 73 第一期膨張戦争（西方方面併呑）
帝都FS時代	1574 - 76 第二期膨張戦争（東方方面併呑）
帝都ラホール時代	1585 - 94 第三期膨張戦争（北方方面併呑）
帝都アグラ時代	1595 - 1601 第四期膨張戦争（南方方面併呑）

298

第5幕　ムガール帝国　絶頂期

16世紀後葉

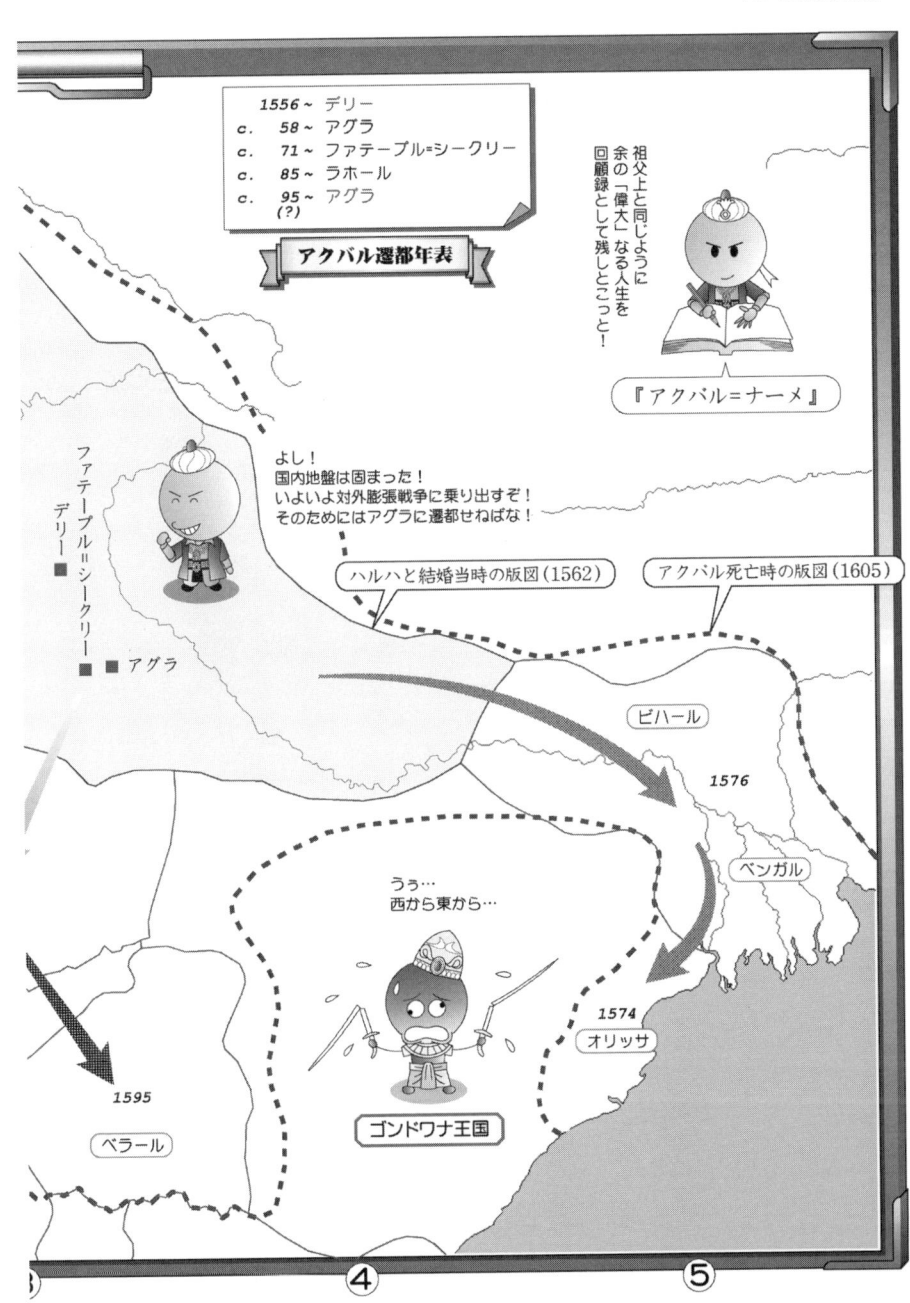

```
1556~  デリー
c. 58~  アグラ
c. 71~  ファテープル=シークリー
c. 85~  ラホール
c. 95~  アグラ
       (?)
```

アクバル遷都年表

祖父上と同じように余の「偉大」なる人生を回顧録として残しとこっと！

『アクバル=ナーメ』

よし！
国内地盤は固まった！
いよいよ対外膨張戦争に乗り出すぞ！
そのためにはアグラに遷都せねばな！

ファテープル=シークリー
デリー
■ アグラ

ハルハと結婚当時の版図(1562)
アクバル死亡時の版図(1605)

ビハール

1576

ベンガル

うぅ…
西から東から…

1574
オリッサ

1595
ベラール

ゴンドワナ王国

第1章 オスマン帝国の勃興
第2章 オスマン帝国の隆盛
第3章 サファヴィー朝・ムガール帝国の勃興
第4章 イスラーム三國志(興隆期)
第5章 イスラーム三國志(絶頂期)

299

アクバル大帝が、宰相バイラル＝ハーンを事実上更迭（こうてつ）したあとも、しばらくは親政が叶（かな）いませんでした。

　今度は、アクバルの乳母だった女性（マーハム＝アナガ）とその一族に行政権を牛耳（ぎゅうじ）られてしまったからです。（＊01）

　この乳母（マーハム）は、たいへん優秀な政治家であったようなのですが、その息子アドハムはどうしようもないドラ息子だったようで。

　彼（アドハム）は、母親（マーハム）の権力を笠（かさ）に着て、皇帝（アクバル）の財産を勝手に自分の懐（ふところ）に入れるわ、皇帝（アクバル）子飼いの宰相を殺すわ、果ては、男子禁制の後宮（ハーレム）に強引に入ろうとするわ。

　この現場を目撃したアクバルは、ついに激昂（げきこう）！

　アドハムを殴り倒して失神させ、そのまま後宮（ハーレム）のテラスから彼を投げ落とさせて殺害してしまいます。

　頭から脳髄を流して死んでいる息子（アドハム）の姿を目の当たりにした母親（マーハム）はショックのあまり、そのまま政界から身を退（ひ）くことに。

　こうして、やっと、アクバル大帝の親政が始まります。

　彼の治世は、ほとんど「戦場」にあり、それは「帝都」と「遠征方面」ごとに、大きく「4期」に分けて考えることができます。（D-1）

　うぅ…
　西から東から…

［第1期膨張戦争（西方遠征）］　帝都アグラ時代

　まずは、帝都アグラを拠点として、西方へ兵を動かし、

（＊01）皇帝ともあろうもが乳母ごときに行政権を奪われるなんて！？…と思われるかもしれませんが、皇帝といえども、その乳を吸って成長し、おしめを替えてもらった女性ですので、なかなか頭が上がらないものです。
　　　「余は生まれながらにして将軍である！」と大見得切った徳川家光も、乳母の春日局には頭が上がらなかったようですし。

マールワー（C-3）、ラージプターナ（B/C-2/3）、グジャラート（C/D-2）
…を併呑します。

［第2期膨張戦争（東方遠征）］　帝都ファテプール＝シークリー時代

グジャラートを攻略中、息子ジャハンギールが生まれたため、新都「勝利の都（ファテプール＝シークリー）」を建設、つぎはここを拠点として東方に軍を動かし、

ビハール（B/C-5）、ベンガル（C-5）、オリッサ（D-5）
…をつぎつぎと陥とします。

［第3期膨張戦争（北方遠征）］　帝都ラホール時代

「西」「東」と一段落すると、今度は、「父祖の地（アフガニスタン）」に目をつけましたが、アフガニスタンは、帝都から遠すぎて、兵站に苦慮することは火を見るより明らか。

そこで、帝都をラホールに遷し、

カーブル（A-2）、カンダハール（A/B-1/2）、カシュミール（A-3）

そして、インダス川を下って、シンド（C-1/2）

…を支配下に置きました。

［第4期膨張戦争（南方遠征）］　帝都アグラ時代

最後に、ふたたび帝都をアグラに戻し、南方方面を攻め、

ハンデシュ（D-2/3）、ベラール（D-3/4）、アフマドナガル北部（D-2/3）

…を押さえ、この40年にわたる膨張戦争によって、ムガール帝国は、建国以来最大領域を形成することになりました。

しかし。

オスマン帝国のところでも申し上げましたように、急速に組織が大きくなると、どうしてもそれに見合ったシステムに国家体制を整備する必要が生まれます。

それでは、最後の幕にて、この大帝国を支えた国家体制について解説して、本書を締め括ることにいたしましょう。

Column　能ある鷹は爪を隠す

　ムガール帝国"最大の功臣"ともいうべき宰相バイラム＝ハーンは、帝国が安定するや否や、更迭されました。
　その「功」ゆえに慢心し、帝に対する"配慮"を欠いたからです。
　じつは、むしろ功臣こそ、身を守るために細心の注意が必要であり、これを怠った者は、どれほど偉大な功績を残そうとも、足をすくわれるどころか、命すら落としかねません。
　主君にとって、家臣は優秀に越したことはありませんが、「優秀すぎる家臣」はいけません。
　家臣が「あまりに優秀すぎる」ことは、「いつ寝首をかかれるか」と主君を疑心暗鬼に陥らせるからです。
　たとえば、豊臣秀吉に仕えた黒田官兵衛。
　彼は、竹中半兵衛とともに「両兵衛」と並び称されるほどの優れた軍師でしたが、その才ゆえに、秀吉から懼れられます。
　「官兵衛に100万石も与えたら、やつに天下を奪われてしまう！」
　これに対して、『三國志』の中での名参謀のひとり、賈詡。
　彼は、曹操の軍師の中でも指折りの才と軍功を誇りながら、朝廷から退出すると、私的な交際をいっさい断ち、子供たちの結婚相手には有力貴族を選ばず、曹操からいっさいの「疑惑」を持たれないように細心の注意を払いつづけました。
　この"細心"があったればこそ、彼は、漢末董卓の時代から、魏帝文帝のころまでの動乱の時代を生き抜き、最後は「太尉（軍事長官）」まで上りつめて、天寿を全うすることができたのです。
　これを現代で準えれば、部下の心得は、「必要以上に自分の才をひけらかさず、上司に華を持たせる」ことでしょう。
　「能ある鷹は爪を隠す」。
　「才能」というものは、たいへん扱いの難しい「諸刃の剣」です。
　使い方次第で、時に我が身を助け、時に我が身を滅ぼします。

第5章 イスラーム三國志（絶頂期）

第6幕

「災い転じて福と成す」
ムガール帝国の国家体制

ムガール帝国はアクバル一代で、北インドを制覇したのみならず、アフガニスタン・パキスタン・デカン北部まで併呑し、その領土を大幅に拡大した。しかしそれは、従来からの旧い統治システムでは運営が困難になったことを意味する。大帝（アクバル）は、シェール＝シャーのつくった制度を参考にして制度改革に着手する。

なんだよ、ほとんど余が作った制度ばっかじゃねぇか！

スール朝 初代
シェール＝シャー
1531 - 45

〈ムガール帝国の国家体制〉

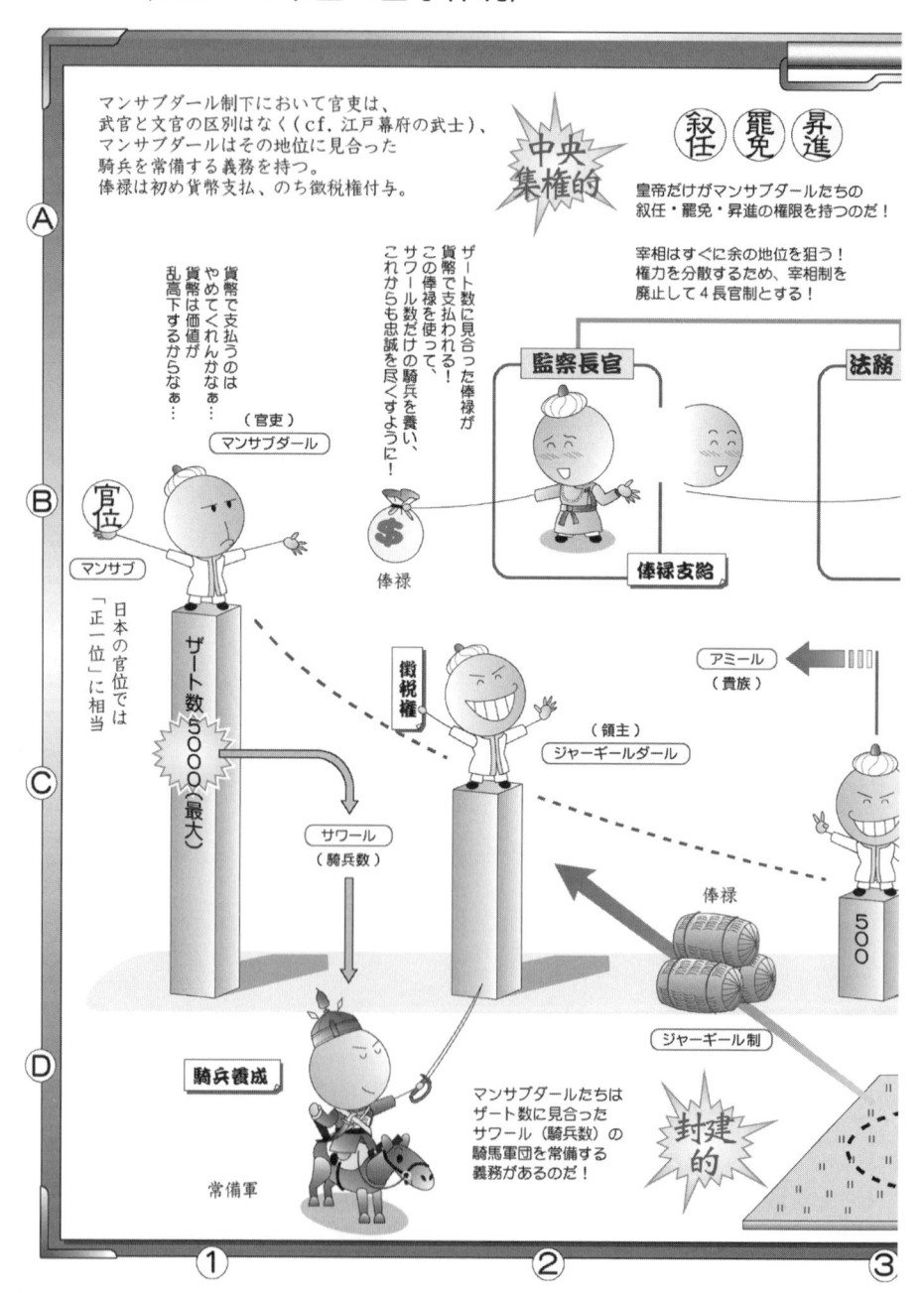

マンサブダール制下において官吏は、
武官と文官の区別はなく (cf. 江戸幕府の武士)、
マンサブダールはその地位に見合った
騎兵を常備する義務を持つ。
俸給は初め貨幣支払、のち徴税権付与。

中央集権的

叙任・罷免・昇進

皇帝だけがマンサブダールたちの
叙任・罷免・昇進の権限を持つのだ！

宰相はすぐに余の地位を狙う！
権力を分散するため、宰相制を
廃止して4長官制とする！

監察長官　　法務

俸禄支給

貨幣で支払うのは
やめてくれんかな…
貨幣は価値が
乱高下するからなぁ…

ザート数に見合った俸禄が
貨幣で支払われる！
この俸禄を使って、
サワール数だけの騎兵を養い、
これからも忠誠を尽くすように！

(官吏)
マンサブダール

官位
マンサブ

日本の官位では
「正一位」に相当

ザート数 5000（最大）

サワール
（騎兵数）

俸禄

徴税権

（領主）
ジャーギールダール

アミール
（貴族）

500

ジャーギール制

騎兵養成

マンサブダールたちは
ザート数に見合った
サワール（騎兵数）の
騎馬軍団を常備する
義務があるのだ！

常備軍

封建的

A B C D　①②③

第6幕 ムガール帝国の国家体制

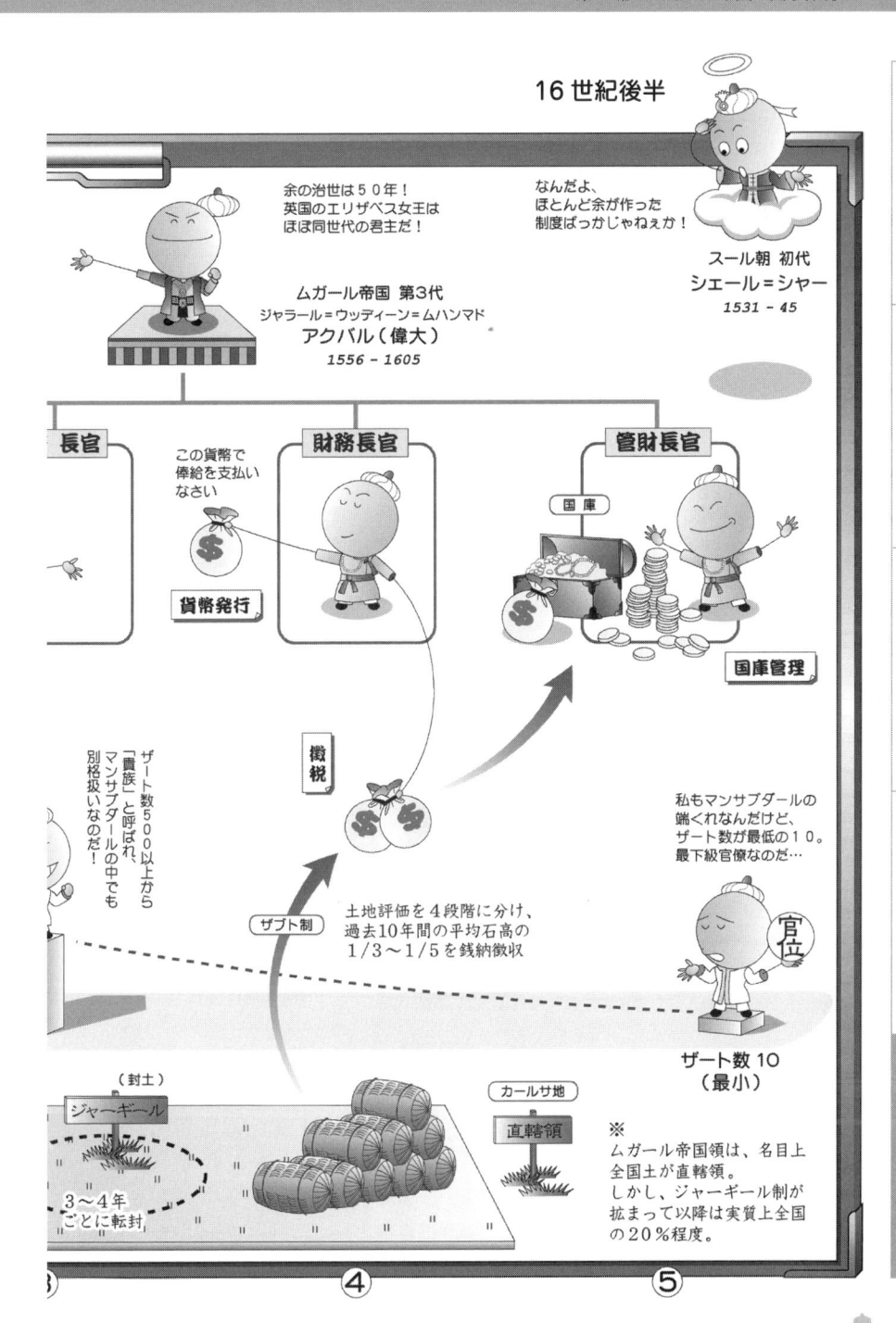

16世紀後半

余の治世は５０年！
英国のエリザベス女王は
ほぼ同世代の君主だ！

ムガール帝国 第3代
ジャラール＝ウッディーン＝ムハンマド
アクバル（偉大）
1556 - 1605

なんだよ、
ほとんど余が作った
制度ばっかじゃねぇか！

スール朝 初代
シェール＝シャー
1531 - 45

長官

財務長官

管財長官

この貨幣で
俸給を支払い
なさい

貨幣発行

国庫

国庫管理

徴税

ザート数500以上から
「貴族」と呼ばれ、
マンサブダールの中でも
別格扱いなのだ！

ザブト制

土地評価を４段階に分け、
過去10年間の平均石高の
１/３～１/５を銭納徴収

私もマンサブダールの
端くれなんだけど、
ザート数が最低の１０。
最下級官僚なのだ…

官位

ザート数 10
（最小）

（封土）
ジャーギール

３～４年
ごとに転封

カールサ地
直轄領

※
ムガール帝国領は、名目上
全国土が直轄領。
しかし、ジャーギール制が
拡まって以降は実質上全国
の２０％程度。

③ ④ ⑤

第1章 オスマン帝国の勃興
第2章 オスマン帝国の隆盛
第3章 サファヴィー朝・ムガール帝国の勃興
第4章 イスラーム三國志（興隆期）
第5章 イスラーム三國志（絶頂期）

305

アクバル大帝は、即位後、またたくまに北インドを制覇し、のみならず、現在のアフガニスタン、パキスタン、さらにはデカン高原北部まで征服し、一代にして「大帝国」を築きました。

　しかし、「こんなときこそ危うい」ということを本書でもさんざん見てまいりました。

　組織（国）の規模が大きくなったり、時代の流れで変質したりすれば、それに合わせて、つねに運営システムを変更（改革）しなければなりません。(＊01)

　オスマン帝国が、その領土拡大に伴い、「オルハンの改革」「ムラートの改革」と２度にわたる大手術（行政改革）を乗り越えねばならなかったように、ムガール帝国もまた、その必要性に迫られます。

　本幕では、ムガール帝国において、どのような国家システムが構築されていったのかを見ていくことにいたしましょう。(＊02)

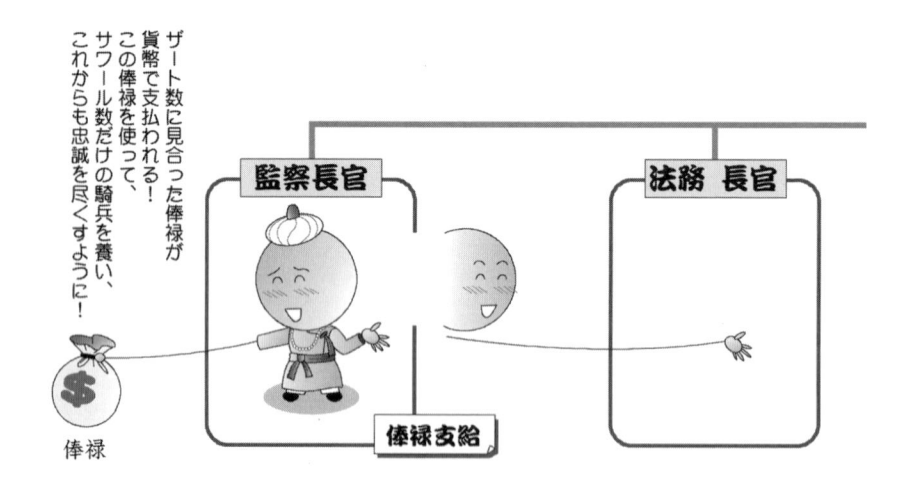

ザート数に見合った俸禄が貨幣で支払われる！
この俸禄を使って、サワール数だけの騎兵を養い、これからも忠誠を尽くすように！

俸禄

監察長官

俸禄支給

法務長官

(＊01) たとえるなら、ヤドカリが、その体が大きくなるたびに、サイズの合わなくなった貝を脱ぎ捨て、ぴったりサイズの貝に替えるように。

(＊02) その際、オスマン帝国や江戸幕府の国家体制と比較しながら学びますと、より歴史理解が深まります。歴史とは、「これと似た歴史事象はないか？」、あるなら「どこが似ていて、何が違い、その違いはどこから生じたのか？」を研究する学問です。

第6幕　ムガール帝国の国家体制

まず、中央においては、ムガール皇帝の下に「四長官」を置きます。
管財長官（ミールサーマーン）、財務長官（ディーワーン）、法務長官（サドルッスドゥール）、監察長官。(B-2/3/4/5)^(＊03)

よく見ると、オスマン帝国やその他の国のように、「宰相」がいません。

若きころ、宰相（バイラム）に実権を奪われていたことに対する幼児体験でしょうか、「帝位を脅かす存在となる」として、これを設置しませんでした。

そして、その実務は、「マンサブダール」(B-1)と呼ばれる官僚によって運営されます。

マンサブダールというのは、「官位（マンサブ）を持つ者」という意味で、日本でいえば、「正一位」「従三位」などと呼ばれた官位を持つ貴族に相当します。

ただ、日本では位の上下を"順位（○位）"で表しましたが、ムガールでは、「ザート」と呼ばれる"数量"で表しました。

最大「5000」(C-1)から最小「10」(C/D-5)までの、32段階。^(＊04)

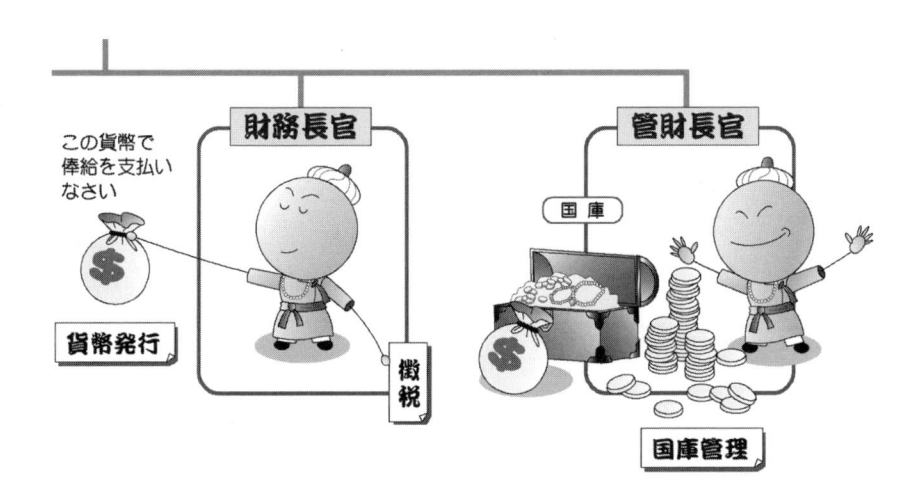

(＊03) オスマン帝国も同じ「四長官制」でしたが、中味が微妙に異なります。ちなみに、中国では、「漢」の時代は「三公」、「唐」の時代は「三省」で、「三長官制」であることが多い。

(＊04) その最初期においては「33段階」。
ザート500以上を「貴族（アミール）」(C-2/3)と呼びました。

では、この「ザート数」という"数量"は何を表しているのでしょうか。
じつは、官僚(マンサブダール)には「文官」「武官」の区別はありませんでした。

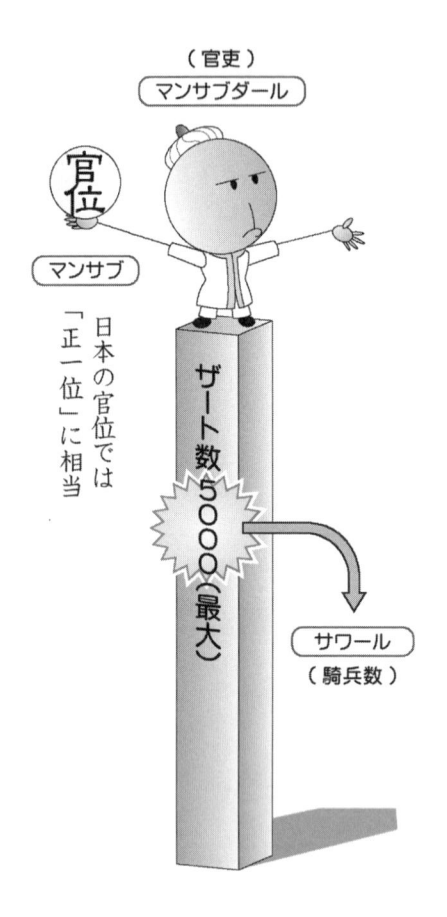

平時においては「文官」として帳簿を持ち、戦時においては「武官」として刀を持って戦場を駆け回ります。[*05]

したがって、一朝有事の際には、軍を編制して皇帝の下に馳せ参じなければなりませんでしたが、「ザート数」というのは、このとき用意しなければならない「騎兵数(サワール)」(C-1/2)を表現していたのです。[*06]

たとえば、最高位「5000ザート」の官僚(マンサブダール)は、戦時には「5000騎」をもってムガール皇帝の下に馳せ参じなければならない義務があった、ということです。

ということは、平時からそれだけの騎兵を養っておかなければならない(D-1)[*07]ため、それが養えるだけの「俸禄」(B-1/2)を王朝からもらえる地位、ということも意味します。

(官吏)
マンサブダール

官位

マンサブ

日本の官位では「正一位」に相当

ザート数5000(最大)

サワール
(騎兵数)

(*05)「へぇ、変わってるな」と言う勿れ、まさに江戸時代の「武士」がそうです。
(*06) 日本の大名では、「石高」に相当すると考えるとイメージしやすい。
江戸時代の大名も、有事の際には「50石につき1人の武士」を動員する義務がありましたし、平時においても、石高に応じたさまざまな厳しい義務がありました(大名行列など)。
(*07) 当時のオスマン帝国やサファヴィー朝同様、ムガール軍も「常備軍」でしたので。

308

しかし、これがちゃんと履行されたのは最初だけ。

時が経つとともに、王朝も官僚(マンサブダール)もその財政が逼迫し、「ザート数」に一致する「騎兵数(サワール)」を準備できなくなり、次第に「ザート数」と「騎兵数(サワール)」が乖離するようになっていきます。

ところで。

アクバル大帝は、この官僚(マンサブダール)への「俸禄」を、同時期の西ヨーロッパの絶対主義システムに倣(なら)って、当初、「貨幣」で支払おうと試みました。

しかし、全国の官僚(マンサブダール)の俸禄を「貨幣」で払うのはたいへんなことです。

そこで、ムガール帝国は、まず全国の所領を「直轄領(カールサ)」(D-4/5)とし、「ザブト制」をもって税を徴収しようとしました。(C-4)(＊08)

（領主）
ジャーギールダール

徴税権

この徴税を行う最高責任者が、さきほども触れました「財務長官(ディーワーン)」で、それを国庫に入れて管理するのが「管財長官(ミールサーマーン)」、そして、国庫から官僚(マンサブダール)に俸禄を支払うのが「監察長官」というわけです。

こうして、アクバル大帝は、「近代的」「中央集権的」(A-2)な西ヨーロッパの政治システムをムガールに再現しようとしたのですが、このシステムは官僚(マンサブダール)たちには、たいへん不評でした。(B-1/2)

そもそも当時のヨーロッパが、常備軍と官僚に対し、貨幣で給与を支払うことができたのは、「貨幣制度」が普及し、「重商主義政策」をしていたからです。

(＊08)「ザブト制」とは、まず土地評価を「4等級」に分け、その等級に基づき、過去10年間の平均石高の1/3〜1/5を「銭納」で徴収するシステム。

しかし、ムガール帝国では、そのどちらも未整備でした。

つまり、政治システムに対して、それを支える経済システムが、まだそこまで発達していなかったのです。

そこで、官僚（マンサブダール）たちの要望に応える形で、直轄領（カールサ）の中から一定の封土（ジャーギール）（D-3）を設定し、その徴税権を与える（C-2）ことをもって「俸禄（C/D-2/3）」の代わりとするようにします。(*09)

そして、これに伴って、官僚（マンサブダール）は「封土（ジャーギール）をもらう者」という意味で「ジャーギールダール」（C-2）と呼ばれるようになります。

このような、「土地の利権を貸し与え、その対価として忠誠を誓わせる」というシステムは、西欧の「封建制（フューダリズム）」にもよく似ています。

ただ、領主（ジャーギールダール）たちが土着化し、王朝を脅かす存在になることを防ぐため、3〜4年に1度は「転封」されましたし（D-3）、また、なにか問題があれば、皇帝はただちに領主（ジャーギールダール）を「叙任」「罷免」「昇進」させることができました（A-3）ので、封建制（フューダリズム）に較べれば、はるかに「中央集権的」（A-2）ではありました。

つまり、ムガール帝国は、ヨーロッパ中世の面影（封建制）と、ヨーロッパ近世の面影（中央集権制）が同時に混在していたわけです。(*10)

叙任　罷免　昇進
皇帝だけがマンサブダールたちの
叙任・罷免・昇進の権限を持つのだ！

余の治世は50年！
英国のエリザベス女王は
ほぼ同世代の君主だ！

ムガール帝国　第3代
ジャラール＝ウッディーン＝ムハンマド
アクバル（偉大）

(*09) これを「ジャーギール制」（D-2/3)と言いますが、これは、オスマン帝国では「ティマール制」、サファヴィー朝では「トゥユール制」と呼ばれていた封建システムとそっくりです。

(*10) じつは、「封建制でありながら中央集権的」というこのシステムは、日本の幕藩体制にも似ています。徳川幕府は、全国所領の1/4を天領として押さえ、親藩・譜代など徳川系を含めれば、じつに4割に達し、大名の改易も頻繁に行われました。

このようにして、ムガール帝国の国家体制は整えられました。
　これが礎となって、アクバル大帝亡き後も、ムガール帝国の繁栄が支えられていくことになります。
　まさに、「アクバル」というその名のとおり、偉大な皇帝と言ってよいでしょう！
　しかし。
　じつは、このシステムは、アクバル大帝がゼロから創造した「オリジナル」ではありません。
　さきに登場いたしました、スール朝の建国者・虎王シェール＝シャーが、たった5年という、その短い治世のうちに実施した数々の行政改革を、アクバル大帝が模倣し、整備したものにすぎなかったのです。
　つまり。
　「ムガール帝国300年の礎」を築いたのは、「ムガール帝国を滅ぼしたシェール＝シャーその人」だったとも言えるわけです。
　もし、あのとき、「シェール＝シャー」という男が現れていなかったら！
　もし、あのとき、ムガール帝国がいったん滅亡していなかったら！
　おそらくムガール帝国は、「デリー＝サルタナット」[*11]のひとつとして名を連ね、人々の記憶に留められることなく、歴史のうねりの中に消えていったことでしょう。

なんだよ、ほとんど余が作った制度ばっかじゃねぇか！

スール朝 初代
シェール＝シャー
1531－45

(＊11)「デリー＝スルタン朝」とも言い、ムガール帝国に先立つ北インドに現れた「5つの短期政権」のことです。
　　　奴隷王朝 → ハルジー朝 → トゥグルク朝 → サイイド朝 → ロディー朝。
　　　これに「スール朝」を加えることもあります。

なんという皮肉！！
　つまり、ムガール帝国にとって、これ以上ない「災い」だと思っていたものが、じつはこれ以上ない「天恵」だったのです。
　歴史を紐解けば、このような事例は枚挙にいとまなく、それは人の人生にも当てはまります。
　自分にとって、最悪の「災い」にしか見えなかったものが、のちに人生をふり返ってみたとき、「あれこそがまさに天恵」だった、と。
　しかし、「災い」が「天恵」に転ずるためには、何よりもまず、その「災い」を乗り越えなければなりません。
　ムガール帝国が、スール朝に滅ぼされながらも、見事、復興したように。
　これを鑑みれば、どのような試練に立たされようと、諦めずに歩みを進めれば、その試練は、かならずや、己の血となり、肉となり、力となっていくという確信が持てるようになり、それが試練を乗り越えてゆく「力の根源」となるのです。
　まさに、「失敗は成功のもと」。「災い転じて福と成す」。

　歴史から学べることは多い。

さて。

このように、オスマン・サファヴィー・ムガールの三大帝国を中心に、16〜17世紀に強勢を誇ったイスラームは、その後どのような歴史を辿っていったのかを簡単に俯瞰して、最後の締めくくりといたしましょう。

まずは、オスマン帝国。

この国は、絶頂期のスレイマン大帝（1520〜66年）亡きあとも、17世紀末まで約120年間にわたって繁栄を謳歌しましたが、まさにその「120年の安寧」こそが、オスマン帝国の社会・経済・軍事・制度を隅々まで腐敗させていくことになります。

膨らみつづける国内問題を解決する、もっとも安易な方法が「対外膨張戦争」であり、政府が無能であればあるほど、国内問題の根本的解決を放り出して、これに頼るものです。(＊12)

オスマン帝国もまた、この轍を踏みます。

それこそが、1683年、「第2次ウィーン包囲」です。

しかし。

このような安易な問題解決の方法がうまくいった例はほとんどありません。

この敗戦を契機として、オスマン帝国は、18世紀の幕開けとともに、衰亡の一途を辿っていくことになります。

つぎに、サファヴィー朝。

この国も、絶頂期をもたらしたアッバース1世（1588〜1629年）亡きあと、しばらく小康状態がつづきましたが、オスマン同様、やはり18世紀に入るや否や、それまでの国内問題が一気に噴出、各地で内乱が頻発するようになり、大混乱のうちに滅亡、以後、戦国時代の様相を呈してしまいます。

(＊12) 歴史を紐解くと、"隣国"に対して「異様な敵意」を示す国が現れることがあります。
　　　そうした国の政治・経済・社会を調べると、たいてい大きな国内問題を抱えています。
　　　それは、膨らみきった自国の国内問題を、国内政策によって解決することを諦めた政府が、それを隣国に押し付けることによって解決しようとしている、醜い姿なのです。
　　　これを現在の日本の国際状況と照らし合わせてみたとき、何が見えてくるでしょうか。

そして、最後にムガール帝国。
　この国もやはり、アクバル大帝（1556～1605年）亡きあと、17世紀いっぱいまでは領土を拡大しつづけ、第6代アウラングゼーブ帝の御世（1658～1707年）には「最大版図」を形成するに至りましたが、18世紀に入るや、それまでの無理な拡張政策が祟って、一気に問題が噴出、崩壊が始まります。
　16～17世紀に君臨したイスラーム世界は、まるで申し合わせたかのように、18世紀に入るや否や、一斉に崩壊が始まったのですが、まさにこれと入れ替わるようにして、ヨーロッパが隆盛期に入ります。
　これにより、以降、イスラームは、ヨーロッパによってその領土を蹂躙され、国家利権を搾取されるだけではない、彼らの文化・宗教・学問・思想・価値観・制度・風習、ありとあらゆるものが全否定され、のみならず、肌の色で人種差別され、民族の誇りも何もかも剥ぎ取られていく、という悲惨な歴史を歩むことになります。
　この「18世紀から現在に至るまでのイスラームの屈辱の歴史」を真に理解した者でなければ、現在の彼らの言動を理解することはけっしてできませんし、また、現在の国際的な事件・出来事・事象の本質を理解することもできません。
　日本人が「国際情勢に疎い」といわれる所以のひとつは、ここにあると言っても過言ではないでしょう。
　しかし。紙面の都合上、私はここで筆を置かなければなりません。
　このつづきは『続刊』に譲ることにいたします。

■ おもな参考文献（順不同）■

田村実造『世界の歴史9 最後の東洋的社会』中公文庫

鈴木董『パクス・イスラミカの世紀』講談社現代新書

鈴木董『オスマン帝国』講談社現代新書

井上浩一『生き残った帝国ビザンティン』講談社現代新書

辛島昇『世界各国史7 南アジア史』山川出版社

永田雄三『世界各国史9 西アジア史2』山川出版社

村川堅太郎『詳説世界史 教授資料』山川出版社

伊藤道治ほか『図説世界の歴史2 アジア国家の展開』学研

岩見宏ほか『図説世界の歴史5 民族主義の展開』学研

歴史学研究会『世界史史料2 南アジア・イスラーム世界・アフリカ』岩波書店

大橋武夫『図解兵法』ビジネス社

ジェフリー・リーガン『決戦の世界史』原書房

小沢郁郎『世界軍事史』同成社

松村劭『世界全戦争史』H&I

『世界の戦争・革命・反乱 総解説』自由国民社

三橋冨治男『トルコの歴史』復刻紀伊国屋新書

フランシス・ロビンソン『ムガル皇帝歴代誌』創元社

石田保昭『ムガル帝国とアクバル大帝』清水新書

下津清太郎『世界帝王系図集』東京堂出版

イアン・バーンズほか『大陸別世界歴史地図2 アジア大陸歴史地図』東洋書林

坂口和澄『正史三國志群雄銘銘傳』潮書房光人社

羅貫中作/村上知行訳『完訳 三国志』角川文庫

附録〈イスラーム王朝年表〉

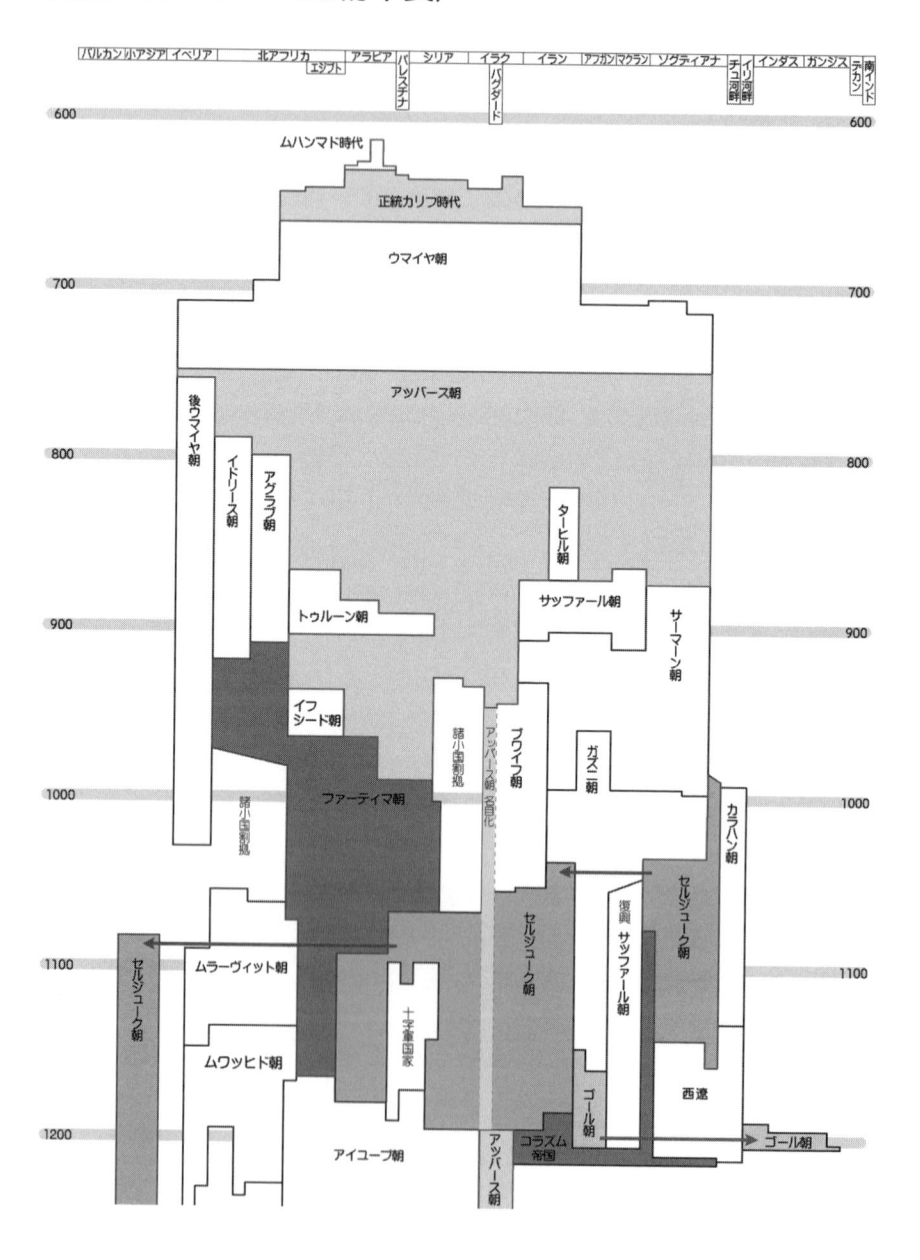

地域
バルカン・小アジア・イベリア・北アフリカ・エジプト・アラビア・パレスチナ・シリア・イラク・バグダード・イラン・アフガン・マクラン・ソグディアナ・チュイ河畔・イリ河畔・インダス・ガンジス・南インド・デカン

600

- ムハンマド時代
- 正統カリフ時代
- ウマイヤ朝

700

- アッバース朝

800

- 後ウマイヤ朝
- イドリース朝
- アグラブ朝
- トゥールーン朝
- ターヒル朝
- サッファール朝
- サーマーン朝

900

- イフシード朝
- 諸小国割拠
- ファーティマ朝
- アッバース朝名目化
- ブワイフ朝
- ガズニ朝
- カラハン朝

1000

- セルジューク朝
- ムラーヴィット朝
- 復興サッファール朝
- セルジューク朝

1100

- ムワッヒド朝
- 十字軍国家
- セルジューク朝
- ゴール朝
- 西遼
- ゴール朝

1200

- アイユーブ朝
- アッバース朝
- コラズム帝国

316

附録　イスラーム王朝年表

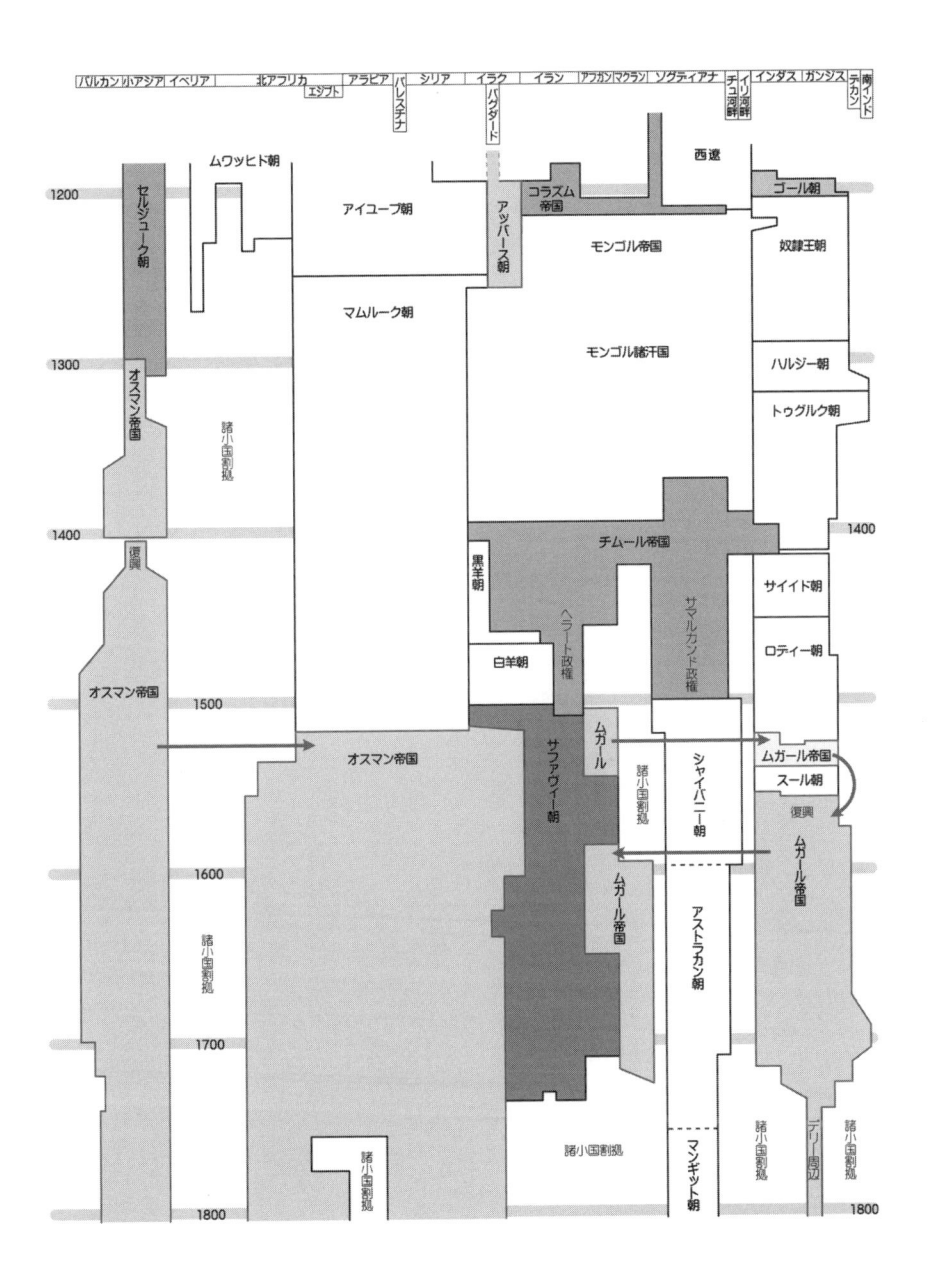

| バルカン | 小アジア | イベリア | 北アフリカ | エジプト | アラビア パレスチナ | シリア | イラク バグダード | イラン | アフガン/マクラン | ソグディアナ | チュ河畔 イリ河畔 | インダス | ガンジス | 南インド デカン |

- 1200
- セルジューク朝
- ムワッヒド朝
- アイユーブ朝
- アッバース朝
- コラズム帝国
- 西遼
- ゴール朝
- モンゴル帝国
- 奴隷王朝
- マムルーク朝
- 1300
- オスマン帝国
- モンゴル諸汗国
- ハルジー朝
- トゥグルク朝
- 諸小国割拠
- 1400
- 復興
- ティムール帝国
- サイイド朝
- 黒羊朝
- ヘラート政権
- サマルカンド政権
- ロディー朝
- 白羊朝
- 1500 オスマン帝国
- ムガル
- シャイバニー朝
- ムガール帝国
- サファヴィー朝
- スール朝
- 諸小国割拠
- 復興
- 1600
- ムガール帝国
- 諸小国割拠
- アストラカン朝
- 1700
- 1800
- 諸小国割拠
- 諸小国割拠
- マンギット朝
- 諸小国割拠
- デリー周辺
- 諸小国割拠

317

神野 正史（じんの まさふみ）

河合塾世界史講師。世界史ドットコム主宰。ネットゼミ世界史編集顧問。ブロードバンド予備校世界史講師。歴史エヴァンジェリスト。1965 年、名古屋生まれ。出産時、超難産だったため、分娩麻痺を発症、生まれつき右腕が動かない。剛柔流空手初段、日本拳法弐段。立命館大学文学部史学科卒。既存のどんな学習法よりも「たのしくて」「最小の努力で」「絶大な効果」のある学習法の開発を永年に渡って研究し、開発された『神野式世界史教授法』は、毎年、受講生から「歴史が"見える"という感覚が開眼する！」と、絶賛と感動を巻き起こす。「歴史エヴァンジェリスト」として、TV 出演、講演、雑誌取材、ゲーム監修など、多彩にこなす。著書に『世界史劇場 イスラーム世界の起源』『世界史劇場 日清・日露戦争はこうして起こった』『世界史劇場 アメリカ合衆国の誕生』（ベレ出版）、『神野の世界史劇場』（旺文社）、『世界史に強くなる古典文学のまんが講義（全3巻）』（山川出版社）、『爆笑トリビア解体聖書』（コアラブックス）など多数。

世界史劇場（せかいしげきじょう） イスラーム三國志（さんごくし）

2014 年 3 月 25 日	初版発行
2022 年 9 月 5 日	第 4 刷発行

著者	神野 正史（じんの まさふみ）
DTP	WAVE 清水 康広
校正協力	株式会社ぷれす
カバーデザイン	川原田 良一（ロビンソン・ファクトリー）

©Masafumi Jinno 2014. Printed in Japan

発行者	内田 眞吾
発行・発売	ベレ出版 〒162-0832　東京都新宿区岩戸町12 レベッカビル TEL.03-5225-4790　FAX.03-5225-4795 ホームページ　https://www.beret.co.jp/
印刷	モリモト印刷株式会社
製本	根本製本株式会社

落丁本・乱丁本は小社編集部あてにお送りください。送料小社負担にてお取り替えします。
本書の無断複写は著作権法上での例外を除き禁じられています。
購入者以外の第三者による本書のいかなる電子複製も一切認められておりません。

ISBN 978-4-86064-387-4 C0022　　　　　　　　編集担当　森 岳人

世界史劇場 イスラーム世界の起源

神野正史 著

A5 並製／本体価格1600円（税別）　■ 280頁
ISBN978-4-86064-348-5 C2022

「まるで劇を観ているような感覚で、楽しみながら世界史の一大局面が学べる」シリーズ第一弾！臨場感あふれる解説で、歴史を"体感"できる！イスラームはなぜ生まれたのか？コーランとは？シーア派とは？現代の国際情勢を理解するにはイスラームの歴史知識は必須です。本書ではイスラーム世界の誕生から、拡大しつつも分裂していった過程（〜12C）を劇的に描きつつ、イスラーム世界の重要知識をしっかりと押さえていきます。"歴史が見える"イラストが満載で、コミック世代のビジネスマンも読んで楽しめる、まったく新しい教養書です！

世界史劇場 日清・日露戦争はこうして起こった

神野正史 著

A5 並製／本体価格1600円（税別）　■ 336頁
ISBN978-4-86064-361-4 C2022

まるで劇を観ているような感覚で、楽しみながら歴史を"体感"できるシリーズ第2弾。なぜ日清・日露戦争が起こるに至ったのかを、世界史的視点からドラマティックに描いていきます。中国・朝鮮・日本は列強の脅威にさらされ、どのようにそれを乗り越えようとしたのか。そしてそれがもたらした結果は何であったのか？ 19C 後半から20C初頭の東アジアの歴史をくわしく見ていきます。臨場感あふれる解説と歴史が"見える"イラストが満載で、歴史が苦手な方でもスイスイ頭に入ってくる一冊！

世界史劇場 アメリカ合衆国の誕生

神野正史 著

A5 並製／本体価格1600 円（税別）　■ 288 頁
ISBN978-4-86064-375-1 C0022

まるで劇を観ているような感覚で、楽しみながら歴史を"体感"できるシリーズ第3弾。意外と知られていないアメリカ建国の歴史を予備校のカリスマ講師がドラマティックに描いていきます。いかにしてアメリカ合衆国がつくられていったのかを知ることは、現代アメリカを、そして現代世界を理解する大きな手立てとなるでしょう。教科書を読んだだけではわからないアメリカの真の姿が見えてきます。臨場感あふれる解説と歴史が"見える"イラストが満載で、歴史が苦手な方でもスイスイ頭に入ってくる一冊！

もっと世界史劇場を堪能したい方へ

　筆者 (神野正史) は、20 年以上にわたって河合塾の教壇に立ち、そのオリジナル「神野式世界史教授法」は、塾生から絶大な支持と人気を集めてきました。

　しかしながら、どんなにすばらしい講義を展開しようとも、その講義を聴くことができるのは、教室に通うことができる河合塾生のみ。モッタイナイ！

　そこで、広く門戸を開放し、他の予備校生でも、社会人の方でも、望む方なら誰でも気兼ねなく受講できるように、筆者の講義を「映像講義」に収録し、

「世界史専門ネット予備校 世界史ドットコム」

を開講してみたところ、受験生はもちろん、一般社会人、主婦、世界史教師にいたるまで、各方面から幅広く絶賛をいただくようになりました。

　じつは、本書は、その「世界史ドットコム」の映像講座をさらに手軽に親しめるように、と書籍化されたものです。

　しかしながら、書籍化にあたり、紙面の制約上、涙を呑んで割愛しなければならなくなったところも少なくありません。

　本書をお読みになり、もし「もっと深く知りたい」「他の単元も受講してみたい」「神野先生の肉声で講義を聴講してみたい」と思われた方は、ぜひ、「世界史ドットコム」教材も受講してみてください。

　　　世界史ドットコム講座例　　http://sekaisi.com/